我们和你们

中国和印度尼西亚的故事

刘一斌 / 主编

五洲传播出版社

图书在版编目（ＣＩＰ）数据

中国和印度尼西亚的故事 / 刘一斌主编 . —北京 : 五洲传播出版社，
2016.3（我们和你们）
ISBN 978-7-5085-3292-9

Ⅰ . ①中… Ⅱ . ①刘… Ⅲ . ①中外关系 – 友好往来 – 印度尼西亚
Ⅳ . ① D822.234.2

中国版本图书馆 CIP 数据核字（2015）第 312509 号

中国和印度尼西亚的故事

出 版 人：荆孝敏
统　　筹：付　平

主　　编：刘一斌
责任编辑：高　磊
装帧设计：北京八度出版服务机构
出版发行：五洲传播出版社
地　　址：北京市海淀区北三环中路 31 号生产力大楼 B 座 7 层
邮　　编：100088
电　　话：010 – 82000227
网　　址：www.cicc.org.cn
承　　印：北京光之彩印刷有限公司
版　　次：2016 年 3 月第 1 版第 1 次印刷
开　　本：787×1092mm 1/16
印　　张：19.25
字　　数：240 千字
定　　价：58.00 元

序

印度尼西亚是亚洲文明古国，地处亚洲和大洋洲、印度洋和太平洋交汇处，资源丰富，文化多元，风光秀美，素有"赤道上的翡翠"之美誉。近年来，在历届领导人带领下，印尼正焕发新的生机与活力，开创出经济发展、社会稳定、国力蒸蒸日上的良好局面，在国际和地区事务中发挥着日益重要的作用。

中国和印尼地理相近、人文相亲，是好邻居、好朋友、好伙伴。早在 2000 多年前的中国汉代，两国人民就冲破大海的重重阻隔，打开交往的大门。1950 年中印尼建交以来，两国关系历经风雨，走过不平凡历程，取得历史性成就。特别是 2013 年两国全面战略伙伴关系建立后，中印尼关系进入全面、深入、健康、快速发展的新轨道。在最近不到一年的时间里，习近平主席和佐科总统 3 次来往访、2 次通话，一致同意对接"21 世纪海上丝绸之路"倡议和印尼"全球海洋支点"战略，全面深化和拓展各领域务实合作。中印尼关系春华秋实，正呈现出政治安全、经贸投资和人文交流"三驾马车"齐头并进之势，迎来历史最好时期。

时值中印尼建交 65 周年，我高兴地看到外交笔会和五洲传播出版社联合出版《中国和印度尼西亚的故事》。本书的各位作者是中印尼关系一路走来的开拓者、亲历者和见证者，他们长期为中印尼友好默默耕耘，在各自领域为两国全面战略伙伴关系这棵参天大树生根发芽、枝繁叶茂作出重要贡献，我谨致以崇高敬意。各位作者结合自身经历，从不同侧面讲述中国和印尼友好的动人故事，带我们重温激情燃烧的峥嵘岁月，体会中印尼关系硕果来之不易。相信本书的出版将为两国人民搭建沟通和友谊的桥梁，吸引更多民众参与到两国友好的伟大事业中来，续写中印尼友谊的新篇章。

谢　锋

中国驻印度尼西亚大使

2015 年 10 月 26 日

序

2015 年正值印度尼西亚共和国独立 70 周年和印尼与中国建交 65 周年。看到这些年来两国在各个领域的双边合作所取得的长足发展，我感到十分兴奋。

两国的友好关系可追溯到几个世纪前。郑和下西洋的故事就是印尼民间传说的一部分。尽管如此，两国在相互了解、理解和感知上仍然存在隔阂。然而，随着两国双边关系在各个领域的日益发展，我坚信我们一定能共同战胜这些挑战。

在此，我对五洲传播出版社出版的"我们和你们"系列丛书之《中国和印度尼西亚的故事》这本书表示欢迎。希望通过印尼与中国关系问题专家学者和观察家的思想和阐述，能够更清晰地展现两国关系的历史和未来发展。

本书通过各界有关人士对拓展两国在各个领域双边合作的经历，将为加强印尼与中国的密切关系作出有益的贡献，同时，也能缩小我们人民之间所存在的隔阂，从而巩固印尼与中国全面战略伙伴关系发展的基础。

两国领导人为两国的密切合作奠定了坚实的框架，创造了有利的条件。因此，两国人民肩负着具体落实上述合作的重任。

借此机会，我愿对本书的主编刘一斌、周刚大使等各位作者及其他有关方面为此书的出版所付出的努力表示感谢。

苏更拉哈尔佐

印度尼西亚共和国驻华兼驻蒙古国大使

2015 年 12 月

我们和你们
中国和印度尼西亚的故事

目 录 Contents

文化篇

记忆篇

友谊
篇

中印尼复交和开启中国——东盟关系的大门

徐敦信

（中国外交部原副部长、前驻日本大使）

中国地处东亚，和东南亚各国或山水相连，或隔海相望。自古以来，中国和东南亚各国就有互利通商和人文交流的传统，留下了许多脍炙人口的佳话。

二战后，中国人民赢得了解放，东南亚国家也相继取得独立。由于有相似的历史遭遇，又都面临着维护独立主权和建设国家的现实使命，尽管西方一些大国敌视新中国，尽管因社会制度不同，彼此还有一些不够了解的隔阂，但中国和东南亚各国之间发展睦邻友好合作关系互有需要，也是地区共同利益之所在。

印度尼西亚在东南亚是人口众多、国力较强的"龙头老大"，也是东盟国家中最早承认新中国并同我建交的国家之一。1955 年 4 月，著名的万隆会议（亚非会议）召开之后，中印尼高层交往启动，两国关系有了进一步发展。但在冷战的大背景下，60 年代中后期，印尼国内政局发生巨变，中国也步入"文化大革命"时期，正是在这样的情况下，发生了所谓"9·30"事件，两国关系遭受严重挫折。所谓"9·30"事件，据印尼方面报道，是指 1965 年 9 月 30 日，印尼总统警卫队的一些军官以印尼陆军将领阴谋发动军事政变为由，逮捕枪杀了 6 名陆军将领。对此，陆军方面立即采取反制措施，挫败了警卫队的行动。接着，在印尼开始了一场镇压印尼共产党和清除亲苏加诺总统政治势力的运动。

徐敦信（中）与印尼外交部政治总司长罗哈纳佩西在雅加达机场休息室交谈。

对"9·30"事件，中国事前一无所知，事后很长一段时间也没有吭气。但是，印尼军方从一开始就认定中国策划并支持了"9·30"政变，指责中国干涉印尼内政，甚至派军队搜查中国驻印尼大使馆商务处。1967年，两国关系进一步恶化，直至10月30日两国外交关系中断。但是，事实胜于雄辩，随着时间的推移，人们逐步看清了事实真相，说中国是"9·30"事件后台的不实之词不攻自破。

20世纪70年代，国际和地区形势发生了许多重大变化。1971年，联合国大会通过第2758号决议，中国恢复了在联合国的合法席位；1972年美国总统尼克松访华，中美发表《上海公报》；同年9月日本首相田中角荣访华，中日实现邦交正常化；1973年美国从印支撤军，收缩在东南亚地区的军事力量，东盟国家的对外政策也相应作了重大调整；从1974年到1975年，马来西亚、菲律宾、泰国相继同中国建交，中新虽尚未建交，但双方经贸、人员来往不断并开启了高层互访；1978年，中日缔结和平友好条约；1979年，中美正式建交；中国领导人邓小平应邀访问新、马、泰三个东盟成员国，就维护地区和平稳定，增进中国和东盟各国关系坦诚交换意见，起到了增进了解和增信释疑的作用。此后，中国和东盟各国在柬埔寨问题上不断扩大共识，并共同为促成柬埔寨问题政治解决发挥了积极作用。

中国和印尼作为东亚地区的两个大国，外交关系长期处于中断状态对双方不利，对地区的和平发展与合作也不利。双方虽可通过联合国、香港等有关渠道沟通信息，通过广交会也重启了经贸往来，但终究仍处于不正常状态，因此，相机恢复中断20多年的外交关系，已成为彼此的客观需要。

1989年1月，日本裕仁天皇病逝。日本政府决定于2月24日举行国葬，邀请各国政要出席。国际上不断传来信息，许多国家元首或政府首脑将应邀前往。战后，印尼同日本恢复邦交后经贸关系发展较快，日本是印尼石油的最大进口国，印尼则是获得日元贷款最多的国家。印尼方面宣布苏哈托总统亲赴东京参加葬礼。鉴于近代中日关系中的那段不幸历史，

徐敦信拜会印尼外长阿拉塔斯。

裕仁天皇又是日本军国主义发动全面侵华战争的主要当事人，中国是否应邀、由谁前往出席，一时成为国内外关注的敏感话题。我当时任外交部亚洲司司长，妥善处理好这个问题责任重大。在几个可供选择的设想中，中央最后决定派钱其琛外长作为国家主席的特使赴东京参加葬礼。中央的决策顾全了内外两个大局，从政治上和外交礼仪上看都可称之为恰到好处。与此同时，作为主管地区司我们还特别关注另一个机遇，即中印（尼）都有政要出席葬礼，东京是否可成为双方接触的舞台。当时从多个渠道获悉，苏哈托总统的主要随行官员中没有外长，而是一位国务部长。亚洲司主管处开始觉得如何同对方提起会晤有些为难，说外长拜会总统有些唐突，说希望同一位素不相识的部长会晤也不自然。经进一步研究，大家认为不必拘泥于细节，只要双方政治上都有意愿，抓住机遇，促成此事就没有什么困难。于是，我仍旧向对方提出"两国外长会晤"。印尼方面果然很快作出积极回应称，阿拉塔斯外长虽不陪同总统去东京，但国务部长穆迪奥诺愿同钱外长会晤。据了解，穆迪奥诺国务部长是苏哈托总统深为器重的亲信，经常跟随总统出行，地位和作用比外长有过之而无不及。这样，双方很快就会晤达成了一致。

2月23日，即日方葬礼的头一天，被中外媒体广为关注的"葬礼外交"就在东京帝国饭店展开。帝国饭店是苏哈托总统一行下榻之处，陪同钱外长前往的除我外，还有日本处的王毅和一名英语翻译。穆迪奥诺国务部长在他的房间里接待了我们。会晤开始，双方都谈及国际、地区形势和两国近年开始直接贸易，以及在柬埔寨问题上的良好合作。接着，钱外长着重就我在对外关系中坚持和平共处五项原则，特别就相互尊重主权、互不干涉内政等阐明了我原则立场，强调不仅在国家关系中如此，在党际交往中也是如此，中国绝不会利用党的关系干涉别国内政。穆迪奥诺说，印尼在处理国内问题方面也有个五项原则，那就是"建国五基"——信仰真主、公正与文明的人道、国家统一、民主、社会正义与繁荣。他说：印尼的国家哲学和意识形态可能与别国不同，但愿与别国发展关系。印尼尊重其他国家的意识形态，也希望其他国家尊重印尼的意识形态，尊重印尼上述处理国内事务的原则。他还强调，印尼历来坚持"一中"政策。谈话中，印尼方未涉及"9·30"事件。钱外长有针对性地表示：中方尊重印尼在国内所采取的原则，同时希望在双方关系中共同信守和平共处五项原则。中国同印尼共产党已没有任何联系，就连现在有没有这样一个党也不知道。关于如何实现两国关系正常化的问题，双方都表达了希望实现正常化的愿望并同意通过各自驻联合国代表团继续讨论。至此，穆迪奥诺提议休息片刻，他随即起身去向苏哈托总统禀报情况。

接下来，苏哈托总统在隔壁房间单独会见了钱外长。苏哈托表示，印尼一直遵守万隆会议的"十项原则"，最重要的是相互遵守主权和互不干涉内政。"9·30"事件后，印尼在国内取缔了共产党，但并不意味着印尼对共产党执政的国家采取敌对或敌视政策。只要彼此的政府和政党都按和平共处原则办事，两国发展友好合作就没有什么问题。苏哈托还说，印尼一直是承认中华人民共和国的，今后的政治磋商应在两国之间进行，无须通过第三国。同苏哈托会晤后，双方商量了如何向媒体发布消息，并达成以下三点一致意见：（1）两国关系正常化的进程已经启动，双方同意进一步采取措施实现关系正常化；（2）两国关系应建立在和平共处五项原则和万隆会议十项原则的基础上；（3）双方将通过驻联合国代表团

徐敦信与印尼外交部政治总司长罗哈纳佩西签署会谈纪要。

就正常化问题进行具体商谈。

　　穆迪奥诺陪同钱外长刚走出房门，楼道里已站满了来采访的记者，走到稍宽敞一点的地方，新闻发布就开始了。按照约定，由穆迪奥诺宣布上述三点内容，钱外长作补充说明。我一看在场的有日本记者、印尼记者，还有其他第三国记者，唯独没有中国记者。中印尼当天举行会晤并非秘密，能谈出什么结果事先很难预测，媒体抢新闻是其职业需要，许多记者闻风而至，敬业精神可敬。中国驻东京的记者知道当天有这场重要活动，都云集中国大使馆等候"吹风"。这在当时是中国式的新闻采访习惯（现在早就与时俱进了）。没有中国记者在场，葬礼外交取得进展的信息发布肯定为别人抢先，怎么办？情急之下，我抄起走廊服务台上的电话，给使馆值班室打电话，叫来新华社记者，告知上述三点内容及相关情况，要他立即发布消息。放下电话，看到这边记者们还在听钱外长作补充说明，我这才放下了心。当天，日本媒体作了大量报道，"葬礼外交"也一举成名。

1989 年春夏之交发生在北京的政治风波以及以后西方国家联手对华制裁，使中国外交面临前所未有的严峻考验。在此背景下，印尼对中印尼关系正常化的后续工作一度有些迟疑观望，但随着我国内局势恢复平静，打破制裁工作取得进展，印（尼）方态度又很快转向积极。当年 8 月，两国外长在出席柬埔寨问题国际会议期间，商定中方年内组团赴雅加达就两国关系正常化的技术性问题进行磋商。所谓"技术性问题"，是阿拉塔斯外长的说法，意思是说两国关系正常化（复交）的大方向已定，剩下来的自然是技术性问题。有哪些问题呢？一是外交关系中断前双方签订的条约、协定如何处置；二是印尼方关切的华人、华侨和双重国籍问题；三是中方关切的印台关系的问题；四是迄今双方债权、债务的清理问题；五是中方在印尼的房地产问题。此外，还有重开大使馆的规模和双方为对方重新开馆提供方便的问题等。此类问题认真梳理起来确实不少，我方原先设想，当务之急应是宣布复交，具体问题可待建馆后从容商谈。印尼方面既然希

徐敦信在雅加达机场休息室接受媒体采访。

望循序进行，当然也未尝不可。但是，由双方驻联合国代表团来谈，倒是真的有些技术性困难了。因为，不了解有关具体情况，事事都要向国内请示报告，岂不舍近求远，绕大弯子了？！

1989年12月4日至8日，我以外交部长助理兼亚洲司司长身份率谈判团赴雅加达。谈判团一行9人，由外交部、外经贸部相关地区业务司官员和英文、印尼文翻译组成。中印（尼）外交关系中断后，去雅加达没有直达航班。我们一行12月3日取道香港，次日傍晚抵达雅加达。由于是外交关系中断23年来两国官方首次在雅加达接触，当地媒体十分关注，大批记者守候在机场。我们一步入候机大厅，记者们便蜂拥而上，闪光灯此伏彼起。看到这种场面，我们再次感受到两国关系正常化深受瞩目，意义非同小可。我的谈判对手、印尼外交部政治总司长罗哈纳佩西和礼宾官员到机场迎接。我们坐下来稍事寒暄后，记者们又围拢过来。新闻媒体如此关注，这是我们事先没有完全预料到的，同时又觉得：这不正好是一次通过媒体增进相互了解的好机会嘛！罗哈纳佩西总司长此时可能觉得由他搭理或婉拒记者都不方便，于是征询我的意见。我说主人如无不便，愿同记者朋友们交流。我简要说明此访来意之后，就开始了一问一答。提问无非是此行任务、目的，中印（尼）复交的意义，何时宣布复交，还有哪些困难，对两国关系前景的展望，对中国和东南亚其他国家关系的影响，中国对华人、华侨和双重国籍的政策主张等。记者们提问踊跃，态度友好，没有挑刺、挑衅，我也以诚相待，有问必答，尽量满足他们的要求。如此，会谈尚未开场，便通过媒体就我方针、政策预作了一番宣讲。

印尼是我1988年就任亚洲司司长以来出访的第一个东

南亚国家，素有"千岛之国"美称的这个东南亚大国地跨赤道，高温多雨。12月在北京早已是深秋初冬时令，早晚外出的行人都穿上了风衣，可是此间仍似盛夏，离开有空调的机场大厅，顿时有闷热难当之感，赶紧钻进轿车才松了一口气。纵目窗外，绿油油的花草树木连绵不断，有些地段好像刚下过阵雨，地面还是湿漉漉的。主人安排我们一行下榻市中心的印度尼西亚饭店。这是一幢利用日本战争赔偿修建的饭店，一层大厅和通常所见宾馆饭店别无二致，二楼以上的客房区墙壁都是透风的，让人感受热带建筑的特色。透风是透风，还是有一阵阵热浪袭来，走过一道门进入客房走廊，才又重新感到了清凉。

　　谈判从12月5日开始，尽管议题较多，但谈得比较顺利。中方内定的方针是"坚持原则，适当灵活"，使印尼方感到中方有备而来，充满诚意。有两件事多少有点出乎意料。一是关于印尼和台湾的关系，中方强调复交后，印尼和台湾只能保持民间性的经贸、人员交往，不应有官方往来。印（尼）方表示，印尼从来只承认中华人民共和国，即使在外交关系中断期间，这一立场也没有变化，印尼同台湾从未有过官方关系。为了说明问题，印尼外交部亚洲司司长特拿出印尼外交部编印的常驻雅加达外交使团及外交官名册，其中仍印有中华人民共和国一页，只是没有外交官名单，以显示印尼从未将台湾在雅加达的民间机构视为官方代表。二是关于两国外交关系中断前遗留下的信贷、贸易结算问题，印尼方面所欠数额不大，本来原则说清楚就可以了，至于每笔账目细数、何时以何种方式偿还等，不一定一一清算。可是印尼方主动提出"亲兄弟明算账"，要求我方提供原始借贷账目凭证，以便如数偿还。这两件事让人感到，印尼毕竟是个大国，办事有板有眼，其认真态度令人敬佩。

经过几场会谈，双方在主要问题上达成一致并签署了会谈纪要。留下来的账务问题，经双方专家小组在各自查阅原始资料和档案的基础上，于1990年3月和5月在北京和香港会谈、核实后达成了协议。

1990年7月初，阿拉塔斯外长应邀访华。在外长会谈中，阿拉塔斯表示：复交的有关问题都已谈妥，苏哈托总统的意思是，年内适时完成复交。鉴于两国50年代已建立外交关系，现在是复交，方式可简便一些，可以互换照会形式进行。苏哈托总统拟邀请李鹏总理访问印尼，复交可在访问时正式宣布。钱外长表示赞同以互换照会方式实现复交，赞赏苏哈托总统将复交和高层访问结合起来的建议。阿拉塔斯外长此访是两国断交后印尼外长第一次访华，他说外界对其访华十分关注，需要发表一项公报，内容包括两国关系正常化日期8月8日、届时李鹏总理将应邀访问印尼等。关于台湾及印台关系问题，中方赞赏印尼坚持"一个中国"原则立场，鉴于事关政治敏感问题，双方须达成一项内部谅解，中方可派员赴印尼磋商达成谅解备忘录，待李鹏总理访问印尼时签署。应印尼方面要求，中方允诺尽快提交两国政府贸易协定草案供印方研究。7月3日晚，双方在钓鱼台国宾馆芳菲苑签署了上述公报和解决债务问题的协议。

为磋商关于台湾问题的谅解备忘录，我于7月22日至28日再度赴雅加达，同印尼外交部新任政治总司长维尔约诺进行磋商并达成一致。李鹏总理于8月6日至9日应邀访问印尼。在苏哈托总统和李鹏总理见证下，双方签署了复交谅解备忘录和中印（尼）政府贸易协定。至此，中国、印尼关系正常化大功告成。

印尼国务部长穆迪奥诺
（右）会见徐敦信。

中国和印尼复交的意义不仅在于两国关系恢复正常并为双方进一步发展全面睦邻友好合作开辟了广阔前景，同时对地区的和平、稳定和发展也起到了积极推动作用，并在国际上特别是东南亚国家中引起了良好反响。1990 年 10 月和 1991 年 9 月，我国先后同新加坡和文莱谈判建立了外交关系。至此，中国同东盟成员国全部建立了外交关系，也为中国—东盟关系的建立开启了大门。

重建中印尼友谊

钱永年

（中国原国务院外办主任、前驻印尼大使）

1990 年 8 月 8 日，中断 23 年之久的中国—印尼外交关系得到恢复。自此以后，两国友谊和友好合作关系得到了迅速的恢复和发展。作为两国复交后我国派驻印尼的首任大使，我曾参与和见证了两国重建友谊并进一步发展友好合作关系的一段历史，感到十分荣幸。我虽然离开印尼已有 20 年之久，但有些往事仍历历在目。现写下一些亲身经历与见闻，与大家分享。

复交要选个吉日

随着国际和地区形势的发展变化以及两国各自内部形势的变化，中国和印尼双方逐渐产生了复交的愿望。就印尼方而言，苏哈托总统早在 1975 年就表示印尼正在准备改善对华关系。进入上世纪 80 年代，双方的外交和贸易接触逐渐增多，后来就通过联合国渠道正式进行复交商谈。直至 1989 年 2 月，钱其琛外长和苏哈托总统在日本东京会晤，双方才最后作出了复交的决定。1990 年 7 月 3 日，印尼外长阿拉塔斯应邀访华，与钱外长共同签署了复交公报，宣布双方决定从 1990 年 8 月 8 日起正式恢复外交关系。这一具体日子是印尼方坚持提出的，当时中方还不甚了解其中之意。7 月 3 日已签署复交公报，却还要等到 8 月 8 日才能真正复交，这是什么意思？后来才听说，此日期是苏哈托总统亲自定的，原因是"8"是吉祥数字。

原来，广东话中的"8"同发财的"发"谐音。印尼由于华人、华侨众多，华人的某些语言和传统习惯也被印尼社会所吸收、认同。8 月 8 日复交，寓意今后两国关系将"发"了又"发"。这完全是出于好意，表明了印尼对复交寄予的厚望。此一传说是否完全符合事实，有待进一步证实，但无论如何这表示了印尼政府对今后中印尼关系越来越好的期望。

出任使节，成为新闻

建交国之间互派使节本属常态，一般来说并无多大新闻价值，更不构成连续报道的新闻。世界各国年年都要互派许多使节，但很少见到有关任命使节的新闻报道。可是，由于中印尼关系的特殊性，我作为复交后的首任大使就受到中外媒体的特别关注。

在我被任命的消息公布后，中新社的记者就坚持要采访我。我拗不过她，同时也出于多做工作、增进了解的考虑，便接受了采访。记者写了一篇采访特稿，在 10 月 17 日的《人民日报·海外版》头版刊出。香港和新加坡的一些报纸立即转载，印尼和某些西方的报纸也刊登了摘要。

从抵达印尼首都雅加达的那刻起，我就成为印尼记者跟踪报道的对象。

在 1990 年 10 月 23 日到达雅加达机场的当晚，就有来自印尼通讯社、《雅加达邮报》、《罗盘报》和电视台等的 30 名左右记者包围了我。摄影记者的闪光灯不停地闪烁，文字记者的提问一个接着一个。但我注意到，所有提问中并没有不友好的、挑衅性的问题，更没有人对过去那段不愉快的历史插曲旧事重提，主要都是想了解我对今后两国关系发展前景的看法和工作打算。第二天，各报均在头版显著位置报道我到任的消息和答记者问的内容，并刊出大幅照片。这与各国驻印尼使节到任时几乎不受媒体注意的情况相比，是十分突出的，表现出印尼社会对两国复交的关注和重视。这是中印尼关系史上的一段特殊情况造成的。

1990 年 10 月 27 日，钱永年大使向印尼总统苏哈托呈递国书。

紧接着，印尼新闻界对我向苏哈托总统递交国书也作了详细的报道，特别是较长时间的电视报道。特别值得一提的是，我国中央电视台在《新闻联播》节目中也转播了我向印尼总统递交国书的庄严隆重的场面，使广大电视观众也许第一次见到我驻外使节是如何向外国元首呈递国书的。据说，中央电视台的这一做法也是多年来的首次。这说明中国新闻界和人民群众也是十分关心两国复交的。递交国书后，印尼记者几乎总是如影随形地跟随着我，对我礼节性拜会印尼副总统、议长、部长等高级官员的活动均作了报道。一些报刊提出的专访要求也接连不断。几个月来，在印尼媒体上总能看到有关我活动和谈话的报道，我俨然成了"新闻人物"。这充分说明了两个亚洲大国重归于好确实引人注目。

开局良好，增添信心

　　对于复交后全面恢复和发展两国友好合作关系，中方是持积极态度的。但是，印尼方是否也持同样的积极态度，我并不十分有把握。鉴于两国交恶已有23年之久，双方之间有很多误会和互不信任，我估计要恢复友好关系可能需要一段较长的时间，工作也会有相当的难度。

　　但我到任不久后发现，实际情况比我预料的要好，印尼方对于恢复两国友好关系的积极性一点也不比中方差。

　　我们知道，复交之事是由苏哈托总统亲自掌控和决定的，并由他的亲信、国务部长穆迪奥诺直接操办。他作出这一决定是有战略考虑的：同经济建设成就巨大、国际地位蒸蒸日上的中国早日恢复和发展友好关系，符合印尼和东南亚地区的利益。因此，一旦作出了复交决定，印尼在恢复友好关系方面不会再犹豫不决。有许多具体事例可以证明这点。

我到印尼上任之初，非但未受到冷遇，反而在许多方面受到了特殊待遇。按照印尼的礼宾惯例，新大使到任后一般要等待一至一个半月才能安排递交国书。我是 1990 年 10 月 23 日晚才抵达雅加达的，10 月 27 日上午就向苏哈托总统呈递了国书，速度之快，出乎许多人的意料。这里面固然有苏哈托 11 月下旬即将访华的因素，但印尼政府对复交后发展两国友好关系的重视不能不说起了决定性的作用。递交国书仪式结束后，总统与我进行了较长时间的热情友好的谈话，他强调了发展两国友好关系的重要性，特别强调要大力发展经贸关系和互相借鉴建设经验，以使两国人民从复交中得到实实在在的好处。

我到任后不久，举行了一次到任招待会。由于我们刚建馆不久，人生地疏，没有什么朋友，原以为不会有多少重要人士出席。结果却大出所料。使馆所在的婆罗浮屠大酒店宴会厅门口和宽大的走廊两边摆满了印尼各界知名人士和各大企业送来的欢迎大使莅任和祝贺两国复交的花篮及用鲜花做成的大型花匾。好几位部长和许多高级官员、工商界知名人士及社会名流都前来出席。一向不参加外交使团招待会的总统最主要助手、国务部长穆迪奥诺也破例前来出席，引起了各国使节的注意，甚至有些羡慕。一些知名人士和工商界人士我们还不认识，也未发请帖，却不请自来或"闻风而来"。招待会自始至终洋溢着热情友好的气氛，丝毫也看不出两国关系曾有过一段不愉快的插曲。这表明两国人民的传统友谊源远流长，不会因一时的关系破裂而受到严重伤害。

复交后才三个月，苏哈托总统就对中国进行了国事访问。这次访问对恢复两国友好关系和增进相互了解起了非常重要的作用。访问大大改变了苏哈托对中国的看法，他不仅非常

赞赏中国的古代文明，而且特别钦佩中国的建设成就。据说，他回国后曾多次在内阁会议上谈到访华观感，并鼓励部长和高官们去中国访问，学习中国的建设经验。这就为增进相互了解、加强友好合作创造了良好的条件。

复交前后，印尼官员曾多次表示，印尼同中国并没有断交，而只是暂时中止（suspend）外交关系，印尼还是承认中华人民共和国、坚持"一个中国"政策的。复交后，印尼外交部的官员告诉我们：在整个23年中，外交使团名册上仍保留中华人民共和国大使馆的页面，只不过没有大使和外交官员的名字罢了。过去中国大使馆专用的车号是25，一直保留下来，现在大使馆回来了，继续使用原号。我们发现，这些情况基本属实。

来印尼后，我们也发现，上至总统，下至记者和普通老百姓，没有人再旧事重提，没有人再纠缠过去的是是非非。大家都抱着"向前看"的态度。看来，恢复友好关系没有原来想象的难。这为我们努力推动重建友谊的工作增添了信心。

推动交往，增进了解

在中断外交关系的 23 年中，两国几乎断绝了一切交往。不仅如此，两国媒体还长时间相互指责和报道对方的负面新闻、虚假新闻。日积月累，就造成了严重的互不了解和互不信任。复交后，我们面临的首要问题就是增进了解、加强互信、恢复友谊。而要达到这一目的，最有效的方法之一就是大力推动官方和民间的相互来往。

我在印尼的几年，一直努力推动印尼高级官员访华。在苏哈托总统的鼓励下，从 1991 年开始，印尼的内阁部长和高级官员们分批前往中国进行同本领域工作相关的考察访问；与此同时，中国的相应官员也陆续前来印尼访问。据不完全统计，在复交初期的四年内，双方领导人、部长、副部长和总司长以上高级官员的互访达 150 余次之多，范围遍及政治、经济、军事、议会、政党、司法、贸易、文化、教育、卫生、体育等各个领域。这些高级官员的互访，大大促进了相互了解与合作，特别是印尼方对中国的了解。许多印尼政府部长和高级官员访华归来后谈到观感时不约而同地说："真是百闻不如一见！""我所见到的中国与我想象中的中国完全不同！""访问使我对中国的认识从 50 年代跃进到 90 年代！"少数 60 年代曾去过中国的部长或高级官员惊叹中国变化之大、发展之快，说"许多过去很熟悉的地方今天已认不出来"。一位高级将领访华归来后说："一般来说，访问都能促进了解和友谊，但这次访华与众不同，我真正从内心感受到了中国人民对印尼人民的友好感情。访问深深打动了我。"一位资深部长则表达了更深一层的见解，说："有些人担心中国有扩张主义野心。当我登上长城时，回顾历史，深深体会到中国自古以来的战略思想就是防御。我不相信今后的中国会是扩张主义的。"许多来印尼访问的中国部长和高级官员同样赞扬印尼的建设成就，体会到印尼人民的友谊，也普遍有"百闻不如一见"之感。

复交后，两国民间团体的互访活动也十分活跃。两国经贸界、文化界、艺术界、科技界、教育界、新闻界、医学界和宗教界等的相互访问接连不断。中国的歌舞团、杂技团、京剧团、魔术团、交响乐团和时装表演团等在印尼的访问演出，受到久未欣赏过中国文化艺术的印尼观众的热烈欢迎和高度评价，增进了人民之间的友好感情。同样，印尼传统歌舞团在中国的几次演出也受到了久违的中国观众的极其热烈的欢迎。我曾有机会在北京观看印尼艺术团的演出，当再次听到优美抒情的《梭罗河》、《哎哟，妈妈！》和《宝贝》等印尼民歌和印尼特有的乐器"安克隆"奏出的美妙动听的乐曲时，当再次看到爪哇、苏门答腊、巴厘和亚齐等地的优美动人的传统舞蹈时，观众无不报以经久不息的掌声。四五十岁以上的观众被唤起对中印尼传统友谊的甜蜜回忆。我还看到，许多从印尼回国定居的归国华侨被熟悉的音乐、舞蹈感动得泪流满面。两国人民之间的友谊和感情就是这样被重新激发和逐步恢复的。

在发展两国民间交往、增进两国人民友谊方面，印尼工商界人士特别是著名企业家、印尼工商总会前会长苏坎姆达尼先生作出了重要的贡献。他在两国复交前就呼吁恢复两国直接贸易，并于1985年率领第一个印尼贸易代表团访华。两国复交后，他积极做促进两国友好交往的工作。1992年，他倡议成立

印尼总统苏哈托访华期间，在中国对外经济贸易部部长郑拓彬（左7）、中国驻印尼大使钱永年（左6）陪同下游览长城。

了印尼—中国经济社会文化合作协会，并亲自担任总会长（中国方面也相应成立了由王光英副委员长任会长的中国—印尼经济社会文化合作协会）。该协会自成立以来就积极做促进两国友好合作的工作，中国来印尼访问的许多贸易代表团、经济考察团和艺术团组等都由该协会负责接待或提供协助。中国国家领导人访问印尼时，该协会一般都会举行盛大的欢迎宴会。为表彰苏坎姆达尼先生的重要贡献，中国人民对外友好协会于1994年授予他"人民友好使节"荣誉称号。

广泛接触，增信释疑

到复交后的印尼工作，同到任何新建交的国家工作有很大不同。新建交的国家主要是对中国不了解，而印尼则除了不了解外，还存在对中国的一些偏见和怀疑。尽管印尼方对恢复两国友好关系持积极态度，但不可否认的是，无论是官方还是民间，都对中国持有不同程度的偏见和疑虑。因此，我到印尼后除了大力推动高级官员访华外，就把广泛接触各界人士、多做增信释疑工作作为自己的重要任务之一。

记得上任之初，鉴于印尼高级官员对中国情况极不了解，我就尽量利用拜会和会见的机会向他们扼要介绍中国的有关情况。每次会见之前，我都查阅资料，作比较充分的准备。我不仅向对方介绍我国在某一领域的政策和目前的概况，而且还介绍了取得的成就以及存在的问题和不足。这样就把礼节性的会见变成了介绍中国有关情况的简短吹风会。由于大多对中国的有关情况很不了解或了解不多，他们对我介绍的情况十分感兴趣。许多部长或高级官员都听得津津有味，一下子就拉近了同我的距离。有的提出了许多希望了解的问题，有的希望我提供更详细的资料，有的则当即表达了希望访华和同我国合作的愿望。记得有几次同执政党和重要政界领导人会晤时，我相机向他们介绍了我国的政治体制和共产党领导下的多党合作和政治协商制度。他们听后感到非常新奇，说过去只知道中国是一党专政，从未听说过中国除了共产党外，还有 8 个民主党派，而且是实行多党合作、政治协商，与印尼的政治体制有些相似之处。这些会见使印尼一些政界领导人对了解中国的政治、经济和国家发展情况产生了强烈的兴趣，从而推动了他们不久后就去中国考察访问。一位军政界元老率团访华时带去了一个电视摄制小组，把访华时所见所闻制成了一部纪录片，返国后在电视台上接连播放了三次，对促进印尼各界对中国的了解起了很好的作用。

对于我国一些早就公之于世的政策，许多印尼官员特别是省级和省级以下的地方官员实际上并不了解，有的甚至从未听说过。就拿印尼十分关心的华人和华侨问题来说，许多印尼高级官员和地方官员对我国的有关政策并不清楚。他们分不清什么是华人和华侨，内心并不把华人当作印尼人，对华人有许多歧视、限制、指责和偏见，对中国也有不少疑虑。对于这样一个十分敏感的问题，回避是不行的，必须耐心地做工作。因此，凡是有官员或记者问到华人华侨问题，我就不厌其烦地向他们介绍中国在华人华侨问题上的政策和立场，说明中国不承认双重国籍，中国和印尼早在1955年就签订了关于解决双重国籍问题的条约，凡是选择印尼国籍的就不再是中国公民，中国政府就不再对他们负有法律责任，也绝不会利用他们为中国谋取利益。我同时指出，印尼社会也不应歧视华人，而应把他们真正视为自己的公民。这些尽管是众所周知的，但对于很多印尼官员来说似乎还是第一次听说，听后觉得解决了一些困惑。有时候光说这些政策还不够，还得推心置腹地交换一些深入的看法。我记得有一位同我比较熟悉的统筹部长（副总理级的高官）曾单独请我到他家赴宴和交换意见，话题主要是华人和"支那"问题。他表示，几十年来华人问题一直没有很好解决，引起不少社会矛盾，成为发生动乱的因素，究竟该如何解决，希望听听我的个人看法。我就以个人名义谈了一些看法，大概意思是：印尼华人好比是中国嫁到印尼的女儿，中国是娘家，而印尼是婆家。娘家希望女儿能被婆家接纳并完全融入婆家，如婆家对她好，她就能很快融入婆家；如对她不好，她必然会想念娘家，甚至逃回娘家。因此，在我看来，聪明的办法是取消对华人的一切偏见、歧视和限制，把他们真正当作自己的公民，承认他们是少数族裔，赋予他们应享受的一切公民权利。华人拥有较多的资金、知识和技能，对印尼来说是资产而不是负债；对华人歧视只会引起资金和人才外逃，用暴力手段迫害华人只会破坏印尼的经济和遭到全世界的谴责，对印尼十分不利。中国对待海外华人如同对待其他国家的公民一样，只是多了一层亲戚关系，正如印尼同已获得外国国籍的印尼人也保持一定的关系一样。我们同样也希望华人能够自律，多为印尼经济建设和社会公益作贡献，尽快融入主流社会……这些虽然只是私下交谈中发表的个人意见，但对方很听得进，觉得很有道理，表示很受启发，很有参考价值，今后有机会还要继续交换意见。

当我有机会去外省，特别是华人华侨众多的地方访问时，向当地军、政领导人介绍我国对华人华侨的政策就成为主要的话题之一。他们对我所作的介绍都十分感兴趣，好像解决了内心中存在的许多问题。有的地方报纸第二天就报道了我的谈话内容。记得有一位重要的军区司令听了我的介绍后说："我是第一次从中国官员那里听到中国政府对华人华侨政策的介绍，我认为中国的这一政策是十分正确的。我们这里华人、华侨众多，请阁下相信，我们今后一定会把已入印尼籍的华人真正当作自己公民的一部分，对于仍保留中国籍的华侨，我们也会保护他们的合法利益。"

除了向官方做工作外，应邀向各界人士作报告和回答他们所关心的问题，也是促进相互了解和解疑释惑的重要手段之一。由于印尼各界对中国的情况和内外政策十分感兴趣，我上任后就不断接到去各社团和有关单位作演讲或参加研讨会的邀请。邀请单位涉及的范围很广，包括印尼工商总会、雅加达商业俱乐部、外交学院、国防学院、陆军参谋学院、海军参谋学院、国际记者俱乐部、雅加达名流俱乐部、印尼—中国经济社会文化合作协会、印尼—加拿大商会和一些地方工商会等等。作报告的内容涉及中国的改革开放、经济建设、对外贸易、外

国投资、对外关系、对外政策、对重大国际和地区问题的看法、港澳问题、台湾问题和南海问题等，几乎无所不包。报告会中，听众最感兴趣的部分是现场回答问题。那段时期，印尼听众最感兴趣的是了解中国为什么能发展得这么快、了解中国有关的内外政策和我对两国关系的展望。没有人提挑衅性的问题，也没有人提比较敏感的问题。工商界比较关心的是所谓中国商品在印尼"倾销"问题，军校师生要问的是"中国既然宣称不搞扩张，为何要买航母"，我采取摆事实、讲道理的办法，对这些问题作了令他们满意的回答。

当然，要真正让广大社会了解中国，小范围的交流还是不够的，还必须重视新闻媒体的作用。我到印尼后，新闻媒体不断向我提出采访要求。只要我有时间，只要对方是负责任的、有一定影响力的新闻单位，我总是尽量满足他们的要求。粗略估计，我在任内接受各种媒体的采访少说也有四五十次，这对增进印尼人民群众对中国的了解是有作用的。

历史问题，耐心解决

两国尽管已经复交，但尚未解决的历史遗留问题还有不少，如非法移民问题、30多万无证华侨的登记和申请入籍问题、禁止中文书刊问题、"支那"称谓问题和中方房产问题等。这些问题中，有的涉及国家主权和法律法令，有的涉及民族尊严和民族感情，如迟迟不能解决，对于恢复和发展两国友好关系无疑是不利的。但由于问题积时已久，且涉及法律法令的更改，或涉及一些人的利益，解决起来难度很大。如何积极稳妥地推动上述问题公正合理的解决，成为摆在我们面前的十分艰巨的任务。

根据中央的方针和从印尼的实际情况出发，我们采取了多做工作、耐心说服、友好协商、积极合作、体谅对方困难、成熟一个解决一个的办法，而不是急于求成，强人所难。事实证明，这样的态度得到了印尼方的赞赏、配合和合作。印尼官方同样也表现出了逐步解决历史遗留问题的愿望和诚意，并采取了许多积极步骤。

在这些历史遗留问题中，"支那"称谓问题可说是一个解决起来难度极大的问题。在1967年两国中断外交关系之前，印尼长期以来一直称我国为"Tiongkok"（中国）或"Tionghoa"（中华）。可是，在两国交恶后，印尼就改称我国为"支那"（Cina）。毋庸讳言，这一称呼对我们含有侮辱和蔑视之意。由于此事涉及民族感情，不仅中国人民不接受，几千万海外华人和侨胞也坚决反对。在复交谈判之时，我国政府就收到许多海外华人、华侨来信，一致要求中国政府同印尼政府交涉，尽快改变这一中国人不能接受的侮辱性称谓。可是，当我方同印尼方谈判时，对方一再坚称"支那"一词并无恶意，不同意修改。于是，这个问题就留到复交以后解决了。如何解决此事，成为我面临的一大难题。我来印尼工作一段时间后体会到，随着岁月的流逝，印尼大部分年轻人称我国为"支那"时确实并无恶意和蔑视，因为他们已不了解此事的历史背景。可是，中年以上的人不可能不记得当时改称谓的含义。鉴于双方不能达成共识，我想最好的办法就是耐心解释，加强沟通。几年里，上至统筹部长（相当于我国副总理）、国务部长、新闻部长、外交部有关总司长和司长，下至新闻记者和社会知名人士，只要有机会我就耐心向他们解释中国人民为何不能接受"支那"称谓。我向他们解释说：过去日本军国主义侵略中国时曾侮称我们为"支那"和"支那人"，中国人民极为愤怒。海内外的中国人，只要一听"支那"，就会立即想起日本军国主义当年对中国的侵略和蹂躏，就会感到满腔怒火。第二次世界大战后，日本已不敢再把中国称作"支那"了，你们为何还要坚持称中国为"支那"呢？如果当初荷兰殖民主义制造了一个侮辱印尼民族的称呼，中国今天仍然对你们沿用这个老称呼，你们会作何感想？即使不谈 1967 年改称谓时的历史背景，即使你们今天说没有恶意，你们为何偏偏要用一个使对方反感和不接受的字眼去称呼一个友好国家呢？……看来，这些动之以情、晓之以理的解释是有说服力的，听者莫不感到中方有理，都认为印尼政府应采取措施及早解决这一问题。当然，除了说服外，我们也抓住一些关键时刻向印尼外交部进行正面交涉。值得一提的是，印尼—中国经济社会文化合作协会从成立开始就旗帜鲜明地把协会印尼文名称中的中国称为"China"。许多对华友好人士也从不把中国称为"支那"，印尼文报纸《独立报》在断交的 23 年中一直坚持称中国为"Tiongkok"。在各方努力下，印尼政府终于在 1994 年 4 月宣布以后在印尼文的官方文书中一律称中国为"China"。至此，"支那"称谓问题在官方层面已算基本解决。有的印尼文报纸也随之作了改变，但要所有报刊和人们将日常用语都改过来，还需要一个较长的过程。即使是印尼官方文书，有时候也有重犯错误之时。有一次，印尼内阁秘书处送来一份印尼总统致中国国家主席的信，要求使馆转送国内。我们发现信内竟又出现"支那"称谓，就把信退了回去，要求改正。对方不得不承认是技术错误，并作了改正。因此，改变这一称谓，对印尼政府来说也是不容易的，因为它已使用了23年之久，何况还有一部分势力不同意改。对中方来说，改用"China"也只是一种暂时的妥协，因为"China"乃是英语，而非印尼语词汇，问题并没有完全解决。但这样至少在官方和文字层面弃用了令中国人反感的"支那"，可说是阶段性成果。我相信，随着两国关系的不断改善，将来恢复"Tiongkok"的称谓是完全有可能的。

在我在印尼的任期内，通过双方的共同努力，确实解决了许多重要的历史遗留问题。除了"支那"称谓问题外，主要的还有：

1991年7月，印尼政府宣布放宽印尼公民到中国的旅行限制，从而恢复了两国人民的正常往来，特别是印尼华人同中国的往来；

1992年5月，两国司法部长为解决中国在印尼的非法移民问题达成了谅解备忘录，使困扰双方多年的2000多名非法移民的问题全部获得解决。对于复交后新产生的中国非法移民，中国政府同意经核实后把他们全部遣返回中国；

1993年2月，印尼政府又发布通告，解决30万无照华侨的登记和申请入籍问题（这可是涉及改变几十万未解决印尼国籍问题的贫苦华人的命运的重大举措）；

1994年8月，印尼政治和安全统筹部长宣布，在旅游领域可开设中文班，培训讲华语的导游和印刷中文小册子（这实际上是取消使用中文禁令的开始）；

1994 年 12 月，印尼政府批准某私立大学可聘请中国教师来印尼教授中文。印尼贸易部长又通知中方，中国出口商品的中文商标可在印尼注册；

关于断交前印尼欠中国的债务，印尼政府也按期逐年偿还。

至此，23 年中断关系所造成的历史遗留问题绝大部分已获解决或基本解决，为两国进一步发展友谊和友好合作关系奠定了坚实的基础。

富饶美丽，天府之国

作为中国政府的外交代表，我在印尼工作期间也有机会应邀或主动安排到印尼各地去参观访问，拜访地方官员，会见当地工商界人士和华侨华人代表。四年半的时间内，我先后访问过西、中、东爪哇，苏门答腊，巴厘，加里曼丹，南、北苏拉威西以及遥远的伊里安查雅等地，深感印尼是一个非常美丽、富饶，传统文化遗产十分丰富，同中国的历史联系非常密切的国家。

印尼是一个横跨赤道的东南亚大国，它由 17000 多个大小岛屿组成，是世界上最大的群岛之国。它的陆地面积有近 200 万平方公里，东西逶迤长达 5000 余公里。它就像一条绿色的翡翠飘带，安详地荡漾在南太平洋和印度洋的万顷碧波之中。

印尼的热带风光非常迷人，它不仅在海岸线附近有大片大片亭亭玉立的椰树林，而且漫山遍野都是热带雨林和原始森林。印尼自然风光给我留下的一个突出印象是终年一片葱绿——绿色的山峦、绿色的田野、绿色的森林。无论在陆上旅行，或是乘坐直升机在低空飞行，极目所望，总是一片令人心旷神怡的青翠。许多岛屿犹如一块块绿宝石，镶嵌在蔚蓝色的平静海洋中。有的岛屿山峦起伏，云雾缭绕，恰似蓬莱仙岛。北苏拉威西岛马纳杜附近的有些海域，海水是如此的清澈透明，以至可以清楚地观赏到水下十几米深的千姿百态的珊瑚和色彩缤纷的游鱼。在北苏门答腊的多巴湖，迷人的湖光山色令人陶醉。举世闻名的巴厘岛，更被世人誉为"人间仙境"。

印尼虽地处赤道附近，但并不像人们想象的那样炎热，它甚至比不上北京盛夏时的酷热。印尼大部分地区的绝对最高气温为32—34摄氏度，因为海洋的微风、充沛的雨量和漫山遍野的森林大大降低了赤道烈日的威风。记得有一次我访问加里曼丹岛的一个地方，站在从那里穿过的赤道线上，虽身穿西服，也未热得出汗。如果你去一些海拔较高的地方，也许还得穿毛衣。当然，对大多数中国人来说，不习惯的是这里的潮湿。印尼虽地处赤道南北，但在西太平洋上生成的台风和热带风暴从不光顾这个国家，而长达半年之久的雨季却带来了十分充沛的雨水，这可能是大自然给印尼的特别恩赐。

印尼自然资源的富饶也是世上少有的，称得上是一个名副其实的"天府之国"。在它的陆地和近海中，埋藏着大量的石油和天然气，地下还有金、银、铜、镍、锡、煤等许多宝藏。地面资源更是有目共睹：全国约有80%的土地被森林和植被所覆盖，珍贵的柚木、檀香木、黑檀木和浸泡在水里几百年也不腐烂的铁木以及造纸用的速生树木提供了大笔森林财富。一望无际的椰林、油棕林、橡胶林和香蕉园、咖啡园、茶园遍布全国。榴莲、菠萝蜜、芒果、椰子、香蕉、木瓜、山竹、蛇皮果和"红毛丹"等热带水果随处可见。有人开玩笑说："在印尼要想饿死都难！"我感到新奇的是，在廖岛和加里曼丹岛，有些地方的泥土也能成为出口商品！那里千万年来积累起来的腐殖质变成了松软的泥土，只要烘干、筛细，就能装袋出口，成为高尔夫球场草地使用的上好肥料和表土。在平原地区，阡陌纵横，稻田连片。有趣的是，印尼农民种稻可以不分季节，只要有水源保证，随时可种。在水稻生产地区，人们经常能见到从插秧、生长、抽穗到收割的几种不同阶段在附近的几块稻田里同时并存的奇异景象！这是我在中国从未见到过的。印尼的水产也是举世闻名，龙虾、大虾、螃蟹、海参和石斑鱼、苏眉鱼、"懒鱼"等各种名贵鱼类以及数以万公顷计的养虾场出产的活虾，使印尼成为海产品出口的大国。在旅游胜地，许多饭店就开设在海滩边或架设在水面上，活鱼活虾就在你脚下游弋，你想吃什么就捞什么，真是吃"生猛海鲜"的绝佳地方。

印尼继承和发扬优秀民族文化传统的努力也令人印象深刻。无论是伊斯兰教、印度教和佛教的文化遗产，都得到很好的保护。建于8世纪的婆罗浮屠佛塔至今仍是印尼人民的骄傲，成为举世闻名的旅游胜地。印尼人对巴厘岛的印度教寺庙和文化传统更是倍加维护。各民族都十分珍惜自己的文化和传统习惯。到印尼观光的各国旅游者住进既有印尼建筑特色、又有现代化设备的舒适旅馆，被飨以印尼各地的民族歌舞，而不是西方的流行歌曲或摇摆舞。正是这一点，每年吸引了四五百万国际游客。在印尼，色情旅游和赌博都在被禁止之列。

印尼和中国的友好交往和文化联系更是源远流长。大约1000多年前，就有中国人到现今的印尼访问或定居。公元15世纪，明朝著名的"三保太监"郑和七次下"西洋"时就曾多次到过爪哇和苏门答腊，中爪哇的三宝垄市迄今仍完好保留了著名的"三保公庙"。由于明末清初、清末和第二次世界大战前后的几次中国人民向南洋迁移，印尼的华裔公民和华侨大约有六七百万之多。中国的一些习俗、服饰、图案甚至语言，已被印尼社会所吸收。印尼舞蹈家穿戴的服装、头饰、衣服的色彩、刺绣的图案，有些同中国的十分相似。北苏门答腊有些男舞蹈演员的服装打扮，令我想起了中国京剧舞台上的武松。在中国早已绝迹了的"万民伞"，在印尼舞台上和传统节日庆典中却还常见。印尼打击乐器和雕刻着龙头的乐器支架，同中国古代的如出一辙。中国老百姓用扁担挑东西的习惯，在世界其他国家已很少见到，但在印尼却还很普遍，甚至目前在大城市中还能见到商贩挑担叫卖。中国的一些词汇也被印尼吸收，"豆腐"、"豆芽"等名词已成为印尼语。有些华人多的地方，不少原住民还能讲点福建或广东方言。这一切充分说明，中印尼两国人民有着十分深厚、悠久的传统友谊，两国发展友好合作关系有着坚实的基础。

展望未来，信心百倍

光阴如白驹过隙，我离开印尼已整整 20 年。但每当谈起印尼，我仍有一种很自然的亲切感，似乎在印尼工作的日子离现在还不遥远。现在记下复交初期的一些亲身经历，一是为有兴趣研究两国关系的学者提供一点资料，二是可以起到今昔对比的作用。记得我当初卸任时，对于复交四年多就解决了那么多历史遗留下来的难题，两国已经恢复了友好关系，我已感到相当满意。对于两国关系进一步发展的前景，我也感到相当乐观。但是，我能想象两国关系可以发展到今天这样的程度吗？不能，完全不能。当年，我们曾为改变"支那"称谓问题大力

1994年11月，江泽民主席访问印尼期间，会见印尼副总统特里·苏特里斯诺。江主席的主要陪同人员有：国务院副总理兼外长钱其琛（右3）、中共中央书记处书记温家宝（右2）、中央办公厅主任曾庆红（右1）。

游说；今天，"Tiongkok"一词已经成为印尼全国一致的用语。当年，印尼全国见不到一张中文报纸，看不到一块中文招牌；今天，中文书报随处可见，学习中文已经成为全国的热潮。当年，华人问题还是一个很敏感的问题，需要我们去做工作、作解释；今天，华人（在经历了一次空前残酷的劫难后）终于享受到了公民的基本权利，有了自己的政党、报纸以及在国会和政府中的代表。当年，两国人民几乎完全断绝往来；今天，成千上万的中国和印尼旅客每天在两国之间自由来往。当年，两国贸易额仅为11.8亿美元（我卸任时大约是38亿美元）；今天，两国贸易额已达638亿美元。当年，两国好不容易才逐步恢复友好关系；今天，"全面战略伙伴关系"以及海上丝绸之路把两国紧紧地联系在一起……这一切变化在当年是难以想象的，但它却在不到一代人的时间里实现了。这是两国人民和两国政府共同努力的结果。能看到这一切变化，我感到十分欣慰和荣幸。我相信，有着深厚传统友谊的两国人民携手合作，一定会创造出更加美好的明天。

我和印尼二三事

卢树民

（中国人民外交学会常务副会长、前驻印尼大使）

今年是中国与印尼建交 65 周年。65 年前，中国和印尼刚刚经历了战火洗礼，两个人口众多、幅员辽阔的新生共和国在反帝、反殖、联合自强的发展道路上毅然选择了彼此。从那时起，中印尼交往续写了许多佳话，其中举世瞩目的万隆会议可谓高潮。当然，作为邻近的两个大国，在不同阶段的交往也出现过波折和反复。但是，世界潮流，浩浩荡荡，人们总还是能顺应时代和现实的需要，走在正确的道路上。今天看来，两国的关系更加成熟、更加全面、更加深入了，其战略意义和价值也越来越为双方有识之士认可和珍视。作为一位曾从事两国友好事业的使者，我对此感到欣慰。在印尼工作和生活的日子是我常常念及的章节，尽管时间不很长，但我对印尼的人民萦绕于怀，对两国的友谊总挂心间。

我是 2002 年 5 月赴印尼工作的，是两国 1990 年复交后的第四任中国大使。此前，两国关系已走出 20 余年的低迷，中国在亚洲金融危机中的担当和道义更是赢得了印尼等受害国的高度评价。在地区层面，中国与东盟的关系也得到长足发展，受到东南亚国家的欢迎。印尼政府积极调整内外政策，为两国关系的大发展创造了良好的氛围。我的前任们也为两国关系的持续发展殚精竭虑。我庆幸自己赴任时赶上了两国关系大幅发展的好时机。记得我到雅加达的第二天便递交了国书副本，第三天就向梅加瓦蒂总统面呈了国书，开始了我外交生涯首任大使的生活。安排中国大使如此快递交国书，

也从一个侧面反映了当时印尼方面发展两国关系的良好用心和积极态度。上任伊始，我便一心为两国的友好合作大业勤奋工作，也确实亲历和目睹了两国关系中许多令人鼓舞的良性互动新局面。

2002年，中国全国人大常委会委员长李鹏访问印尼。2003年，温家宝总理赴巴厘岛出席第七次东盟与中日韩（10+3）领导人会议、东盟与中国（10+1）领导人会议，并代表中国作为首个域外国家正式签署《东南亚友好合作条约》及其附加议定书。2004年，中共中央政治局常委、中央纪委书记吴官正访问印尼。他们都受到印尼政府和领导人的热烈欢迎和亲切友好的接待，使两国各领域的双边合作得以快速推进。经过平等互利协商和认真的商业谈判，两国达成中国长期购买印尼液化天然气的协议，两国间还建立了能源论坛，至今运行平稳。中方对印尼的基础设施建设提供优惠贷款，一批电厂项目相继上马，对缓解印尼各地的用电缺口发挥了积极作用。马都拉大桥项目确立，并启动建设。如今，这一中印尼友好的标志性大桥高高耸立在泗水和马都拉之间，给当地居民出行、经商和生活带来极大便利。

在双方的共同努力下，两国在文化、社会、教育等领域的交流与合作也发生了新的可喜发展。中断了20多年的文艺团体互访得到恢复。记得中国文化艺术团访问印尼时，两国艺术家同台献艺，载歌载舞。梅加瓦蒂总统夫妇和印尼国会议长等不少政府高官到场观看，演出结束后还登台祝贺并与演职员合影留念，成为当时雅加达的一段佳话。此后，两国艺术交流团互访不断，印尼合唱团每年来华演出，至今仍很受欢迎。春节是中国传统节日，在印尼也成为特别的日子，印尼政府决定春节为全国性公共节日。2003年和2004年，我均陪同梅加瓦蒂总统参加当地华人社团的春节庆祝。经历了长期的压抑与惊恐，当时许多华社朋友激动无比。我也在心里感到由衷的高兴。那些日子里一张张兴奋与释然的面孔至今仍历历在目，恍如昨日。随着两国友好关系的不断发展和印尼对华政策的持续调整，一度在印尼比较敏感的汉语教育问题也冰消雪融，印尼甚至成为中国向海外派遣汉语教学志愿者的首批对象国之一。2004年，21名志愿者从中国走向印尼各地学校。

记忆的闸门一旦打开，往事并不都如烟：我代表中国政府和有关部门向雅加达警察赠送摩托车；向妇女组织捐赠电脑；向渔民捐赠渔船……不一而足。而最扣人心弦的是下面这段特殊的日子。

2004年12月26日，正当世界各地人民沉浸在圣诞的欢乐和年终岁末的轻松之中时，一场前所未有的海啸灾难袭击

了印尼北苏门答腊的亚齐地区。事后我们知道，印尼苏门答腊岛北部近海发生了 9.0 级强烈地震，引发印度洋海啸，波及印度、斯里兰卡、马尔代夫、马来西亚、泰国等沿岸国家，造成重大人员伤亡，其中印尼受灾最为严重。根据印尼卫生部的数字，截至当年 12 月 30 日，印尼已有近 8 万人死于此次灾害。

当人们认识到这场灾难的破坏性和当地人民的痛苦后，一场大规模的国际救援开始了。当时的情形，除非置身其中，是难以想象的。通往亚齐的交通、通讯基本中断，雅加达政府、军方全力投入救援仍显杯水车薪、鞭长莫及。中国成为最早向印尼提供援助的国家之一。我和使馆的同事们夜以继日地工作，许多时候都是采用了非常规的工作方式。载着大批救援物资的中国飞机 12 月 30 日就飞到了棉兰上空，可是机场却处于超负荷和应接不暇的状态，中国的救援飞机无法降落。几经联系未果，飞机只好在新加坡暂停待命。为此我十分着急，想

卢树民大使在亚齐接受印尼媒体采访。

尽办法，动员一切渠道，不断与印尼政界和军界的负责官员和朋友联系，最后找到了正在灾区指挥救灾的人民福利统筹部长哈利姆先生。他答应我加紧与机场和有关部门协调，尽快让中国飞机在棉兰机场降落卸货。终于，在2005年到来之前，即2004年12月31日，中国的救援飞机降落在棉兰机场。同日，中国的医疗队开始进入灾区亚齐，其后陆续有新的小队增援，现场分成4个小队：第一组在机场对等待外转的重伤员进行治疗，第二组前往亚齐省首府班达亚齐市郊进行医疗救治，第三组到灾情最严重的海边小镇，第四组在机场为难民应诊。大使馆与医疗队保持密切联系，提供所需帮助和支持。医疗队的工作十分辛苦，但救灾形势逐渐好转起来。

后来，在印尼举行的中国红十字会就印尼海啸灾难向印尼红十字会捐款仪式上，我代表中国红十字会向印尼红十字会转交了10万美元捐款，并再次转达了中国政府和人民对印尼灾区人民的慰问，表示：中国政府和人民对印尼的灾情十分关注，愿尽我们所能向印尼提供帮助。相信在印尼各界的共同努力以及国际社会的帮助下，印尼政府和人民一定能够战胜灾害，克服困难，早日恢复受灾地区的正常生产、生活秩序。哈利姆统筹部长代表印尼政府和红十字会对中国政府和红十字会向印尼提供灾害援助表示衷心感谢。他激动地说：患难见真情，中国政府和人民在印尼海啸灾难发生不久即提供援助，并及时派出救援队伍赶赴灾区协助救灾，充分表明中国是真正能与印尼人民同甘共苦的朋友。印尼人民将永远记住中国人民的无私帮助和友好情谊。希望中印尼两国关系不断得到加强，造福两国人民。

随后，来自中国的又一批价值500万元人民币的救灾物资抵达印尼，包括帐篷、线毯和食品。中国政府还表示将视灾情的最新发展，继续向印尼提供各项援助。2004年年底，印尼政府为了应对突如其来的这场灾难，向包括中国在内的国际社会提出，希望尽快在雅加达召开东盟灾后重建特别峰会。我在得到印尼外交部的详细情况介绍后，立即报告国内并建议考虑派出高级别领导与会。国内研究后复告使馆，中国政府将由温家宝总理率团出席峰会。这一决定使印尼政府甚为满意，也极大地鼓舞了使馆的同志们。尽管印尼方面提出倡议和温总理参会的日期之间相隔也就短短的几天，使馆的同志们还是以十分饱满的热情和斗志，克服困难，千方百计为总理和代表团的与会作了十分充分的安排和准备。温家宝总理于2005年1月5日飞抵雅加达参加东盟灾后重建特别峰会，此行减少了随行人员，用专机又带去16吨救灾物资。这使印尼方面十分感动。在那段特殊的日子里，我和使馆的同事们工作量是非常大的，但我们不畏艰难，圆满完成了我国政府和人民交付的任务。事后，驻印尼使馆因在此次赈灾救援中的表现，得到外交部的嘉

卢树民大使在亚齐与中国国际救援队合影。

奖，荣立集体三等功。看到印尼灾情得到舒缓，人民生活逐渐恢复正常，看到中印尼关系也由于这场救援得到了进一步加强和发展，我们感到由衷的高兴和欣慰。

在印尼的中资公司也积极行动，踊跃捐款捐物。在短短十天之内，中资公司共捐赠 13.1 万美元现金和价值 88 万美元的物资，包括药品和程控交换机等。华为公司全力以赴，在最短时间内帮助抢修恢复了灾区的通信系统，为救灾工作有序展开起到关键作用。印尼政府和人民对中国人民的亲情和道义是心知肚明的。据了解，这次救灾中，中国政府向印尼支援了总共 6 亿元人民币用以赈灾，以实际行动诠释了我国"与邻为善、以邻为伴"的友好周边外交政策。

2005 年 2 月下旬，我奉命调离印尼，前往加拿大出任大使。当时，使馆正倾力筹备胡锦涛主席出席万隆会议 50 周年庆祝活动，中印尼两国关系也面临新的发展契机。人非草木，孰能无情。我多么想在印尼多待一些时间！然而，国家的大局和使命永远是第一位的。好在当我离开印尼的时候，两国战略伙伴关系的框架业已确定。我虽不舍，还是带着不辱使命的欣慰奔赴了新的岗位。这里还要提及一件事，那就是在我离开印尼一年之后，印尼总统苏西洛先生决定授予我"支持印尼经济建设杰出贡献勋章"，以表彰我在任期间为中印尼友好合作关系的发展所作的努力。当然这绝非只是对我个人的表彰，而是对全体中国大使馆工作人员工作和努力的表彰和肯定，也是对中国府对印尼友好外交政策的肯定。

2011年8月，我离任中国外交部驻澳门特派员的岗位，返回北京出任中国人民外交学会常务副会长。中国人民外交学会由周恩来总理倡导，于1949年12月成立，是新中国第一个专门从事人民外交的机构。其宗旨是增进中国人民与世界各国人民之间的相互了解和友谊，促进中国与世界各国之间友好关系的建立与发展，谋求世界和平、和谐、发展与合作。新的工作的使命和需要，使我有机会重新踏上印尼这块魂牵梦绕的热土。外交学会与印尼战略与国际问题研究中心（CSIS）是对口合作伙伴，近几年来双方每年都轮流联合举办中印尼关系研讨会，就双边关系、地区形势等热点问题进行研讨。我曾多次参加中方代表团赴印尼或在北京与瓦南迪先生率领的印尼代表团出席研讨会，每次与会都受益匪浅，双方专家学者就政治、经济、人文等各方面发展中印尼关系提出了很好的建议。我认为，中印尼研讨会本身就是中印尼人文交流的一种很好的形式，为促进两国互相理解发挥了积极的作用。此外，近三年来，我还以中国外长代表的身份每年率团赴巴厘岛出席由苏西洛总统倡导举办的"巴厘民主论坛"，介绍中国在民主建设方面的一些做法，同与会各国代表进行交流。会议期间，总能见到苏西洛总统和不少印尼政府

印尼驻加拿大大使代表苏西洛总统为卢树民大使颁发勋章。

和机构的老朋友，感到十分亲切。

今天的中印尼关系已非往日可比。两国已进一步提升双边关系为全面战略伙伴关系。习近平主席自 2013 年年底以来已三次到访印尼，佐科总统 2014 年 10 月就职以来已两次访问中国。两国领导人在发展战略对接方面保持着高度一致，双方均表示中国的"21 世纪海上丝绸之路"发展倡议与印尼的"全球海洋支点"战略高度契合。双方都视彼此为最重要的区域合作伙伴。我们有理由期待两国关系迎来大发展的黄金时期。截至去年底，中印尼贸易总额已高达 635.9 亿美元；中国对印尼工程承包合同额累计 432.4 亿美元，营业额累计 279.5 亿美元；印尼来华留学生达 13689 人；中国已成为印尼第一大旅游来源国。作为一名在印尼工作过、致力于两国友好事业的使者，看到今天的大好局面，我由衷地感到高兴。我也愿继续以饱满的热忱，为两国关系的进一步发展贡献自己的力量。

印尼与中国国防合作的十年

夏弗里·沙姆苏丁

（印尼国防部前副部长，中将）

印尼与中国的关系史

印尼与中国交往的历史源远流长，甚至在 2000 年前，两国就建立了往来。1950 年 4 月 13 日，中国与印尼建立了外交关系，并在 1955 年万隆会议的推动下得到了迅速的发展。1961 年 4 月 1 日签订的中国—印尼文化合作协定标志着两国关系的高潮。尽管两国关系经历了起伏不定的发展，然而，两国人民友好的情谊从未因此而断绝，印尼各届总统也都为增强两国的友谊和亲情发挥了积极的作用。

印尼与中国的战略伙伴关系

2005 年 4 月 25 日，印尼时任总统苏西洛和中国时任国家主席胡锦涛签署的关于建立战略伙伴关系的联合宣言，为两国双边关系发展翻开了新的篇章。最具有历史意义的事件就是同年在万隆举行的亚非会议 50 周年纪念活动。十年后，正值亚非会议 60 周年之际，佐科总统和习近平主席见证了两国经济关系发展的成果。两国战略伙伴关系中最重要的一点，就是要致力于加强两国的政治安全和经济合作。2015 年可谓是印尼和中国在国防领域合作的又一个十年最好的开端。

国防合作新时代

　　2005 年在雅加达确立的两国战略伙伴关系立刻得到了两国防务部门的积极响应。2006 年 2 月 9 日，中国人民解放军向印尼国防部表达了在国防领域与印尼合作的意愿。

　　两国在国防领域的合作，最初体现在由中国人民解放军总参谋长助理章沁生率领的中国国防部高级代表团对印尼进行的正式访问。中国军方代表团的来访受到了印尼时任国防部长尤沃诺·苏达尔索诺（Yuwono Sudarsono）和时任国防部秘书长夏弗里·沙姆苏丁（Sjafrie Sjamsoeddin）中将的接待。双方就两国战略伙伴关系、国防双边合作、地区安全、互换情报、提高能力建设和国防工业等问题进行了交流。

　　自 2006 年起，两国的国防合作通过每年在雅加达和北

2015 年 3 月 26 日，中国国家主席习近平在人民大会堂北大厅举行仪式，欢迎印尼总统佐科访华。（供图：中新社）

京轮流举行的防务安全磋商会实现。两国关系不仅是建立在友谊的基础之上，而且更突出的是建立在两国所拥有的相似的文化背景之上，并促成了两国在国防领域合作的密切发展，这就是我所称的具体合作。

两国在国防领域建立了友好甚至是兄弟般亲密的合作关系。从这一点就能体会到印尼与中国相互尊重和互利合作的益处。

建立国防和军事合作

前国防部长尤沃诺·苏达尔索诺曾表示，中国的崛起是一个全球性的实质变化，印尼应该充分利用，以实现国家的利益。印尼前任国防部长普尔诺莫（Purnomo Yusgiantoro）进一步扩大了与中国的合作，特别是利用外交途径协调解决中国南海问题，并拓展了两国在制造 C-705 型反舰导弹等国防工业领域的合作。这是一种具有相当战略性能的导弹。

前任国防部副部长夏弗里·沙姆苏丁自 2006 年任国防部秘书长后，就一直在积极地通过双边防务磋商推动两国的务实合作。双边防务安全磋商的主要目的就是为了具体落实两国在国防各个领域的合作，包括从部级至各个军种间的合作，甚至加强军官和士兵之间的来往。

国防领域达成的合作共识

2007 年 11 月 7 日，两国国防部长在北京签署了加强战略关系、军队专业合作和国防工业合作等领域的合作协议。

印尼和中国在国防和军事领域的合作是为了加强相互尊重和相互理解基础上的相互信任，真诚相待，以免发生误解。印尼国民军和中国人民解放军互相学习，共同提高军事能力。两国一致同意将在相互尊重主权和领土完整的基础上，开展维护马六甲海峡、龙目海峡和巽他海峡等战略航海通道安全的合作。

两国在国防领域的合作十分密切，无论是作为政策决策者的部长、由国防部副部长率领的代表团、中国人民解放军副总参谋长、高级军官和士兵之间的来往都十分频繁和密切，甚至士兵们在开展联合演习时也表现出亲密友好的合作。这一切都体现了两国亲密友好的往来，同时也是落实两国战略伙伴关系的具体行动。

具体问题

在台湾问题上，印尼在每次两国防务安全磋商会上都强调了"一个中国"的原则。

南海问题是一个热点问题。在这个问题上，印尼总是以理智和冷静的态度对待，希望在中国南海区域具有领土争议的国家能与中方通过协商对话的方式解决问题，而勿使用武力，为本地区创造一个和平稳定的气氛。印尼希望能够保证航行自由，以促进本地区的和平与安全。印尼期望南海问题的解决机制能够通过《南海各方行为宣言》和"南海各方行为准则"等外交渠道实现。

在国防工业合作领域，希望印尼国防工业公司能够与中国国防工业开展合作，争取技术转让。中国一些国防工业已经与印尼陆军兵工厂和海军造船厂等国防工业公司开展合作。印尼国防部和中国国家国防科技工业局签署了"反舰海上武器系统生产合作与发展意向书"，该合作通过联合生产的形式进行。

2014 年 8 月 26 日，中国中央军委副主席范长龙在北京八一大楼会见来华参加第九届孙子兵法研讨会的印度尼西亚国防部副部长夏弗里·沙姆苏丁。（供图：中新社）

加强军事合作

印尼和中国已经和将要开展的具有"硬实力"的军事合作包括：印尼国民军陆军特种部队和中国人民解放军特种部队联合举行的"利刃"系列军事演习、印尼国民军空军和中国人民解放军空军联合举行的"空降利刃——2013"军事演习。两国海军特种部队也参加了为庆祝中国人民解放军海军成立 63 周年而在青岛举行的多国军事演练。

同时，在各个军种之间也加强了"软实力"的合作，举办教育培训班和研讨会。最突出的合作就是印尼国民军海军和中国人民解放军海军建立了海军之间的合作对话机制，讨论专业性的问题。

在 2005—2015 年的十年里，印尼经常派海军舰队到中国进行友好访问，同时，中国海军也曾于 2013 年派"和平方舟"号医院船赴努沙登加拉群岛和雅加达的丹戎不碌港访问，并为当地民众提供医疗服务，体现了印尼海军和中国人民解放军海军之间的友好往来。

提高战略关系

中国国家主席习近平 2013 年 10 月 3 日对印尼进行国事访问时，将两国双边关系提升为全面战略伙伴关系，两国国防合作关系也随着两国双边关系的进一步提高而得到加强。在国防合作方面，两国国防部长承诺将扩大两国国防和军事的全面合作，通过建立国防联委会，具体落实两国所达成的合作协议。

在知识交流方面，时任印尼国防部副部长出席了 2014 年在青岛举行的第九届中国孙子兵法国际研讨会，并发表了关于孙子战略思想对印尼的影响的演讲。孙子的哲学理论不仅适用于军事，而且还适用于政治、经济和社会等领域。这表明中国的哲学与印尼的文化是相吻合的。

2015 年，印尼和中国在国防领域的合作经历了十年的里程。国防合作是两国全面战略伙伴关系的一个组成部分。印尼总统佐科来华访问和中国国家主席习近平访问印尼，更进一步加强了两国的伙伴关系，实现了印尼与中国以相互尊重的友情为基础造福两国人民的愿望。

患难与共见真情

杨玲珠

（中国前驻印尼大使馆公使衔参赞、驻棉兰总领事）

中国和印度尼西亚是亚洲两个大国，人口众多，地域辽阔，同时也是自然灾害多发的国家。进入 21 世纪后，相继发生的海啸、地震等特大自然灾害，分别给两国造成了重大人员伤亡和财产损失。在抗击印尼亚齐海啸和中国四川汶川地震中，中印尼两国人民"同舟共济、患难与共"，谱写了两国合作救灾的新篇章，成为 21 世纪中印尼友好合作的佳话。

2007—2011 年间，我作为中国驻印尼大使馆公使衔参赞、临时代办，多次访问亚齐，出席"中国—印尼友谊村"（简称"友谊村"）和"中国—印尼红十字会友谊村"（简称"红会友谊村"）的竣工交接仪式；代表四川汶川灾区人民接受印尼政府的援助以及来自印尼各社会团体和广大民众的捐款；为印尼国际医疗队赴甘肃陇南救援送行并欢迎他们顺利归来。这些都让我深深感受到中印尼两国和两国人民之间那种真诚朋友般的深厚情谊，体会到了患难之交的真正涵义。

海啸无情，大爱无疆

班达亚齐特区省（简称亚齐）是印尼 3 个省级特区之一，位于印尼最西端，北临孟加拉湾，西临印度洋，东临马六甲海峡，南边和东南边紧邻北苏门答腊省，面积约 5.7 万平方公里，人口 400 多万，90% 多的民众信奉伊斯兰教，是印尼穆斯林人口比例最高、唯一实行伊斯兰教法的省份。

　　亚齐被更多中国人知晓，或许是因为 2004 年肆虐的印度洋海啸对该地造成的毁灭性破坏。其实，亚齐与中国的友好交往源远流长。据史书记载，早在宋、元时期，亚齐已成为中国商船前往阿拉伯国家的必经之地。明朝著名的航海家郑和七下西洋曾多次经停亚齐，亚齐博物馆至今仍保存着郑和当年送给亚齐王子的一口大钟。在亚齐海啸救灾和灾后重建中，中国政府和人民的无私与真诚援助，增进了两国人民的传统友谊，书写了中印尼友好合作的新篇章。

　　2004 年 12 月 26 日清晨，印尼苏门答腊附近海域发生 9.0 级地震，并引发特大海啸，殃及东南亚和南亚多个国家，造成 20 多万人死亡、数十万人无家可归，其中印尼亚齐特区省受灾情况最为严重。海啸冲击力之大，令人难以置信，亚齐三分之二的面积变成了废墟，至今人们仍能看到一艘数吨重的海上发电船被海浪抛上岸，四平八稳地坐落在市中心（现已成为海啸遗址公园）。每当谈起印度洋海啸，一座清真寺孤零零地伫立在一片废墟上的鸟瞰图即浮现在人们的眼前。肆虐的海啸造成亚齐近 13 万人遇难、9 万多人失踪、20 多万人流离失所，经济损失难以估算，给亚齐人民造成的心灵创伤更是刻骨铭心，终生难忘。

中国政府和人民对印尼亚齐人民遭受的特大自然灾害感同身受，对灾区人民给予极大的同情与关注。中国政府在亚齐灾后第一时间向印尼政府提供 500 万元人民币的食品、药品及用于兴建学校和办公室的活动板房等紧急救灾物资，先后派出 1 支国际救援队和 2 支医疗队深入灾区，开展救死扶伤，展开了历史上我国首次大规模的海外救援行动。

亚齐海啸也牵动了亿万中国人民的心，社会各界纷纷自发捐款，充分体现了中华民族"一方有难、八方支援"的优良传统。据不完全统计，中国政府、中国红十字会和中华慈善总会等民间组织以及驻印尼中资企业等对亚齐海啸的援助达到 5 亿多元人民币。

中国政府和人民对亚齐的无私援助赢得了印尼政府和人民的高度赞赏。2008 年 3 月 6 日，印尼亚齐—尼亚斯重建机构主席昆多罗向中国驻印尼大使兰立俊递交了由印尼总统苏西洛亲自签署的感谢证书，代表印尼政府和人民感谢中国政府和人民对亚齐地震海啸的救灾援助。昆多罗说，亚齐—尼亚斯遭受地震海啸袭击后，中国政府积极参与救援和灾后重建。中方援建的亚齐预制板房、地震海啸早期预警系统、尼亚斯索托利山医院、亚齐"中国—印尼友谊村"等项目先后竣工，极大地改善了灾区人民的生活，也提高了印尼应对自然灾害的能力。这些援助体现了中国政府和人民的全球伙伴精神和慷慨大方、乐于助人的高尚精神。昆多罗表示，印尼政府和人民高度赞扬并感谢中国政府和人民以及驻印尼的中国企业对亚齐灾区的慷慨

被海啸抛上岸的发电船

援助。为此，特向中方颁发由苏西洛总统亲自签署的感谢证书，以表达印尼政府和人民对中国政府和人民的感激之情。

中国—印尼友谊村

海啸发生后，亚齐成为一片废墟，灾民亟待安置，灾后重建迫在眉睫。为让亚齐人民早日重返家园，中华慈善总会和中国红十字总会决定利用民间捐款在亚齐捐建"中国－印尼友谊村"。2005 年，中华慈善总会和中国红十字总会与印尼亚齐特区省政府、大亚齐县政府、亚齐—尼亚斯灾后重建机构以及北苏门答腊省华社赈灾委员会五方共同签署了"中国—印尼友谊村"项目的谅解备忘录。

"友谊村"位于班达亚齐以东约 15 公里处的大亚齐县默斯吉拉镇尼亨村，占地面积 22.4 公顷，共建住房 606 套，总耗资 1.1 亿人民币（约合 1440 万美元），主要资金来源于中国民间捐款。2006年5月，由中华慈善总会和中国红十字会负责实施、中国水电建设集团承建的"友谊村"破土动工，至2007年7月竣工并交付使用，历时14个月。

"友谊村"是中国民间在海啸援助中规模最大、投入资金最多的海外援建项目，是中国民间对外人道主义援助的标志性工程。中国驻印尼大使馆、中华慈善总会、中国红十字会和中国水电建设集团倾注全力，在设计和建设过程中充分考虑到当地居民的生活特点和宗教习俗，房屋的设计、抗震性、隔热性等均超过当地标准。中国工人顶烈日、挥汗水、战高温，克服雨季给施工造成的困难，加班加点，按时高质量地完成了承建工程。

如您有机会前往访问，一进"友谊村"村口，中国式牌坊将首先映入您的眼帘，由中国书法家沈鹏书写的"中国—印尼友谊村"格外醒目。牌坊附近用中、英、印尼文刻写的纪念碑介绍了建造"友谊村"的背景。"友谊村"依山傍海，景色优美。设计美观、功能齐全的606套住房，错落有致地排列在海拔150米高的山坡上，红顶黄墙在蓝天和阳光下色彩

中国援建的友谊村碑铭

友谊村内的住房和道路

斑斓。村民的房屋面向大海，碧海蓝天尽收眼底，习习凉风拂面而来，令人心旷神怡。村内设施齐全，配备了学校、幼儿园、诊疗所、运动场、巴刹、清真寺、供水系统等，村内水泥马路平坦宽阔，各家房前屋后都留有一些空地，供居民种菜养花美化环境，村民生活出行十分便利。

2007 年 7 月 19 日，"友谊村"彩旗招展、鲜花飘香，村民们打着手鼓，穿着民族盛装翩翩起舞，共同庆祝"友谊村"竣工和交接仪式举行。我当时作为中国驻印尼大使馆临时代办，代表大使馆致辞，表示：无情的印度洋海啸给印尼亚齐人民造成巨大灾难，"友谊村"的建造凝聚着亿万中国捐款人的爱心，也凝聚着中国建设者的辛勤劳动和汗水，是两国人民患难与共的见证，是中印尼两国人民友谊的象征。中华慈善总会范宝俊会长致辞并向亚齐县县长达翁交钥匙，向部分村民分发了钥匙。与会嘉宾还共同种植了友谊树。

"友谊村"无论是建设规模、房屋质量还是施工速度，在国际社会对亚齐援建项目中均名列前茅，被公认为亚齐灾后重建的"样板工程"。亚齐副省长纳扎尔和印尼亚齐—尼亚斯重建机构主席昆多罗主席均表示,"友谊村"是中印尼友好史上一座伟大的丰碑,是亚齐目前规模最大、设计最好、功能最全的外国援助项目,希望亚齐人民永世不忘中国人民的爱心和奉献,珍惜"友谊村"的一草一木,创造一个美好的生活环境。华人村民老仓民赞叹说,中国工人仅用 14 个月的时间就高质量完成了"友谊村"的建设,让亚齐人见识了什么叫"中国速度"。一些村民也翘起大拇指,称赞中国援建的房屋美观、坚固、实用。如今的"中国—印尼友谊村"被当地人称为"中国村",已成为当地著名的旅游景点之一,许多国内外游客慕名而来。

十年来,中国驻印尼大使馆和驻棉兰总领事馆十分关心并关注"中国—印尼友谊村"的建设与后续发展。历任驻印尼大使兰立俊、章启月、刘建超分别访问了"友谊村",与村民座谈,畅叙友谊,了解"友谊村"的发展情况,并提供了力所能及的帮助。

2014 年新年伊始,曾为当年中国政府海啸慰问考察团成员的时任驻印尼大使刘建超再次踏上了亚齐这片土地,专程到"友谊村"看望那里的村民。当刘大使一行步入"友谊村"时,村长在村口牌坊下迎候,热情的村民们挥舞着中印尼两国国旗,可爱的孩子们跳起亚齐传统舞蹈,欢迎远道而来的中国朋友。村长表示,海啸冲毁了他们的家园,夺走了他们的亲人,但"友谊村"给他们带来了安定的生活和美好的希望。他诚挚地欢迎更多中国朋友到"友谊村"参观,相信中国朋友一定会为中国政府和人民援建的"友谊村"感到骄傲。在村民纷纷与刘大使合影留念时,突然一位年过七旬的老奶奶步履蹒跚地从人群中走来,双手紧紧握住刘大使的手,双眼噙着热泪激动地说,海啸夺走了她全家人的生命,她是唯

一的幸存者，是中国政府和人民帮助她重获家园。

访问期间，刘大使代表中国驻印尼大使馆向"友谊村"小学捐赠了一批课桌椅和电脑等教学用品，并帮助修缮教室和草场，进一步改善了学生们的学习和活动环境。

中国—印尼红十字会友谊村

根据 2005 年中印尼两国红十字会签署的协议，双方合作在亚齐特区省亚齐查雅县大印德拉镇拉姆诺乡河口村建造"红会友谊村"。项目包括 317 套住房，总投资近 400 万美元，其中大部分款项由中方提供。

2007 年 10 月 30 日，"红会友谊村"彩旗招展，花团锦簇，身装鲜艳民族服装的村民聚集在竣工交付仪式现场，中国红十字会常务副主席江亦曼和印尼红十字主席马里在村民的热烈掌声和欢呼声中共同为"红会友谊村"揭幕，并向村民分发钥匙。江副会长在致辞中说，印度洋海啸发生后，中国政府和人民对亚齐人民遭受海啸灾难深表同情并伸出援手，对亚齐灾后重建予以高度关注和大力支持。"红会友谊村"是中印尼两国和两国人民深厚友谊的新象征，亚齐人民将永远拥有中国人民的祝福，愿幸福与安宁、和平与发展永远降临在印尼这块美丽的土地上。印尼红十字会主席马里、亚齐查雅县县长及"红会友谊村"村长致辞，盛赞两国红十字会为建设"红会友谊村"作出的贡献。村民在交接仪式上还演唱了自创歌曲，饱含深情地歌颂中印尼两国政府和红十字会为亚齐灾民提供的帮助。我作为中国驻印尼使馆公使衔参赞代表使馆出席了交接仪式，见证了"红会友谊村"的落成。

如今，代表着中国人民爱心的"中国—印尼友谊村"和"中国—印尼红十字友谊村"坐落在美丽的亚齐海滨，谱写了中印尼两国人民友好的新篇章，永载中印尼友好史册。

抗震救灾谱新篇

2008 年 5 月 12 日，中国四川汶川地区发生强烈地震，全中国人民众志成城，展开了抗震救灾，包括印尼在内的国际社会对这一举世震惊的灾难迅速作出反应。震后数日，印尼国家救灾委员会主席沙姆苏尔紧急约见我，通报印尼对华援助事宜。沙姆苏尔表示，印尼政府对四川强震造成的重大人员伤亡和财产损失深表同情，为支持中国政府抗震救灾，决定为四川灾区提供价值约 50 万美元的救援物资，并将派一支 20 人的医疗队前往灾区开展人道主义救援。我立即报告国内，使馆各部门立即就印尼救灾物资起运及医疗队赴灾区安排与印尼方和国内有关部门进行积极协调。

5月23日，2架飞机满载四川灾区急需的救援物资从雅加达哈利姆空军机场起飞，前往中国成都。沙姆苏尔主席在救援物资起运仪式上表示，印尼曾经历过亚齐海啸、日惹地震等重大自然灾害，因此印尼人民对汶川地震给灾区人民造成的损失和痛苦感同身受。印尼政府决定向中国提供36吨救援物资，包括215顶帐篷、5吨药品、4吨婴儿辅助食品和1吨方便面等，并将派遣一支国际医疗队赴灾区进行医疗救助，希望能够在灾区救援、伤员救治、灾民安抚等方面起到积极作用。

我代表中国政府和灾区人民感谢印尼政府的援助，表示印尼是一个地震等自然灾害频发的国家，在自身不断受灾的情况下，仍向中国人民提供援助，充分体现了中印尼战略伙伴关系和两国人民的友谊，相信援助物资将在汶川救灾工作中发挥积极作用。

印尼国际医疗队在陇南

经过一周多时间的紧张筹备与协调，5月27日，由20名外科、内科、儿科等医生组成的印尼国际医疗队从雅加达苏加诺—哈达国际机场启程，前往中国甘肃陇南市文县地震灾区，开展为期两周的医疗救援行动。这是一支来自印尼军队和各大医院，并拥有丰富灾害救援实战经验的医疗队。

5月31日，印尼国际医疗队到达甘肃后，不顾路途疲劳，马上赶赴受地震破坏最为严重的陇南市文县。抵达文县后，队员们不顾余震危险，即投入忙碌的救治伤员工作中，并主动为当地群众和学生进行义诊和心理辅导。在文县灾区救援期间，印尼国际医疗队共诊治住院病人 260 名，做手术 7 例，为 844 名居民和 120 名学生进行了义诊和体检。

印尼国际医疗队 6 月 7 日结束在陇南市文县的救援任务，于 10 日晚返抵雅加达。印尼救灾全国委员会、卫生部和印尼国民军在机场举行仪式，欢迎印尼国际医疗队圆满完成任务凯旋。医疗队队长尤拉代表全体队员汇报了在陇南文县灾区开展医疗救援的情况，并表示他们在华期间得到了中国外交部和当地各级政府的精心关照，得到了中国同行的全力配合，也受到了当地民众的热烈欢迎和善待。医疗队驻地周围的村民自发为他们提水、晒被子，文县街头的水果摊主们和出租车司机都不收他们的钱，如此热情让他们不敢上街购物或打车。在陇南的医疗救援让他们深切感受了中印尼两国人民业已建立的深情厚谊，坚信两国友好将世代相传。

医疗队中唯一能用华话与灾区群众交流的华裔骨科医生亨利说，他们赴文县城郊的清水坪村考察灾情时，当看到当地大部分房屋倒塌后，医疗队队员们当即向村民捐出了随身所带的 7700 元。次日，清水坪村村民步行数公里，把一面绣着"海内存知己，患难见真情"的锦旗送到了医疗队的驻地。

萨姆苏尔在欢迎仪式上说，中印尼两国是友好邻邦，当灾难降临时，两国政府和人民总是相互支持、相互帮助。亚齐海啸发生后，中国政府和人民向印尼人民伸出援手，印尼医疗队前往中国灾区救援也是为了表达印尼人民对中国人民的感激之情。同时，他表示为印尼医疗队能够成为为数不多的赴华救援的外国医疗队而感到骄傲与自豪。

我代表中国政府和灾区人民感谢印尼政府派遣一支医术精湛的医疗队赴中国抗震救灾第一线，赞扬白衣天使救死扶伤的精神，表示医疗队的义举充分体现了崇高的人道主义精神和对中国人民的友好情意，为中国抗震救灾作出了积极贡献，必将促进中印尼战略伙伴关系的发展，增进两国人民的友谊。

慷慨解囊献爱心

汶川地震发生后，印尼政界、新闻界、商界人士以及各国驻印尼使节及国际组织代表、华人华侨、中资机构、中国志愿者教师及留学生等上千人前来使馆吊唁地震遇难者。印尼华人和华人社团更是倾注了极大的关切，并以各种方式表达对灾区人民的同情和慰问。很多华人家庭扶老携幼，祖孙三代同来吊唁，他们中既有80岁高龄的耄耋老人，也有不满3岁的稚嫩孩童，很多人还当场慷慨解囊，为灾区人民奉献爱心。

印尼各大媒体，特别是作为当地华人社会信息传播平台的雅加达《国际日报》、《印尼星洲日报》、泗水《千岛日报》、棉兰《讯报》和《棉兰早报》等华文报纸全面报道四川灾情，并以专版或特刊形式详细介绍中国政府和人民抗震救灾的情况。华文报纸相继开设"炎黄儿女情系四川地震灾区"等赈灾窗口和慈善信箱，发起"一方有难，八方救援"爱心募款等活动，呼吁社会公众发扬博爱精神，踊跃捐款，为汶川灾民奉献爱心，并将捐款送到中国驻印尼大使馆。印尼华人、华社和华文媒体的真挚情怀和无私善举充分体现了炎黄子孙血浓于水的兄弟情谊，令我敬佩并为之感动。

最令我感动的是，"中国—印尼友谊村"村民在生活尚不富裕的情况下，紧急行动起来为汶川灾区捐款。6月10日，"友谊村"村民代表阿非弗汀及华人老仓民等人从千里之外的亚齐乘飞机赶到中国大使馆捐款。阿非弗汀代表村民们对汶川灾区人民深表同情，表示尽管亚齐与汶川相距遥远，但村民们每天在为汶川人民祈祷，并愿为灾区人民捐献一份绵薄之力。捐款数额与中国人民给予亚齐人民的巨大帮助相比虽微不足道，但代表了大家的一片心意，希望汶川人民早日重返家园。我代表使馆感谢并接受了"友谊村"村民捐款，表示村民们在重建中仍不忘为汶川灾区捐款，充分体现了中印尼两国人民的友好情谊。

对印尼政府和人民为汶川地震灾区所提供的无私援助，我国领导人在访问印尼期间曾多次感谢并高度赞赏。2011年4月29日，正在印尼访问的国务院总理温家宝会见了曾赴陇南抗震救灾的印尼国际医疗队队员，并与他们一一合影留念。温总理代表中国政府和人民，对为增进中印尼友好作出特殊贡献的印尼国际医疗队队员们表示敬意和感谢。温总理说：汶川地震发生后，印尼政府和人民在第一时间向中国人民伸出援手，向甘肃省陇南市文县灾区派遣了由20人组成的医疗队。医疗队员们以实际行动诠释了伟大的国际人道主义精神，你们带来的不仅仅是紧急医疗救治服务，也带来了印尼人民对中国人民的友好情谊。希望中印尼继续积极开展防灾减灾合作，共同提高应对重大自然灾害的能力。

2013年10月3日，习近平主席在印尼国会发表演讲，再次感谢印尼人民在中国人民遇到严重自然灾害时伸出了援助之手。习主席说，2008年中国汶川发生特大地震，灾区人民急需救援。印尼在第一时间向中国人民伸出了援手，派出医疗队赶赴灾区。印尼国际医疗队抵达灾区后，不顾灾后余震的危险，夜以继日工作，并向灾区人民捐款。印尼人民还自发为汶川地震灾区捐款捐物，有的专程来到中国驻印尼大使馆捐款，以表达他们的祈愿和祝福。印尼民众的举动让中国人民深受感动。这样的故事，在两国人民友好交往中数不胜数，充分印证了中国和印尼都有的一句成语，叫作"患难与共"。

印尼—中国：迈向和平与繁荣的伙伴关系

尤里·坦林

（印尼外交部前发言人、东亚和太平洋地区事务司前司长）

2015 年是印尼与中国双边关系史上重要的一年——建交 65 周年。自 1950 年建立外交关系以来，两国之间的友谊和合作不断巩固与发展。两国始终相互辅助，彼此互为发展互利合作的理想伙伴。

2013 年 10 月印尼和中国全面战略伙伴关系的确立正是凸显了上述观点。那是印尼—中国双边关系发展史上的一个分水岭，体现了双方为实现国家目标以及在地区乃至全球范围内作出建设性贡献而不断努力的信念。印尼与其他国家建立的友好关系中，有我们熟悉的战略伙伴关系和全面伙伴关系。然而，印尼与中国则是建立了上述两种关系相结合而成的全面战略伙伴关系。这反映了与中国建立双边关系对印尼意义之重大。印尼—中国关系的重要性不仅体现在双边范畴，在更广泛的地区和全球范围也有体现。这就是确立战略关系的原因——具有影响力与潜力的不仅仅限于双边的战略关系。

印尼和中国不仅是战略合作伙伴，更是全面合作伙伴。从这点我们可以看出中印尼两国领导人在促进更加广泛的、在未来更受重视的双边关系事业上的决心。

目前，印尼和中国的双边关系上升到了新高度——一个目标明确、计划清晰的全面战略伙伴关系，并仍在不断发展。

印尼与中国现有的双边合作机制途径包括统筹部长与国务委员级别磋商、外交部长级别磋商以及高级官员级别磋商。

这些双边机制对确保所有倡议、计划和目标的落实是至关重要的。

现在，是该付诸行动的时候了。两国必须在贸易、投资、人与人之间的关系及其他领域共同建设，为真正实现全面战略伙伴关系的构想而努力。

在经济方面，2014 年双边贸易额达 482.3 亿美元，相比 2005 年的 125 亿美元，这是一个显著的飞跃。然而，尽管双边贸易额不断上升，两国仍需注重并确保一种实现互利并造福两国人民的稳固、平衡和可持续的经贸关系。

为实现到 2020 年双边贸易额达到 1500 亿美元的目标，印尼和中国仍需在以下方面共同努力，包括为印尼商品进入中国市场提供更多途径，减少关税和非关税壁垒，增加两国贸易代表团互访频率等。

在投资方面，我们也看到中国对印尼投资不断增加的积极趋势。2014 年，中国在印尼共投资 501 个项目，总额达到 8 亿美元，与 2013 年对印尼 411 个项目、2.969 亿美元的投资额相比有了大幅度的提升。中国目前是印尼的第八大投资国，考虑到中国的投资潜力，印尼希望中国能在年内成为印尼的五大投资国之一。

在旅游方面，中国是印尼第四大游客来源国。去年，共有 883725 名中国游客到印尼旅游。一方面，预计今年中国出境游客将近 1 亿人次；另一方面，印尼政府近期出台了对中国游客实行免签的政策，期待两国人民的关系也因此得到进一步加强。

总而言之，印尼和中国目前的双边关系日益稳固。

在此意义上，除了加强双边合作，印尼和中国还必须促进地区和全球利益合作。确保地区和平与稳定是印尼和中国的核心利益。然而，在相互关联和相互依存的当今世界，各国之间的不信任，即所谓"信任赤字"日趋明显。地区内外局势紧张、领土争端带来的潜在冲突问题再次出现在我们面前。

在这方面，作为地区最大的两个国家，印尼和中国应在将"信任赤字"转变成战略互信的过程中起主导作用。在此，我们可以带动本地区其他国家在地区内外宣传和平文化。印尼和中国需要通过减少政治分歧及寻求平衡合作来提升共同责任感。

印尼和中国所面临的下一个挑战是：在更大的背景下推进全面战略伙伴关系。

朝着更广阔的伙伴关系迈进需要鞠躬尽瘁和无私奉献的精神，制定长远目标与短期措施二者缺一不可。双方需秉持诚心诚意的态度，继续维护、保持和提升全面战略伙伴关系。只有如此，这种伙伴关系才有意义。

我希望，历经磨砺而确立的两国各个方面的友谊与合作将随着时间的推移变得愈加牢不可破。

"三好政策"与华人华侨归侨的不了情

许育红

（中国外交部领事司领事）

　　我出生于闽南侨乡，家乡人称华人、华侨、归侨为"蕃客"。通俗地说，"华人"是指具有中国血统但不具有中国国籍的人，"华侨"是指定居在国外的中国公民，"归侨"是指回中国定居的华侨或华人。我的高中英语老师有两位，其中杨老师是从印度尼西亚归国的"蕃客"。她工作勤勤恳恳，是我经过高考成为外语专业学生的直接导师。杨老师于新中国成立之初回国参加社会主义建设，在母校晋江市第一中学从事英语教学工作至退休，为改革开放的侨乡培养了一批又一批的外语人才。这是印度尼西亚归侨在我心目中的第一印象。

　　大学毕业之后，由于工作需要，我接触了更多的华侨华人和归侨侨眷．尤其是2013年参与《中国领事工作》（上下册）编写工作期间，我通过对新中国同印度尼西亚协商解决华侨双重国籍问题的历史脉络的梳理，进一步了解到新中国的"三好政策"对华人华侨和归侨侨眷的巨大影响，深切体会到中国外交对华人华侨和归侨侨眷的那份深情与厚谊。

海外华侨双重国籍问题是悬而未决的历史遗留问题

　　双重国籍是指个人在同一时期具有两个国籍，海外华侨双重国籍问题由来已久。对新中国来说，东南亚国家特别是印度尼西亚华侨的双重国籍问题，是一个悬而未决但必须解决的历史遗留问题。

唐宋时期甚至更早时候，中国人通过陆、海两路到东南亚各地经商或者移居东南亚。1909 年，清政府以"血统主义"原则颁布的《国籍条例》规定：父为中国人，或者母为中国人而父无国籍或无可考者，不论本人是否生于中国，均属中国国籍。据此，侨居世界各地具有中国血统的人均拥有中国国籍。由于第二次世界大战结束之前，东南亚大部分地区包括印度尼西亚系采用"出生地主义"原则的殖民主义国家属地，因此，旅居东南亚各地的华侨及其子女普遍存在双重国籍。据不完全统计，20 世纪 50 年代初，海外华侨共约 1200 万人，印度尼西亚华侨约为 270 万人，其中三分之二生长于当地，具有双重国籍。

第二次世界大战结束后，东南亚各国相继独立。一方面，它们作为主权国家要求解决其国内具有双重国籍人士的法律地位问题，如印度尼西亚政府规定：1951 年 12 月 27 日之前，双重国籍华侨如未表示不加入本国国籍，均被视为本国国民并加以登记入册；另一方面，由于旧中国政府未采取措施予以解决，致使华侨双重国籍问题日益凸显，许多华侨期盼新中国对此有所表示。

这是新中国必须予以解决的历史遗留问题。正如 1954 年 9 月 23 日周恩来总理在第一届全国人民代表大会第一次会议上所作的政府工作报告中所指出："华侨的国籍问题是中国过去反动政府始终不加以解决的问题，这就使华侨处于困难的境地，并且在过去常常引起中国与有关国家之间的不和。为了改善这种情况，我们准备解决这个问题，并且准备首先同已经建交的东南亚国家解决这个问题。"

以和平共处五项原则解决印度尼西亚华侨双重国籍问题

1951 年 5 月，考虑到历史的原因并根据现实的需要，新中国出台了第一个解决华侨双重国籍问题的政策性文件——《关于处理印度尼西亚华侨国籍问题的三条原则》，规定：凡父母双方或父母一方具有中华人民共和国国籍者，子女出生时即具有中华人民共和国国籍的权利；华侨变更国籍，根据本人自愿原则；出籍华侨有要求复籍权利。同年 11 月，中国驻雅加达总领事馆据此发表声明："出生于印度尼西亚共和国的华侨的国籍问题是中华人民共和国政府与印度尼西亚共和国政府之间的问题，必须由两国政府通过正常外交谈判才能获得最合理解决。"印度尼西亚政府对此表示同意。

1953 年元旦，中央人民政府通过《人民日报》社论宣布，新中国将开始执行国家建设的第一个五年计划。同年 7 月，朝鲜停战协议签订，中外人员往来数量从此开始增多。据统计，1953 年前 11 个月，中国内地的因公出国人数共达 8516 人次，比 1952 年全年多出 3 倍以上。因此，中央人民政府要求在外交方面展开积极活动，为新中国刚刚起步的大规模经济建设争取一个较长时期的国际和平环境。同年 12 月，周恩来总理兼外长在北京接见印度谈判代表团时，首次提出了"和平共处五项原则"，即互相尊重领土主权、互不侵犯、互不干涉内政、平等互惠、和平共处，后来调整为"互相尊重主权和领土完整、互不侵犯、互不干涉内政、平等互利、和平共处"五项原则。

1954 年 6 月，在日内瓦会议休会期间，周恩来总理应邀访问印度和缅甸两国，分别同印度总理尼赫鲁、缅甸总理吴努举行会谈并发表"总理联合声明",共同倡导将"和平共处五项原则"作为处理不同社会制度国家间关系包括领事关系的准则。在此项原则的指导下,为进一步解决华侨双重国籍问题,保护华侨在当地的合法权益,新中国逐步同印度尼西亚沟通协商解决问题的办法和途径。

1954年11月2日至23日,中国同印度尼西亚就华侨双重国籍问题举行初步谈判。1955年4月22日,两国外长签署《中华人民共和国和印度尼西亚共和国关于双重国籍问题的条约》,规定:同时具有两国国籍的人都应根据本人的自愿原则,选择一种国籍;成年人和未满18岁的已婚人,在两年内选择国籍,如在规定的时间内没有选择国籍,应随其父国籍,如与父方没有法律关系或父方国籍不明,则随其母国籍;未成年人,应在成年后一年内选择国籍,如在规定的时间内未选择国籍,则被视为选择其未成年时期的国籍;在印度尼西亚出生的儿童,无论他们的父母双方或仅父方具有中国国籍,在出生后即具有中国国籍;在中国出生的儿童,无论他们的父母双方或仅父方具有印度尼西亚国籍,在出生后即具有印度尼西亚国籍;条约有效期为20年。

1955年6月,周恩来总理在北京同来访的印度尼西亚总理阿里·沙斯特罗阿米佐约就上述条约的目的和实施办法交换意见,并就达成的谅解进行换文。换文规定:在具有双重国籍的人当中有一类人,由于他们的社会和政治地位,证明他们已不言而喻地放弃了中国国籍,可以被认为只具有一种国籍,不需要按照双重国籍条约的规定选择国籍。为顺利地进行选籍工作,中国和印度尼西亚成立联合委员会。1960年12月,双方公布了《关于双重国籍问题的条约的实施办法》。

"三好政策"是新中国尊重华侨自愿选择国籍的温馨体现

1961年5月，中国和印度尼西亚联合委员会正式开始办理双重国籍华侨的选籍手续。在此过程中，中国驻印度尼西亚使领馆在华侨中深入细致地宣传"三好"政策，即：自愿加入印度尼西亚国籍的，很好；自愿保留中国国籍的，同样好；愿意回到中国的，也好。从此，自愿选择加入印度尼西亚国籍的，成为"华人"；自愿选择保留中国国籍的，成为"华侨"；自愿选择回到中国的，成为"归侨"。在充分尊重本人意愿的前提下，华侨选籍工作顺利完成，印度尼西亚华侨双重国籍问题基本上得到解决。由此，具有当代法律意义的"华人"之称，从"选择加入印度尼西亚国籍的双重国籍华侨"中产生。

印度尼西亚华侨双重国籍问题的解决，既符合华侨本身的长远利益，也符合印度尼西亚人民的根本利益，为中国同其

周恩来总理在万隆会议期间签署《中华人民共和国与印度尼西亚共和国关于双重国籍问题的条约》。
（供图：FOTOE）

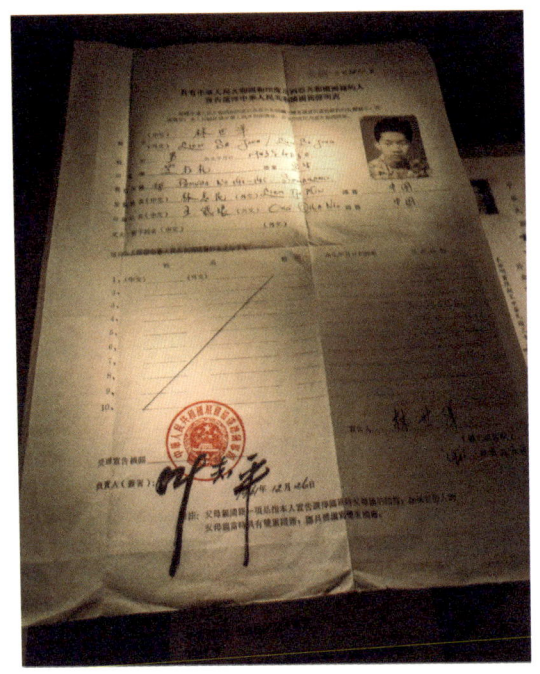

他国家处理同类问题创立了良好范例。此后，中国先后同马来西亚、菲律宾、泰国等国在建交联合公报中确认解决双重国籍的原则和政策，妥善处理历史遗留的华侨双重国籍问题，促进了中国同这些国家友好关系的发展。同时，华侨双重国籍问题的解决也有利于取得侨居国国籍的华人安居乐业，赢得了广大华侨华人的拥护和国际社会的赞誉，沉重打击了帝国主义挑拨东南亚国家与中国友好关系的企图。尽管中国同印度尼西亚的关系后来出现曲折，但中国政府以和平共处五项原则解决历史遗留问题、履行护侨职责、发展睦邻友好关系的诚意和决心已载入史册并昭示天下。

总之，可以说，"三好政策"是新中国尊重华侨自愿选择国籍的温馨体现。

"三好政策"与华人华侨、归侨侨眷的不了情

　　根据《中华人民共和国归侨侨眷权益保护法》及《关于界定华侨外籍华人归侨侨眷身份的规定》，"华人"即"外籍华人"是指已加入外国国籍的原中国公民及其外国籍后裔，中国公民的外国籍后裔；"华侨"是指定居在国外的中国公民；"归侨"是指回国定居的华侨；华人、华侨、归侨在中国境内的眷属称作"侨眷"。华人与华侨、归侨、侨眷虽国籍不同，但血脉相连。印度尼西亚等东南亚国家的华侨双重国籍问题，是一个悬而未决但必须解决的历史遗留问题。为了妥善解决这一问题，新中国制定并实行的上述"三好政策"，体现了新中国解决华侨双重国籍问题的诚意、智慧和人文关怀，体现了新中国保护华人华侨乃至归侨侨眷利益的那份深情与厚谊。

　　2013 年 9 月 25 日，第十二届世界华商大会在四川省成都市隆重开幕，中国国家主席习近平在贺信中表示："长期以来，广大华侨华人秉承中华民族优秀传统，艰苦创业，拼搏进取，积极融入住在国社会，同当地人民和睦相处，在事业上取得长足发展，为各国经济发展和社会进步作出了积极贡献。中国改革开放事业取得伟大成就，广大华侨华人功不可没。"2015 年 9 月 23 日，习近平主席在美国西雅图出席侨界欢迎招待会时表示：实现中华民族伟大复兴是海内外中华儿女的共同梦想，相信广大旅美侨胞一定能够在这一伟大进程中作出独特贡献，希望侨胞们积极融入美国主流社会，推动当地经济社会发展；发挥学贯中西、融通中美的优势，为中美互利合作牵线搭桥；积极主动宣传中华文化，讲好中国故事。

我想，上述贺词与讲话，既是对广大海外侨胞的尊重和感谢，也是对广大海外侨胞的信任和期待，同时表达了中国对华人华侨乃至归侨侨眷的不了之情。希望杨老师读到此文时，也能感受到学生的感恩之情！

苏加诺总统的中国情结

黄书海

（中国外交部印尼文高级翻译）

苏加诺总统有很深的中国情结。我在上世纪五六十年代担任中方印尼文翻译时，就深切感受到这一点。

无比崇敬孙中山

追本溯源，苏加诺的中国情结应萌发于对孙中山的崇敬，对"三民主义"的景仰。他曾不止一次公开说过："我阅读过'三民主义'，不是一次两次，而是三次四次，从头到尾仔细阅读。'三民主义'，即民族、民权、民生，鼓舞了我年轻的灵魂。"

1956年8月，苏加诺总统在欢迎宋庆龄副委员长访问印尼的宴会上深情地说："我没有忘记孙中山先生领导的中国革命在思想上所给予我的启示。'三民主义'鼓舞我去斗争和热爱我的国家和人民。"类似这样的话，不胜枚举。

1949年中华人民共和国成立，苏加诺领导的印尼政府很快给予承认；1950年，两国建立正式外交关系。从此，两国友好关系迅速发展。苏加诺和新中国第一代领导人毛泽东、刘少奇、周恩来、陈毅、宋庆龄等频密交往，建立起新兴发展中国家领导人之间相互尊重、互相支持的崭新模式。

通过这种平等互利、友好协商的合作关系，苏加诺总统和周恩来总理引领亚非国家共同促成万隆亚非会议的成功召开，并取得划时代的丰硕成果。这是苏加诺总统第一次接触新中

1956 年 1 月 11 日,
苏加诺总统在雅加达
华侨纪念孙中山诞辰
90 周年大会上演讲。
（供图：FOTOE）

国的外交家周恩来，特别是对周恩来在亚非会议期间所表现出的非凡外交才能，有"相逢恨晚"之感。于是，他特邀周总理访问雅加达，破例陪同周总理坐敞篷汽车游览雅加达市容，破例出席周总理在中国驻印尼大使馆举行的招待会。

苏加诺总统这些史无前例的举措，引起印尼媒体特别是国际媒体的高度关注。舆论离不开左中右三种倾向，但绝大部分还是看好中印尼友好合作关系的迅猛发展。

接着，1956年7月，苏加诺总统盛情邀请宋庆龄副委员长访问印尼。当时，我在中国驻印尼大使馆工作，有幸随团作为翻译，亲历苏加诺总统以最高礼仪接待宋庆龄代表团的整个过程。

苏加诺十分敬重宋庆龄，几乎把他对孙中山的景仰之情都倾注在她身上。苏加诺邀请宋庆龄代表团下榻国家宫（即总统府），并破格在独立宫为宋庆龄举行盛大的欢迎宴会。

苏加诺赞扬宋庆龄为中国革命和世界反帝反殖斗争的伟大女性之一，还亲切地称呼她为"姐姐"。访问行程由总统亲自规划并全程陪同。

宋副委员长英文很流利，不通过翻译用英语和苏加诺交谈，更感亲切、水乳交融。有几篇讲稿是宋副委员长亲自用英文撰写的。黄镇大使还安排一名英文翻译把讲稿译成中文，以备公开演讲时使用。

宋庆龄高雅端庄的谈吐和讲究得体的衣着，给印尼朋友留下极其深刻和美好的印象。

1956年9月30日，印度尼西亚总统苏加诺访问中国，受到毛泽东等国家领导人和首都群众的热烈欢迎。（供图：FOTOE）

1956 年 10 月 1 日，苏加诺总统（左 5）与中国领导人毛泽东、周恩来、刘少奇、朱德及尼泊尔首相阿查里雅（左 3）一起在天安门城楼上观看中国国庆七周年庆典。（供图：FOTOE）

宋副委员长代表团的访问，除了增进同苏加诺总统的友谊，还促进了中印尼两国议会之间的友好交往与合作。同年 8 月，印尼合作国会议长沙多诺率领包括印尼各党派议员在内的庞大代表团应邀对中国进行了回访。

苏加诺总统则应毛泽东主席的邀请，于同年 9 月 30 日至 10 月 14 日对中国进行国事访问。这是有史以来第一位访问中国的印尼国家元首。毛泽东主席、朱德副主席、刘少奇委员长、周恩来总理等国家领导人亲临机场迎送。毛主席还破例与苏加诺总统并排乘坐敞篷汽车接受沿途群众的热烈欢迎。

苏加诺总统先后访问了北京、鞍山、上海、南京、广州等地，还专程拜谒了南京中山陵，瞻仰了上海孙中山故居。他擅长演说，一路访问，一路演说。

他高度评价孙中山领导的辛亥革命对早期印尼民族独立斗争的影响；他提出的“建国五基”与孙中山的“三民主义”是一脉相承的。

他高度赞扬以毛泽东为首的新中国第一代领导人的丰功伟绩，赞扬新中国是反对侵略、捍卫世界和平的坚强力量。

他一再强调，中印尼两国和两国人民是反帝反殖战线上并肩战斗的战友。

他的这些充满中国情结和兄弟友谊的讲话，赢得了中国人民的热烈欢迎和高度赞赏。

后来，苏加诺总统还于1961年6月和1964年11月相继对中国进行短暂访问，主要目的就是与中国领导人交换对国际形势热点问题的看法。这充分体现了中印尼两国在政治外交上的合作已经达到史无前例的高度。

1961年6月，刘少奇主席举行国宴欢迎来华访问的印尼总统苏加诺。（供图：中新社）

迎来两国关系新高潮

　　1959年，苏加诺总统受到国内右翼势力的多方掣肘，不得不签署第十号总统条例，禁止华侨小零售商在一级和二级行政区以外的地区经商，不准华侨在乡镇地区做买卖。这个法令带有明显的排华色彩，沉重地打击了成千上万的贫穷华侨小商贩。于是，印尼各地出现了驱赶华侨小商贩的排华事件，顿时使中印尼两国友好关系发生大逆转。

　　为了制止排华逆流进一步蔓延扩大，妥善解决历史遗留的华侨问题，维护中印两国来之不易的友好大局，陈毅副总理兼外长审时度势，于1959年12月9日主动写信给苏班德里约外长，提出全面解决华侨问题三项建议：（1）立即交换关于双重国籍问题条约的批准书，同时讨论和规定实施条约的办法；（2）切实保护自愿保留中国国籍或选择印尼国籍未获批准的华侨的正当权益；（3）对于流离失所或不愿继续留居的华侨，中国政府准备安排他们回国参加建设，希望印尼分期分批遣送他们回国，并保证他们归途中的安全。

1962年9月，周恩来、邓颖超在北京会见印尼总统苏加诺夫人哈蒂妮。（供图：中新社）

陈毅的信很快得到苏班德里约的正面回复。印尼各地的排华活动有所收敛。接着，1961 年 4 月，陈毅外长应邀访问印尼，同苏班德里约副首席部长兼外长进行友好会谈，并签订了中印尼两国有史以来第一个友好条约。

苏加诺总统向陈毅外长颁发印尼共和国二级勋章，以表彰他对促进中印尼两国友好关系所作出的卓越贡献。

两国关系明显回暖。1961 年 6 月苏加诺总统进行环球旅行，13 日突然改变行程，从莫斯科特地飞往北京进行两天的工作访问。

苏加诺此行显然是为了修复在处理华侨问题上失当而造成的两国友好关系的严重裂痕。他在刘少奇主席举行的国宴上一再强调：中印尼友谊是发自内心的友谊，是牢不可破的。虽然在华侨问题上发生纠纷，但这是兄弟之间的纠纷，中印尼仍然是兄弟。

苏加诺总统还借访问之机，向刘少奇主席、朱德委员长、周恩来总理颁发印尼共和国一级和二级勋章。

中印尼两国不愉快的一页就这样翻了过去。接着，便迎来了两国友好交往的新高潮：

1961 年 8 月，郭沫若率全国人大代表团访问印尼；

1962 年 9 月，苏加诺总统夫人哈蒂妮访华；

1963 年 4 月，刘少奇主席、陈毅副总理兼外长访问印尼；

1964 年 4 月，苏加诺总统访问上海；

1965 年 1 月，苏班德里约首席部长（即总理）率庞大的代表团访华；

1965 年 4 月，周恩来总理和陈毅外长应邀参加万隆亚非会议胜利召开十周年庆典活动；

1965 年，陈毅副总理兼外长应邀参加印尼独立 20 周年庆典。

与此同时，两国文化艺术、宗教、工农青妇民间代表团的交往也十分热络，构成两国友好关系进入鼎盛时期的景象。

对中国高度信任

在此期间，苏加诺总统还作出两项具有浓厚个人色彩和充满中国情结的决定：

一是把苏加诺文集和藏画集交由中国出版。

据总统府画家杜拉（Dullah）称，当时确实有个别西方和印尼出版社曾经觊觎这两项出版业务，他们提出，要以高稿酬出版上述文集。但苏加诺总统并没有因此而动心，因为他对他们不信任。

苏加诺文集《在革命的旗帜下》交由外文出版社出版。1959年和1965年出版了第一、二卷，其中有几篇讲话稿由我翻译（没有署名）。第三、四卷因"9·30"事件而搁浅。

《苏加诺藏画集》共六卷，由人民美术出版社出版。当时出版社派遣著名画家邵宇到印尼洽商此事，我当翻译。出面接待的是总统府画家杜拉。双方合作得很愉快。杜拉说，你们是第一批获准全面观赏总统藏画（包括他寝室里著名的裸体油画）的中国人。

当出版计划初步落实后，杜拉便邀请邵宇等访问茂物、万隆、日惹、泗水、巴厘等地。邵宇非常勤奋，画笔不离手。一路览胜，一路或写生或速描。这是我第一次亲眼目睹一个画家的工作状态，其认真精神令人敬佩。

这里，我要庄重地写上一笔：在出版《苏加诺藏画集》的整个过程中，中国驻印尼大使馆文化参赞司马文森和随员张

琼郁都作出了令人难忘的重要贡献。

二是聘请中国医生为总统本人治疗肾病。

上世纪 60 年代初，苏加诺患肾结石，有一颗结石掉入尿道出不来。苏加诺多次求助奥地利名医，均无效。名医的结论是非开刀不可。苏加诺很怕开刀，万般无奈，只能求助中医。

当时，他对中医疗效没有切身体会，只能将信将疑，试试看。

周总理对苏加诺的要求十分重视，决定派遣以泌尿科著名专家吴阶平为组长、心脏病专家方圻为副组长的中国高级医疗组到印尼为苏加诺治病。医疗组共九人，其中有著名老中医岳美中、针灸专家杨甲山、放射科专家胡懋华等。

医疗组于 1962 年 1 月飞抵雅加达，下榻于印尼政府安排的宾馆里，生活设施一应俱全。

姚仲明大使委派我去当翻译。所谓翻译，实际上就是联络员，由我负责与总统府联系，照顾医疗组的生活和出行。

谈体检和病情，均由吴阶平组长用流利的英语直接同总统和总统私人医生交谈。只有当总统集体会见医疗组成员以及岳美中老中医每天给总统号脉时，我这翻译才派上用场。

整个治疗采用中西医结合——总统对中医的接受是有个过程的。后来有几件事，不能不使总统折服于中医的疗效。

经过服用一个疗程的汤药（总统称之为"中国咖啡"），原先堵在尿道的结石居然被碾碎，并排出体外。医疗组拍的X光照片已经确认无误，但总统还是将信将疑，为此还专程到奥地利医院复查。医生告诉他，结石确已排出体外，右肾功能也比过去有所好转。这下总统才心服口服，对中医刮目相看。

中国医疗组治好了苏加诺总统的肾结石病，消息一传开，在印尼社会和舆论界引起强烈反响。印尼达官贵人前来求医问诊者络绎不绝。中国医疗组在印尼足足待了五个月。

后来，1963年、1964年和1965年，医疗组又三次赴雅加达为苏加诺总统治病。

这里顺带提一笔，1961年6月黄镇大使调任回国。在任期间，大使和总统不但建立了良好的工作关系，私交也挺好。有一天，大使嘱我与总统府大管家联系，说大使将托翻译给总统送上他爱吃的芝麻酥饼。大管家说，下午2点30分即可送来。

使馆名厨把做好的酥饼码放在大使从北京带来的船形水晶篮里。我捧着酥饼按时到达总统府。大管家在指定地点迎候我。

一见面寒暄几句。大管家说：这是吃的东西，还是请你当面送给总统吧。总统正在喝午茶，我领你去。

我毫无思想准备，但并不紧张，因为此前在外交场合曾多次见过总统。

总统在独立宫后院草坪上，正独自一人在饮茶。

大管家领我到总统跟前，说了几句介绍的话。总统微笑着和蔼地跟我握手，并请我落座。大管家命侍从给我端上一杯咖啡后便离去。

我首先向总统转达黄镇大使的亲切问候，随即打开保鲜纸，向总统介绍三种馅料（红豆沙、枣泥和黑芝麻）的酥饼。总统一一品尝，赞不绝口。临别时，总统一再要我转达他对黄大使的深切谢意和问候。

大管家把我送到车门口，我握住他的手说：感谢你对大使馆和我本人的信任。

他深情地笑了。

当时总统穿着便装，没有戴帽子，头顶秃了。事隔半个多世纪，这一幕依然时常清晰地浮现在我眼前。

1970年6月21日，印尼开国元勋、印尼民族一代英豪苏加诺在软禁中含冤去世。

虽经几十年打击和抹黑，苏加诺的历史功绩是磨灭不了的。他在印尼人民和世人心中的形象和历史地位，已开始恢复到应有的高度。

可以告慰他的是，如今中印尼两国友好关系已经提升到全面战略伙伴关系的高度。

陈毅与苏加诺

刘新生

（中国前驻文莱大使、前驻印尼使馆政务参赞）

1958 年 2 月，陈毅接任中国外交部长的时候，正是世界各种力量在动荡中分化、改组，国际形势多变的新时期。他运用毛主席、周总理关于统一战线的理论和实践经验，以勇于开拓和进取的精神，遵循和平共处五项原则，大力发展对外关系，打开了外交工作的新局面。

在国际舞台风云变幻的十多个春秋中，陈毅与印尼官员接触较多。早年我在印尼工作时，耳闻目睹了不少动人故事。他曾四次率团赴印尼访问，如果加上陪同周恩来总理和刘少奇主席出访，总共有七次之多。陈毅的热情爽快、大度谦逊和博学睿智，深深打动了苏加诺总统，彼此结下了深厚情谊。

以诚相待的朋友

苏加诺与陈毅同岁，都是 1901 年出生。在 1955 年的万隆会议上，他们初次相识，彼此留下了深刻印象。但苏加诺真正了解陈毅，是在万隆会议后第二年首次访华的时候。1956 年 9 月 30 日至 10 月 14 日，苏加诺应毛主席的邀请访问中国。访问期间，除与中国领导人会谈和出席国宴外，其余时间始终是由陈毅陪同，到各地参观游览。

他们一起游览了北海公园和天坛，观赏北京的秋色；他们一起参观故宫博物院，陈毅亲自向苏加诺介绍故宫历史。身为万隆工学院工学学士的苏加诺，对中国古代建筑的高超水平产生了浓厚兴趣，他一边仔细地观赏了三大殿的整体设计，研究宫门、窗棂、飞檐、斗拱、阶石、栏杆的结构和所用的材料，一边还听陈毅说天道地，谈古论今，讲述皇帝们在宫中专权和作乐的许多掌故。苏加诺发现陈毅不似想象中威严粗犷的赳赳武夫，相反，倒是一位熟知历史、通晓人情、豁达大度、很有政治眼光又很有文化修养的人物。他开始赞赏并且喜欢上这位中国元帅。

在参观鞍山高炉、轧钢厂、长春汽车制造厂等大型工业企业时，陈毅向苏加诺详细介绍了新中国建设的经验体会、旧中国遗留的弊病和问题。这些介绍在苏加诺听来是新鲜的，也是亲切实在的。他在出访巴黎、华盛顿或莫斯科时，从未听到过这样诚恳磊落、不玩弄外交辞令的谈话。在旅顺检阅年轻而雄壮的中国海军后，陈毅向苏加诺谈到了中国人民解放军的建军原则、纪律、传统、制度。苏加诺听得入神，越听越有兴趣。

10月10日，陈毅陪同苏加诺来到上海。那时，陈毅仍然兼任上海市市长，自然要尽地主之谊，热情地招待他的这位极其高贵的朋友。当晚，陈毅陪同苏加诺到上海市少年宫，与上海少年儿童联欢。孩子们的精彩演出使苏加诺惊喜万分，他不断地对陈毅说：中国少年儿童太幸福了。从少年宫出来，陈毅又设盛大宴会招待苏加诺一行。

在宴会上，陈毅热情地发表讲话说："能创造一切奇迹的人民，摆脱了殖民主义的羁绊，失去的只是贫困、饥饿和落后，换来的是繁荣、幸福和富强。中国人民将永远是印度尼西亚人民忠实的朋友。"宴会之后，陈毅陪同苏加诺出席文艺晚会，观看中国京剧大师梅兰芳主演的《洛神》，欣赏上海乐团交响乐队的演奏节目。苏加诺对中国的艺术水平之高赞不绝口，对梅兰芳大师的精彩演出永生难忘。

次日上午，陈毅陪同苏加诺参观孙中山故居。苏加诺告诉陈毅，他早就对孙中山敬仰万分，今天算是满足了多年的心愿。下午，陈毅陪同苏加诺前往人民广场出席上海各界举行的欢迎大会，苏加诺眼见广场上人海无际，红旗如林，耳听欢迎的歌声阵阵，掌声似雷，直冲九霄，感动得热泪盈眶。

陈毅含笑致辞说，苏加诺在北京发表的演说，引起上海人民的共鸣，它把我们的理想同印尼人民的理想紧密地连接起来了，这就是：独立的理想、和平的理想、新世界的理想。陈毅在致辞中还介绍了上海人民的光荣革命历史。在热烈的掌声中，陈毅代表上海人民向苏加诺赠送了珍贵的礼品，苏加诺紧紧地握着陈毅的手，一再表示感谢。当晚，陈毅陪同苏加诺前往宋庆龄在上海的住所，参加为欢迎苏加诺访问上海而举办的宴会。

宴会上，宾主双方欢声笑语不断。苏加诺称赞道："陈毅副总理兼外长是元帅，是诗人，善辞令，会说出动人的诗句；黄镇大使既是将军，又是画家，会说又能绘出悦目的书画。可敬，可敬！"陈毅紧接着回答说："苏加诺总统是三军最高统帅，是演说家，是印尼人民的喉舌，善于唤起群众千百万，为印尼共和国的繁荣和富强而奋斗！"

苏加诺大笑，愉快地转身问黄镇道："在双方互不相让的僵局下，怎么办？"黄镇也是久经外交沙场的外交家，他顺口回答说："团结起来，为维护世界和亚洲的和平、促进人类进步事业而共同奋斗！"陈毅和中外人士都对黄镇的出色回答拍案叫绝，一个个喜形于色。宴会厅里愉快非凡，清脆的碰杯声把两国友好关系推向一个新高峰。

10月12日，陈毅陪同苏加诺离开上海，前往杭州等地访问。一路之上，双方就宗教、统一战线、民主党派参政等问题热烈交谈，陈毅向苏加诺介绍新中国的外交政策，收到良好的效果。在杭州，陈毅陪同苏加诺乘游艇游览西湖，他亲自介绍西子湖畔的人间天堂美景，以诗人的语言讲述西湖的动人传说，使苏加诺大开眼界，受到印尼贵宾的衷心称赞。

13日，陈毅陪同苏加诺一行到达广州，受到广东省省长陶铸的热烈欢迎。在陶铸主持的欢迎苏加诺大会和晚宴上，陈毅反复强调说明，世界各国之间确实存在意识形态、国家制度的不同，各民族各有其特点，但全世界大多数人民反对殖民主义的奴役，反对帝国主义的压迫和侵略，是共同的思想。陈毅还特意举杯走到苏加诺席前，深情地称赞苏加诺根据世界各国先进人物的思想、结合印尼的实际情况所创造的"潘查希拉"五项原则学说，表示对其中体现的一个国家领导人的民主精神应给予极高的评价。

在从广州飞往昆明的飞机上，苏加诺诚心诚意地向陈毅请教：作为一个拥有960万平方公里国土和6亿人口的大国的领导人，有什么领导方法没有？陈毅答道："毛主席对领导方法是掌握最好的，他讲过，主要在于出主意和用干部两条。"陈毅举例详细说明了这两个问题之后，又谈到自己在上海、中央工作的体会。陈毅说：中国受帝国主义侵略很久、范围很广，因而帝国主义留下的毒疮特别多。我们当时想，身上的毒疮必须割治，光在外面贴块胶布不解决问题。帝国主义留下的政治势力、经济势力、军事势力，都是中国身上的毒疮，我们就接着改造、镇反、剿匪……苏加诺一边听，一边频频点头。

10月14日，陈毅陪同苏加诺到达访华的最后一站——春城昆明，共同领略中国边陲城市的秀丽风光，高兴地与印尼贵宾、昆明群众一起跳起舞蹈，将中国和印尼人民的友好气氛推向高潮，让苏加诺带着中国人民的友好感情返回千岛之国。从此，陈毅与苏加诺也结下了深厚情谊。

心悦诚服的知己

1959年11月，印尼政府颁布《总统第十号法令》，企图用排挤华侨经济的办法解脱国内经济困难。针对日益猖狂的反华排华活动，中国政府同印尼当局进行了有理、有力、有节的斗争，给予了有力回击。1960年7月，印尼宣布派出久已缺任的驻中国大使，印尼国内的反华排华活动也逐渐缓和下来。

1961年3月28日，陈毅应邀到印尼访问。一时间，陈毅的雅加达之行引起世界舆论的广泛注意，都认为陈毅此次必然为华侨问题而来。西方国家恶意地煽风点火，说陈毅到印尼必定要大吵一场，肯定要有一场"好戏"上演。

中国和印尼协商解决华侨问题取得的成就，对中国和印尼人民有利，对亚非各国人民的团结也有利。但这次访问印尼，陈毅认为不能把着眼点放在华侨问题上，而应加强两国友好关系，讨论反对新老殖民主义问题，探讨两国合作的可能性，并就一系列国际问题交换意见，力求取得一致看法。因此，陈毅向中央提出，他这次到印尼，不主动提华侨问题，不算旧账。对此，周恩来完全赞成。

由于此访是印尼掀起迫害华侨事件之后中国政府代表团首次访问印尼，前来采访的记者云集机场，神采奕奕走下舷梯的陈毅自然格外引人注目。只见中国这位外交部长一身白色西服，与浅灰色的领带、深色墨镜两相映衬，更显得威风凛凛，令人肃然起敬。陈毅在雅加达机场发表书面谈话，称赞自从万隆会议以来，亚非人民争取和维护民族独立的斗争蓬勃兴起，他这次访问印尼是带着中国人民的友好愿望，为加强中国与印尼的传统友谊而来。

印尼的接待规格之高使陈毅很感意外，中国代表团没有被送到外交部长下榻的高级宾馆，而被直接送进总统府。苏加诺在那里久候多时，一见陈毅到达，马上迎上前去与陈毅亲切拥抱，像老朋友久别重逢一般询问别后离情，然后把陈毅请到总统府里的国家官，让陈毅住在苏加诺府邸后面的一座豪华别墅里，以政府首脑一级的规格款待。

从当天下午开始，陈毅分别拜访印尼首席部长和两位副首席部长，到印尼烈士陵园敬献花圈，向在印尼民族解放战争中牺牲的烈士恭敬地默哀。许多印尼老百姓前来观看，认为中国人与西方人不同，是印尼人民的真正朋友，纷纷向陈毅和中国代表团人员赠送香蕉、椰子等各色热带水果。陈毅深深感受到印尼人民对中国人民的真挚感情。

3月29日上午，陈毅到独立宫拜会苏加诺，递交刘少奇主席邀请苏加诺访问中国的信件，向苏加诺赠送了礼物。苏加诺表示感谢，拿出一枚印度尼西亚共和国二级勋章要授予陈毅。陈毅知道二级勋章只授予总理和首席部长级的人物，但苏加诺这一授勋仪式，事先并无安排，请示北京已经来不及了。苏加诺不容考虑就将金光灿灿的勋章授给了陈毅，满面春风地致辞说："陈毅元帅，你是为争取自由和社会主义而奋斗的战士，也是印度尼西亚的伟大朋友！"

接着，苏加诺设午宴招待陈毅一行。酒过三巡，苏加诺打开了话匣子，慢慢说出了心里话："我的生活方式、我讲的话，是资产阶级的一套，恐怕你们不愿意听。"陈毅彬彬有礼地回答说："我们是把你当作朋友看待的，你是反帝反殖的领袖嘛。"苏加诺风趣地说："很感谢你没有给我戴上资产阶级的帽子。"

陈毅为如何评价苏加诺早就动了一番脑子，他尽量使用能够使苏加诺接受的方式说："总统阁下，我认为做个资产阶级革命家并没有什么坏处。我们的孙中山先生就是中国资产阶级革命的领袖，无论如何，他是先驱者，是中国历史上的伟大人物。即使是资产阶级工商业家，也有有利于国计民生的一面。中国共产党与民族资产阶级是有合作共事的经验的，在今天的中国，我们还是对他们采取团结、改造的办法，给他们定息。在社会主义建设中，他们还是可以发挥作用的嘛！"

　　苏加诺深感陈毅学识渊博，并非一介武夫，能够说出这样具有高度外交水平的话，虽然含蓄地触及了如何对待在印尼的华侨商人的问题，却能让人愉快地接受。两人在对国际形势和经济合作等问题上的立场基本一致，越谈越投机。其后，苏加诺多次怀着极其钦佩的心情，对陈毅赞不绝口："每次跟陈毅元帅谈话，总感到有股激荡的力量，往往得到一种满足。对于一个比较复杂的问题，只用寥寥数语，就可以说清楚。"陈毅与印尼各界领导人进行了多次会谈，结交了许多新朋友。访问期间，双方签署了三个重要文件：联合公报、文化交流协定、中国与印尼友好条约。

　　3月31日晚，陈毅在印尼总统府的国家宫举行盛大告别宴会。苏加诺亲临出席。陈毅热情洋溢地致辞说，他这次访问印尼，圆满地实现了增进两国友好关系的愿望，通过与印尼领导人的会谈，加深了相互了解和信任，在有关保卫世界和平、反对殖民主义、促进亚非团结等重大问题上取得了共同的认识和一致的意见。所有这一切，将大大有助于进一步促进两国的友好关系，有助于在国际事务中更加密切的合作。在关于双重国籍问题条约的实施办法的协议上也已找到正确的处理办法，这都是可喜的事情。陈毅还热情地称赞说："苏加诺总统阁下在访问中国的时候说得好：'只有能阻止太阳和月亮运转的人，才能保住殖民主义不死亡！'"陈毅这番话说得苏加诺心花怒放，亲手向陈毅赠送了一柄制作精巧的巴厘短剑，然后才让苏班德里约外长致答词。就在告别宴会即将结束之际，苏加诺手举酒杯又发表即席讲话说："陈毅元帅阁下、陈毅同志、陈毅兄……""兄"，在印尼语中称作"朋"，苏加诺用这样亲切的称呼，这样火热的语言讲话，充分表达了印尼人民对中国人民的深情厚谊，立刻把告别宴会的气氛推了向高潮。

4月1日，苏班德里约举办欢送宴会，招待陈毅和中国代表团全体成员，苏加诺又赶来参加。陈毅发表讲话，祝贺印尼在平定叛乱和铲除颠覆活动之后国家建设取得的巨大发展，指出中国与印尼两国人民的友谊是永恒的，然后满含深情地说："人与人之间有一个认识过程，国与国之间也有一个认识过程。究竟中国是好是坏，要经过一段时间看一看，真好就真好，真坏就真坏……朋友是不是好朋友，要经过一个长时间的艰难困苦的考验。"苏加诺、苏班德里约对此深受感动，都表示要大力促进两国人民的友好关系。

4月2日，陈毅率领中国代表团离开印尼之前，在机场举行记者招待会，散发书面谈话并回答记者提出的问题，感谢印尼人民的热情接待和苏加诺总统的关怀，强调两国签订的友好条约和文化合作协定及联合公报标志着两国友好关系进入了一个新阶段。

外交史上的佳话

为顺应亚非民族独立运动蓬勃发展的新形势，毛泽东、周恩来决定与广大亚非国家一道，倡议召开第二次亚非会议，让陈毅适时提出倡议。陈毅敏感地看到，美国和苏联对第二次亚非会议的召开极其惊恐，采取政治攻击、经济收买、军事威胁、挑拨离间等手法，使出浑身解数进行破坏，甚至造谣说第二次亚非会议将完全由中国控制，诬蔑中国企图利用这次会议达到自己的目的，一时也颇蒙蔽了一些人，误认为中国对第二次亚非会议另有所图。

直至第二次亚非会议筹备会议前两天——1964年4月8日，会议东道主印尼还未向中国外长发出邀请。为澄清事实、表明心迹，中国外交部照会筹备会召集国印尼政府：只要第二次亚非会议的筹备会议能够开成，就对亚非事业有利，中国体谅东道国的困难，中国可以不参加这次筹备会议。

苏加诺非常赞赏中国政府的意见，认为中国外交家的确是胸怀宽阔，颇有大国风范。但当他看到已有20个国家的外长到达雅加达之后，胆子便壮了起来，打消了对中国参加的顾虑，为提高筹备会的地位，突然向中国发出邀请外长参加的要求。

周恩来看到印尼政府明确希望陈毅能够率领中国代表团出席筹备会，便在4月8日深夜紧急把陈毅等人请来，下达了紧急出征的命令。陈毅率领中国代表团急如星火，终于在4月10日上午11时筹备会正式开幕之前赶到雅加达。当天下午，陈毅就出席了第二次亚非会议筹备会的开幕式，晚上又出席苏加诺为欢迎所有参加筹备会的代表团而举行的招待会。

陈毅利用各种机会了解情况，很快发现事情并不那么乐观：各国代表团对召开第二次亚非会议的地点和时间的意见不太一致。他意识到应该尽快与苏加诺见面，就重大原则问题取得一致意见，否则筹备会议很难顺利达成协议。

4月12日，陈毅前往印尼总统府拜会苏加诺，称赞苏加诺是印尼的开国元勋，特别因为主持举世闻名的万隆会议、参与创立不结盟运动会议，高举亚非团结反帝反殖大旗，在世界上享有很高的威望，中国人民对苏加诺怀有崇高的敬意。苏加诺满面春风地称赞周恩来和陈毅对万隆会议的巨大贡献。两个老朋友越谈越亲热，自然把话题转到第二次亚非会议的筹备问题上来。

苏加诺仍然希望第二次亚非会议在雅加达召开。陈毅理解苏加诺的意图，但根据世界形势的发展，第二次亚非会议应该在非洲举行，这与苏加诺的愿望相反，怎样说服苏加诺呢？陈毅考虑再三，还是以老朋友的身份奉劝苏加诺说："总统阁下，非洲的独立国家有40个之多，总统阁下如果主张在非洲开，就是支持了非洲的斗争。这样，你就站得高、看得远，顾全大局，表现了政治家的风度，证明你没有什么私利打算，你去发言就响亮！"

苏加诺认为陈毅的话有道理，同意把会议地点由雅加达改到非洲，但是在开会时间问题上不作让步，仍然主张在1964年尽快召开。这使陈毅感到很为难，他有些话非讲不可，又担心说出来令苏加诺不高兴，可事关大局不讲不行，就运用巧妙的外交语言说："你是总统，我是元帅，我给你当个参谋长。你要不要呢？"苏加诺急忙应称："有你这个元帅当参谋长，我感到荣幸！"陈毅抱拳致谢说："好，你既然要我这个参谋长，就听听我的意见。我认为最好在明年开。"

苏加诺面露不悦之色："为什么？"陈毅不失时机，满怀信心地侃侃而谈："因为今年7月有阿拉伯首脑会议，8月有非洲首脑会议，10月有不结盟国家会议。以后又有什么英联邦会议、联合国大会。这些国家领导人长期在外面开会怎么行呢？亚非会议和不结盟会议不应该互相竞争，而应当互相补充；即使要竞争，也不必用抢先开会的办法竞争嘛！"

苏加诺认为自己在国际上具有较大影响，对陈毅的意见满心不悦，但是碍于中国和陈毅的情面，不便直接拒绝，他站起身来，以责怪的口吻说："我与其他国家领导人谈话，从未像与你谈话这样……"

陈毅认为到了关键时刻，便满怀真挚地说："我们是兄弟国家，你我是信得过的朋友嘛！"苏加诺尽量缓和语气说："这样吧，地点问题我同意你的意见，时间问题么，也还可以再商量。"陈毅见好即收："你这个统帅不错，还听了我一半意见，说明我这个参谋长还可以再继续当下去！"一场外交风波就这样烟消云散了。陈毅说的是微妙的外交辞令，但又是率真的大实话，把中方原则立场用委婉的语言坚定地表述清楚，又让对方有了接受我方意见的台阶。

第二次亚非会议筹备会议在雅加达新兴力量运动会总部如期举行，然而出人意料的是，印度代表团团长辛格突然提出邀请苏联参加第二次亚非会议。围绕是否邀请苏联的问题，与会代表展开了激烈争辩。陈毅再次运用他的丰富经验和高超的外交艺术，成功地说服了与会国的大多数外长，同时也照顾到持不同意见国家的感情，坚持有理有利有节的原则，通过了各个方面都能接受的方案。最后，筹备会议决定第二次亚非会议1965年3月10日在非洲举行，东道国由非洲统一组织选定；设立一个常设委员会负责筹备事宜；凡亚非独立国家，"仍然为争取独立而斗争的一切民族主义运动和民族政府"均将被邀请参加第二次亚非会议。关于邀请苏联参加会议的问题，以"没有就这一问题达成一致"而作罢，印度提案实际上因此而被否决。

4月16日，苏加诺再次把陈毅请进总统府，大加赞扬道："我这次请元帅阁下来，这着棋是下对了。你要是不来，事情就不好办了。"次日，迎着冉冉升起的热带朝阳，陈毅怀着喜悦的心情离开雅加达，在机场发表书面谈话，祝贺亚非会议的筹备会议取得成功。他欣喜地指出："会议一致通过的联合公报，高举反对帝国主义和新老殖民主义的战斗旗帜，为明年3月举行的第二次亚非会议指出了明确的方向。会议高度发扬了求同存异和协商一致的万隆精神。必须继续警惕帝国主义的破坏活动并同它进行斗争！"

在回国的飞机上，陈毅俯视着机翼下波涛汹涌的蓝色大海，那一幕幕紧张激烈的斗争场面仍然历历在目。他一边下着围棋，一边感慨万千道："这次要不是及时扭转了局面，避免了会议失败的危险，我这个团长可没有办法向中央交差啦，我只好从飞机上跳到太平洋去啦！……"随行的乔冠华、黄镇、章文晋等人都说这次斗争尖锐而复杂，又要考虑到都是亚非兄弟，必须十分注意掌握分寸。这激发了陈毅的豪情壮志，他幽默地说："怕什么？如果是一潭死水，平平和和地这么搞下去，反而没有意思。吃一盘菜，没有点辣椒，没有点酱油醋，有什么味道？"

此后，中国积极支持第二次亚非会议的召开。1964年岁尾，陈毅先后访问了阿尔及利亚、阿联、柬埔寨、巴基斯坦、缅甸等国予以促进。第二次亚非会议虽然后来因为阿尔及利亚发生政变而无限期推迟，但陈毅在筹备第二次亚非会议的活动中，为亚非人民团结事业忘我工作的精神和干练的外交才能、光明磊落的风格，赢得了各国人士发自内心的敬佩。

记得一位伟大的诗人写过这样的诗句：有些人活着，但已死去；有些人已死去，但还活着。陈毅就是一位永远活在人们心中的伟大的无产阶级革命家、军事家和外交家。

黄镇大使与印尼

关宗山

（中国外交部办公厅原处长）

　　我于 1960 年秋调入外交部工作，1994 年离休，其间曾经担任过 16 年多的外交信使。可能是由于入部之前在大学学习过美术，做过电影制片厂的新闻纪录片摄影师的缘故，我对黄镇大使这位将军、艺术家和外交家格外崇敬。我在国外多次和他见面、谈话。如今，我与黄镇大使夫人朱霖老大姐同住一个院内，几乎每天都见面、聊天，并建立了深厚友谊。朱大姐经常同我谈起 20 世纪 50 年代末到 60 年初在中国驻印尼使馆时的往事，还送给我一些珍贵的历史资料。每当听到或看到两位外交老前辈关于交友、克难、解困、辉煌，推动我国同印度尼西亚友好关系发展的事迹时，我就分外感动。

万隆会议开启了中国和印尼关系的新篇章

　　整整 60 年前，第一次亚非会议（又称万隆会议）在印尼召开。会议召开的前前后后，中国和印尼两国关系也得到极大提升。

　　印度尼西亚共和国地跨赤道，连接太平洋和印度洋，被誉为"千岛之国"。数百年来，它饱受帝国主义和殖民主义之苦。经过长期斗争，印尼人民终于在 1949 年年底获得独立。不过独立之后，其国内外局势依然严峻，国内武装叛乱猖獗，派系斗争尖锐，外部又受到美国的威胁和施压。在这种形势

1954年11月29日，黄镇大使向印尼总统苏加诺递交国书。

下，印尼开国总统苏加诺认识到，必须争取国际支持与合作，特别是爱好和平的近邻——中国的支持与协作。早在1928年，苏加诺就写过一篇文章，强调正在争取独立和公平的亚洲各民族之间团结觉醒的重要性。他说，"如果中国的龙和印度的水牛、埃及的人面狮、缅甸的孔雀、泰国的白象、越南的蛇、菲律宾的老虎以及印尼的公牛都团结一致，奋勇抗争，必然能把国际殖民主义的枷锁砸得粉碎。"

　　印尼是最早同新中国建交的国家之一。1949年11月，印尼从荷兰手中取得基本独立，1950年就与新中国建立了正式外交关系。但建交之初，由于印尼在外交、经济、文化等方面仍受荷兰控制，美国也试图迫使印尼加入其势力范围，加之其国内某些上层人士对新中国还不够了解，并对印尼共产党、华侨等心存疑虑，再加上盘踞台湾的国民党在印尼势力仍然比较强大，在各种因素制约下，印尼政府对华政策举棋不定。建交半年后，它仅派出驻华临时代办，直到三年后，即1953年10月，才派出首任驻华大使莫诺努图。鉴于此，中国首任驻印尼大使王任叔在上任一年零三个月后便奉命离任回国，这对两国关系的发展产生了不利影响。后来，中国第二任驻印尼大使黄镇于1954年11月16到任，大力推动中国和印尼两国关系发展，使形势出现了新的转机。

1954年11月19日，黄镇大使在到任后的第三天就拜会印尼外长苏纳约，明确表示中国政府支持印尼等五国召开亚非会议的倡议，并阐明和平共处五项原则，积极主张亚非国家间应加强经济与文化交往。12月上旬，他又会见印尼外交部秘书长鲁斯兰·阿卜杜加尼，表明中国支持印尼等五国关于召开第一次亚非会议的倡议。阿卜杜加尼说，大家都赞成召开亚非会议，但都认为这样的会议不容易开好。此后，黄镇大使多次同印尼上层官员交往，积极宣传中国的立场和主张。12月下旬，黄镇大使在同印尼外交部亚非司司长苏尔加佐交谈时表示，中国十分重视同新兴的独立国家，尤其是同邻国如印尼、印度、缅甸、锡兰（今斯里兰卡）、巴基斯坦等国建立和发展睦邻友好关系。12月底，亚洲五国总理在印尼茂物召开会议，并发表公报称：亚非会议由五国联合发起，定于1955年4月的最后一周在印尼举行。给各国的邀请函由印尼总理代表五国发出，包括邀请中国参加。

1955年1月，中国政府接到亚非会议的正式邀请后，很快就决定派出以周恩来总理兼外长为首的阵容强大的代表团出席会议。代表团的代表有陈毅、叶季壮、章汉夫和黄镇，顾问有廖承志、杨奇清、乔冠华、陈家康、黄华等。作为中国常驻东道国的大使和中国代表团的代表，黄镇肩负重任，最突出的问题是如何保证周总理的安全。因为使馆于2月中旬获悉，盘踞台湾的蒋介石特务机关要乘机谋害周总理及中国代表团成员。3月中旬，周总理的秘书奉命率领一个四人小组先行抵达印尼，协助使馆做好保卫工作。可临近会议开幕之际，不幸的事件还是发生了！

4月11日，中国政府包租的印度航空公司"克什米尔公主"号客机从香港启德机场起飞后，于下午6时30分，在距北婆罗洲沙捞越的古晋100海里处上空爆炸坠毁，机上3名中国代表团工作人员、5名中国记者和波兰、奥地利、越南记者各一名，以及机组人员全部遇难。那天，中国驻印尼使馆的同志们正忙着为代表团收拾和布置住房，噩耗传来，所有人都大吃一惊。当日，使馆马上派员到现场调查。事后查明，

1955年4月16日，周恩来总理率中国代表团抵达雅加达出席亚非会议，受到印尼总理沙斯特罗阿米佐约（前排右1）的欢迎。左1为中国驻印尼大使黄镇。

此系蒋介石特务机关保密局所属香港情报站所为，目的在于暗害周总理。不幸中的万幸是，周总理和陈毅副总理由于接受了缅甸总理吴努的邀请，改道先赴仰光，参加亚非几个主要国家领导人的碰头会，才未乘坐"克什米尔公主"号。

4月13日，黄镇大使紧急约见印尼总理沙斯特罗阿米佐约，告诉他中国政府认为此事件非常严重，是和平的敌人的破坏，要求印尼政府密切注意，防止破坏分子的进一步阴谋。印尼总理表示，印尼会努力保证各国代表团的安全。

上述事件发生后，国内一些同志建议周总理不要参加亚非会议，但周总理不顾个人安危，毅然决定按原计划率团出席，并说："我们是为促进世界和平、增强亚非人民对新中国的了解和友谊而去的，即使发生什么意外也是值得的。"4月14日7时15分，周总理率团乘印度空军"空中霸王"飞机从昆明起飞，前往印度尼西亚。中午12时，飞机抵达缅甸仰光作短暂停留，周总理和陈毅副总理与缅甸总理吴努、印度总理尼赫鲁、埃及总理纳赛尔等进行了会谈，并应邀参加了缅甸泼水节，然后于16日凌晨1时10分从仰光飞赴雅加达，当日下午5时30分到达雅加达机场。机场上岗哨林立，警戒森严，周总理一行受到印尼外长苏纳约和中国大使黄镇等的迎接。

4月18日，第一次亚非会议在印度尼西亚的万隆隆重开幕。这是一次由部分亚洲和非洲国家参加的国际会议，也是第一次在没有殖民国家参加的情况下讨论亚非事务的大型国际会议。出席会议的共有29个亚非国家的首脑，另有5个国家派代表团列席。参加会议国家涵盖世界四分之一地域和三分之二人口。基于当时形势和与会国的复杂性，中国参加亚非会议的总方针是：争取扩大世界和平统一战线，促进民族独立运动，并为建立和加强我国同亚非国家的关系创造条件，力求会议取得成功。

此次会议的召开引起新老殖民主义者特别是"世界警察"美国的不满和反对。他们在亚非国家内部挑拨离间，企图使会议分裂和失败。4 月 18 日开幕当天，就有发言者跳出来要求人们对共产主义采取"防御措施"。这一发言打破了会议开幕式的和谐气氛，使会议蒙上一层阴影。19 日上午，原定由中国代表第一个发言，但周总理放弃了，他要耐心听取其他国家代表的发言。果然，又有一些国家的代表加入了发表反共言论者的行列。人们担心，会议是否会出现西方国家所预言的争吵与分裂。关键时刻，也就是下午 4 时，各国代表团发言基本完毕，周恩来总理让人把预先准备好的讲稿，作为书面发言印发给各国与会代表，然后登上讲坛，作了一场 18 分钟的极为精彩的临时发言。周总理讲话一开始就宣布："中国代表团是来求团结的，而不是来吵架的。"此言一出，会场上的气氛立刻起了变化。他接着又说："我们共产党从不讳言我们相信共产主义和认为社会主义制度是好的。但是，在这个会议上用不着来宣传个人的思想意识和各国的政治制度，虽然这种不同在我们中间仍然是存在的。"周恩来总理这段不卑不亢、合情合理的讲话像一块巨大的磁铁，吸引住了全场所有人的注意力。宽敞的会议厅内一片安静，大家都全神贯注地倾听。接着，周恩来总理又提出了后来被称为"万隆精神"主要内容之一的"求同存异"命题。他说："中国代表团是来求同而不是来立异的。在我们中间有无求同的基础呢？有的。那就是亚非绝大多数国家和人民自近代以来都曾经受过、并且现在仍在受着殖民主义所造成的灾难和痛苦。这是我们大家都承认的。从解除殖民主义痛苦和灾难中找共同基础，我们就很容易互相了解和尊重、互相同情和支持，而不是互相疑虑和恐惧、互相排斥和对立。"最后，周恩来总理以洪亮的声音说："十六万万的亚非人民期待着我们的会议成功。全世界愿意和平的国家和人民期待着我们的会议能对扩大和平区域和建立集体和平有所贡献。让我们亚非国家团结起来，为亚非会议的成功努力吧！"这时，全场掌声雷动，许多代表纷纷过来与周恩来握手表示祝贺。印度总理尼赫鲁说，这是一个很好的演说。缅甸总理吴努说，这个演讲是对"攻击中国的人的一个很好的答复"。西方通讯社也不得不承认周恩来演讲的极大成功，如美国国际新闻社说："周恩来的形象完全支配着这个会议，会议的进程在他的影子下进行。"法新社也说："周恩来是会议中最受欢迎的人物，他的语调、温和的演说以及他提供的保证，使得与他交谈的人为之倾倒，消除了疑惑。"

4月24日，万隆会议闭幕。会议本着求同存异的精神，经过充分协商，一致通过了包括经济合作、文化合作、人权和自决、附属地人民问题、促进世界和平和合作的宣言等项内容的《亚非会议最后公报》。这时，会场内外暴风雨般的掌声和欢呼声汇成了当时世界的最强音。

在亚非会议通过的《关于促进世界和平与合作的宣言》中，提出了处理国际关系的十项原则，即"万隆十项原则"：（1）尊重基本人权，尊重联合国宪章的宗旨和原则。（2）尊重一切国家的主权和领土完整。（3）承认一切种族的平等，承认一切大小国家的平等。（4）不干预或干涉他国内政。（5）尊重每一国家按照联合国宪章单独地或集体地进行自卫的权利。（6）不使用集体防御的安排来为任何一个大国的特殊利益服务；任何国家不对其他国家施加压力。（7）不以侵略行为或侵略威胁或使用武力来侵犯任何国家的领土完整或政治独立。（8）按照联合国宪章，通过如谈判、调停、仲裁或司法解决等和平方法以及有关方面自己选择的任何其他和平方法来解决一切国际争端。（9）促进相互的利益和合作。（10）尊重正义和国际义务。这著名的万隆十项原则是第一次亚非会议达成的最重要的协议，是和平共处五项原则的引申和发展。它表达出了亚非人民为反帝反殖、争取民族独立、维护世界和平而团结合作、共同斗争的崇高思想和愿望，向世界宣告发展中国家作为一支重要新生力量登上了国际舞台，掀开了亚非历史的新篇章。

另外，通过以周恩来总理兼外长为首席代表的中国代表团在万隆会议前前后后参与的各种活动，加上我国驻印尼大使馆上上下下齐心协力，中国和印尼朝野人士建立了广泛深厚的友谊，也揭开了中国和印尼友好关系的新篇章。

解决双重国籍问题，维护两国友好大局

华侨的双重国籍问题是个历史遗留下来的问题，比较复杂，长时间影响着中国和印尼关系的发展，而解决起来又不太容易。包括印尼在内的华侨所在国同中国的国籍法遵循着不同的立法原则。中国以往历届政府都采取血统主义原则，即只要父母一方是中国籍，不管在中国境内或境外，所生子女都具有中国国籍；而在华侨众多的东南亚国家，其国籍法大多采取"出生地主义"，即以出生地来定国籍，你在哪国出生就具有哪国国籍。印尼就实行"出生地主义"原则，这样就形成了在印尼的华侨子女的双重国籍问题。

新中国成立后，在印尼的 270 万华侨中，具有双重国籍

的多达 152 万人。我国和印尼建交初期，印尼继承荷兰殖民当局的政策，想单方面解决华侨的双重国籍问题。中国方面则提出：出生于印尼的华侨的国籍问题，是两国政府间存在的问题，必须通过正常的外交谈判获得合理解决。

解决好双重国籍问题，不仅有利于华侨的长期生存和发展，增进我国同印尼等侨居国的友好关系，而且也是对帝国主义阴谋的有力打击。1954 年 9 月，周恩来总理在《政府工作报告》中指出："华侨的国籍问题是中国过去的反动派政府始终不加以解决的问题。这就使华侨处于困难境地，并且在过去常常引起中国同有关国家之间的不和。为了改善这种情况，我们准备解决这个问题，并且准备首先同已经建交的东南亚国家解决这个问题。"中国首选印尼作为解决双重国籍问题的邻国，有其深远的战略考虑，因为印尼是当时已建交国家中华侨人数最多的国家，同时也有解决这一问题的共同愿望。另外，印尼也是实行和平中立的民族主义国家，并对中国友好。

怎么样才能解决双重国籍问题呢？中国的基本主张是：不应该有双重国籍。一个华侨要取得所在国国籍，他就必须放弃中国国籍；如果愿意保留中国国籍，他就不是所在国国民。中国政府希望华侨自愿选择所在国国籍，取得所在国公民资格，完全效忠于所在国，他们同中国的关系只是亲戚关系。如果他们选择中国国籍，他们就应当遵守所在国的法律，不参加当地的政治活动，但他们的正当权益应该受到尊重和保护。

按照上述原则，1954 年 11 月 2 日至 12 月 23 日，中国和印尼就合理解决华侨双重国籍问题在北京举行了首轮谈判，双方团长分别为中国外交部副部长章汉夫和印尼驻华大使莫诺努图。经过 9 次会谈，双方达成"五点协议"，并就此互换照会和谈判记录，同时商定下一轮谈判在雅加达举行，并

在谈判记录的基础上拟定协议文本，准备由两国外长签署。1955年2月，双方又商定，要利用召开亚非会议的良机，正式签订两国关于"双重国籍"的条约。

两国双重国籍条约的核心是"自愿原则"，也就是说，"自愿"二字最为重要。对此，双方原来在谈判中并无原则分歧。然而，在具体理解上，分歧就出来了。印尼方面更多地强调"归化入籍"原则，并对华侨自愿选籍附加了若干条件，实际上是对"自愿原则"的部分否定。为此，双方2月份才商定，4月份就要签署条约，真可谓时间紧、任务重。黄镇大使在雅加达同印尼方面的谈判中，一方面坚持原则，一方面耐心地向对方讲道理、作解释。他表示："自愿原则"既尊重选籍者的愿望，也符合两国友好的根本利益。针对印尼方面担心华侨可能会参加印尼政治活动的疑虑，黄镇大使旗帜鲜明地宣传和平共处五项原则，并诚恳地说明：中国一贯提倡"己所不欲，勿施于人"，绝不强加于人。黄镇说，这一精神可以用明确的文字写入条约。在黄镇大使耐心细致的工作下，双方经过 7 次友好协商，终于消除分歧，达成谅解，一致同意在条约第六条中规定：选定中国籍的人士"要尊重侨居国的法律与社会习惯，不参加侨居国的政治活动"。

谈判的成功，确保了周恩来总理以中国外交部长的身份于 1955 年 4 月 22 日（即亚非会议闭幕前两天）同印尼外长苏纳约正式签署《中华人民共和国和印度尼西亚共和国关于双重国籍的条约》。周总理在签字仪式上讲话说："中国和印尼双方根据平等互利、互相尊重的原则，经过友好协商，使双重国籍问题获得合理的解决……还有一些国家关心同样的问题，因此这个问题的解决有重要意义，是友好协商解决繁难问题的又一良好事例。"苏纳约外长说，这在亚非会议与会国之间激发了相互信任的精神。出席亚非会议的缅甸总理吴努也说，这使他深信中国没有领土野心，中国最大的愿望就是求得和平。

在解决华侨双重国籍问题工作中，还需要听取华侨的意见和反映。周恩来总理在出席亚非会议后应邀访问印尼，在雅加达亲切会见了华侨代表和侨生界的主要人士。周总理很重视侨生界对解决双重国籍问题的反映。他们中有许多人虽然具有中国血统，但是其父辈、祖辈早已在印尼定居，自己是土生土长，有的还参加了当地的政治生活，有人甚至担任了（或担任过）当地政府官员或议员。这些人"不言而喻"地是印尼籍公民，不应该存在选籍问题。另有华侨提出，条约规定有效期 20 年，其含义不明，是否 20 年后华裔还要再次选籍？

黄镇大使在陪同周总理会见侨生界人士后，根据总理指示，再次同印尼政府就上述问题进行了友好协商。经协商，双方同意以两国换文形式确定上面所说的"不言而喻"原则，

作为解决中、印尼双重国籍问题条约的不可分割的重要组成部分，使这一条约更加完备，更有利于实施。

　　条约有了，还需要有个"实施办法"。1955年6月3日，周恩来总理同来华访问的印尼总理沙斯特罗阿米佐约继续就两国关于双重国籍条约的实施办法进行了商谈。经过充分交换意见，双方达成谅解并进行换文：两国政府同意，在实施上述条约时，采取一切必要措施和提供各种便利条件，使每一个具有双重国籍的人都能够自愿地选择他们的国籍；在同时具有双重国籍的人当中，有一类人，根据印尼政府的意见，由于他们的社会地位和政治地位证明他们已经"不言而喻"地放弃了中国国籍，可以被认为只具有一种国籍，而不具有双重国籍；双重国籍条约20年期满后，已根据条约选择了国籍的人，不再进行国籍选择；在雅加达成立一个由两国代表组成的联合委员会，讨论和规定实施条约的具体办法。这个

1955年6月，毛泽东主席等中国领导人同访华的印尼总理沙斯特罗阿米佐约（左2）会谈，黄镇大使（中）陪同。

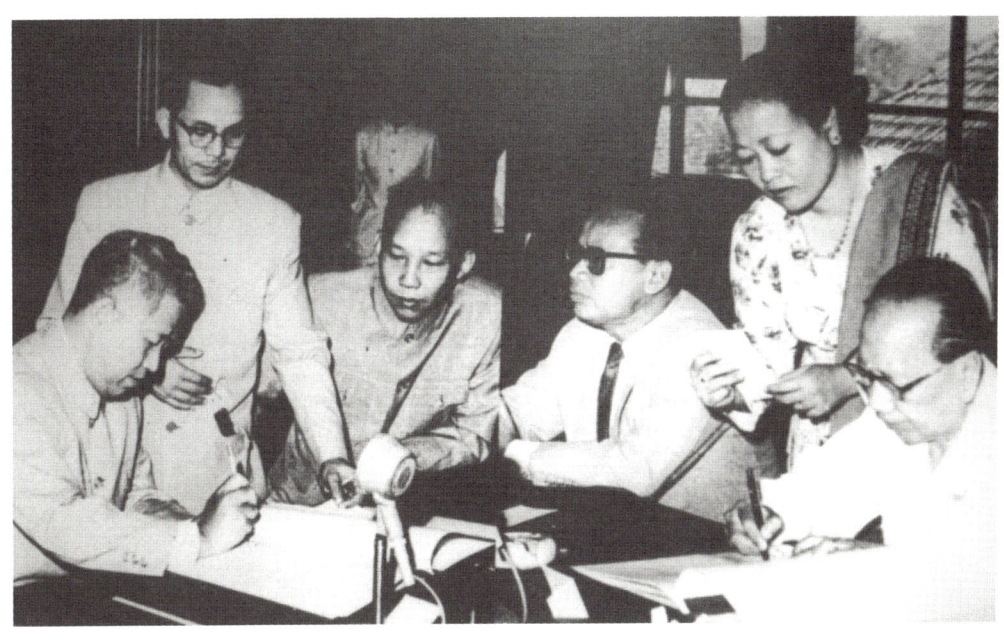

1960年10月，黄镇大使（左1）与印尼外长苏班德里约（右3）在中国与印尼《关于双重国籍问题的条约的实施办法》签字仪式上。

换文弥补了条约存在的缺陷，为实施中可能产生的问题开辟了协商解决的渠道。

此前，印尼曾经单方面处理过印尼华侨的国籍问题，即1950年颁布过一个政府条例，规定具有双重国籍的华人必须在1951年12月27日前向印尼有关当局声明选择或放弃印尼国籍，如果未在规定期限内办理此项手续，他就成为印尼人。这一做法造成华侨国籍情况的复杂化。而双重国籍条约没有明确规定哪些人具有双重国籍，只笼统规定"同时具有中华人民共和国国籍和印度尼西亚共和国国籍的"。双方对这种规定的理解和具体解释存在许多歧见，加之后来印尼国内又出现了一股反华、排华的逆流，造成两国迟迟未能互换条约批准书，协议成立的联合委员会也久久未能成立。

为谋求印尼华侨的双重国籍问题尽快解决，避免帝国主义者和印尼国内某些势力再利用排华事件进一步恶化两国关系，陈毅副总理兼外长于 1959 年 12 月 9 日致信印尼外长苏班德里约，提出三点建议，其中第一条就是"两国政府立即交换关于'双重国籍'问题条约的批准书，并建立联合委员会讨论和规定实施条约的办法"。由于印尼外长的复信没有作出积极回应，12 月 20 日，陈毅副总理兼外长再次致信苏班德里约外长，进一步申述了解决华侨问题的"三点建议"，并具体建议：任命黄镇大使为中国政府代表，同印尼政府指派的代表就中国提出的全面解决华侨问题的"三点建议"进行谈判。

黄镇大使奉命于 12 月 31 日约见苏班德里约外长，向他提出三点建议：（1）立即商定互换双重国籍条约批准书的日期；（2）在雅加达尽快成立联合委员会讨论和规定实施条约的办法；（3）两国政府谈判如何实施陈毅外长 12 月 9 日信中的三点建议和印尼政府方面的有关建议。印尼外长在其第二次给陈毅外长的回信中才基本同意中方所提具体建议，任命苏山托·蒂多普罗佐（法学学士）为联合委员会印尼方代表。

1960 年 1 月 20 日，中国、印尼两国在北京互换了关于双重国籍问题条约的批准书；1 月 25 日，在雅加达成立联合委员会，开始就条约实施办法进行谈判。黄镇大使再次担任中国方面首席代表，柳雨峰参赞和伍治之任代表。这次谈判是在印尼当局驱赶华侨的情况下进行的，其复杂性、艰巨性可想而知。谈判中，黄镇始终从大局出发，根据我国外交政策的总方针，一方面坚持友好协商，争取尽快达成协议；一方面又以充分说理的态度，进行有理有利有节的谈判。谈判总共进行了 25 轮，时间长达 9 个月，真能算是"马拉松"了！在谈判的最后阶段，黄镇根据中央方针，作出了一些必要的让步，最终促成双方对实施办法取得一致。1960 年 10 月 29 日，中国、印尼双方在雅加达签订《中华人民共和国政府和印度尼西亚政府关于双重国籍问题的条约的实施办法》。黄镇在签字仪式上讲话时指出："中国、印尼两国是友好国家，不存在根本利害冲突，存在的困难问题将以双方的善意获得合理解决。我们坚信，通过友好协商可以解决亚洲邻国间一切悬而未决的问题。"12月15日，《实施办法》在雅加达公布。

1961年5月，中国、印尼两国正式开始办理华侨选籍工作。当时，有些华侨对选择印尼国籍存有疑虑，担心不能回到祖国；还有些华侨心里矛盾，认为做新中国的侨民光荣，但又担心不利于在当地生存；等等。针对这种情况，黄镇以非常通俗和生动的语言阐明了我国关于华侨问题的"三好政策"，即华侨自愿加入印尼国籍，很好；华侨自愿保留中国国籍，同样好；华侨如果愿意回国，也好。他指示使、领馆的同志，并通过侨团、侨报对双重国籍问题条约的内容和选籍的"三好政策"作了广泛宣传和解释，鼓励华侨从自身利益出发，根据自愿原则选择国籍，为办理选籍打下了良好的基础。

选籍的结果，在152万具有双重国籍的华侨、华裔中，有108万人选择了印尼国籍，16万人选择了中国国籍，另有未按期选籍的8万人，按规定根据其父亲国籍情况确定了各自的国籍；未到达选籍年龄的20万人，将在成年后一年期限内选籍。至此，印尼华侨的双重国籍问题基本得到解决，

印尼华侨的双重国籍问题，通过两国政府长达7年的友好协商，终于得到合理解决。这在印尼华侨界和国际上获得了良好评价，也对中国同其他有关国家解决这个问题起到了很好的推动作用。当时缅甸报纸就曾发表文章说，这个问题的解决给缅甸开辟了范例。真可以说，这段历史既跌宕起伏，又丰富多彩，令人难忘。

为促进两国友好作出贡献的大使夫妇

从 1954 年 11 月 16 日到任起，到 1961 年 5 月 6 日离任止，黄镇大使和夫人朱霖同志为促进我国和印尼的关系发展作出了突出贡献。这中间发生了许多有意义和有意思的故事。

1954 年 11 月 8 日，黄镇大使和夫人朱霖在经广州赴任前，受到周总理的亲切接见。总理问黄镇，你准备得怎么样了？黄镇一一作了汇报。总理听后说，很好嘛！并说：印尼是东南亚的一个重要国家，但和你们过去待过的匈牙利不一样，情况和工作条件可能要复杂些，希望你们到任后尽快地开展工作。总理还特别提到苏加诺，说他是一个爱国者，是印尼的民族领袖，相信你们一定会成为他的好朋友。总理还指出：要注意做好印尼各派、各方面人士的工作。人家对我们可能还不很了解，你们要通过友好工作，促进相互了解，做到互相帮助、互相学习。朱霖同志回忆说，那时她分娩后刚满月，但一切都以工作为重。交谈过程中，总理还非常和蔼地对她说，黄镇同志的担子不轻啊，你一定要协助他把工作做好。说话间，总理拿起一块茶几上摆放着的柚子，剥好皮递给朱霖。朱霖非常感动，心里热乎乎的，她很理解总理对他们夫妇寄予的厚望。

那时候去印尼，没有飞机，黄镇大使夫妇是先去香港，再乘坐荷兰的"芝利华"号邮轮前往印尼赴任的。他们经过 6 天 6 夜的远洋航行，才于 11 月 16 日平安抵达印尼首都雅加达东南约 10 公里的外港——丹戎不碌。印尼外交部礼宾司司长等印尼官员、苏联等国驻印尼的大使夫妇、华侨总会的代表、我国驻印尼使馆参赞陈叔亮等全体外交官都在港口热烈迎接。

在黄镇大使任期内，两国高层互访频繁，这是发展双方友好关系的强大的推动力和重要标志。1955年4月26日，亚非会议结束后，周总理作为苏加诺总统的客人应邀访问印尼，苏加诺举行盛大国宴招待周总理一行。28日，周恩来总理在机场同沙斯特罗阿米佐约总理共同签署了中国和印尼两国总理《联合声明》，表明两国已达成诸多共识。事实表明，黄镇大使为保证两国总理达成上述共识做了大量工作。

由此开始，两国友好关系持续升温。1955年5月25日至6月7日间，沙斯特罗阿米佐约总理正式访华，毛泽东主席同他亲切会见。回国后，他多次赞扬黄镇是新中国的一名优秀使节，说黄镇善于向人们介绍新中国的情况，让他深信信仰共产主义的中国人是恪守和平共处五项原则的，是不干涉别国内政的。1956年，双方代表团、组和人员的互访更多、更重要，重头戏有印尼国会议长沙多诺访华和宋庆龄副委员长访问印尼，以及是年9月30日至10月15日苏加诺总统访华，这使两国友好关系进入了一个新高潮。1957年，印尼访华的官方代表团有4起、民间代表团有16起，中国访问印尼的有6起。

中国坚决支持印尼人民的正义斗争。1958年初，印尼叛乱分子驾驶飞机扫射总统府，苏加诺总统险些被击中。在此紧急形势下，苏加诺总统等印尼领导人分别约见黄镇大使，要求中国在道义上和物质上给予支持，还要求中国政府发表"不能置之不理"的公开声明。黄镇大使立即把印尼方面的要求报告国内，中国政府先后于3月11日和5月15日发表声明，严厉谴责美国对印尼的干涉和颠覆，表示中国政府和人民完全支持印尼人民为维护国家主权和独立，反对帝国主义干涉所作的正义斗争，并准备在力所能及的范围内提供印尼政府所要求的援助。1958年2月，印尼最大的节日——开斋节来临，其国内棉布和大米供应出现困难，敌对势力又企图制造混乱，印尼要求中国给予紧急援助。尽管当时中国国内也存在困难，但为了解决印尼的燃眉之急，中共中央和国务院还是批准了黄镇大使和中国驻印尼使馆的建议，于4月份以贷款方式向印尼提供了价值4000万瑞士法郎的大米和纺织品。开斋节前夕，大米和纺织品运抵印尼，印尼人民认为这是中国好朋友"雪中送炭"。不久，印尼军政当局为了对付敌对势力武装的颠覆活动，又多次要求中国提供武器援助。黄镇大使召集有关同志分析了当时的国际环境和印尼局势，认为应该支持印尼顶住帝国主义压力，并向国内提出了可行建议。5月末，印尼派出代表团秘密访华，还带来了苏加诺总统及朱安达首席部长分别给毛泽东主席和周恩来总理的信件。毛主席和周总理于6月2日分别复信表示："6亿中国人民现在是并永远是印尼人民真挚可靠的朋友，中国政府和人民坚决支持你们的正义斗争。"经过双方谈判和签订协议，中国政府决定向印尼无偿提供价值2000万美元的陆海空军武器援助。此举赢得印尼朝野人士的广泛赞誉。苏班德里约外长在1959年10月访华会见毛主席时，当面感谢中国对印尼平息武装叛乱的支援。1961年6月，苏加诺总统第二次访华时，也再次感谢中国对印尼的友好帮助和支持印尼人民维护国家主权及领土完整的斗争。

在发展两国友好关系的过程中，经贸往来和文化交流同样重要。印尼是盛产热带植物的国家，诸如橡胶、棕榈油、椰干、糖、胡椒、咖啡、木材等，都是中国所需要的商品；而中国生产的棉纱、轻工、机械等产品，也为印尼所需。两国的建交为双方发展经贸关系开辟了道路。1953年11月，两国签订

印尼总统苏加诺和夫人哈蒂妮（左2）在中国大使官邸做客。左4为黄镇大使，左1为大使夫人朱霖。

了第一个贸易协定，从 1954 年起，印尼开始对华出口被美国禁运的橡胶。黄镇出任驻印尼大使后，只要涉及促进两国友好关系的大事，他都亲自过问。据我国驻印尼使馆 1955 年年底的统计记载，至当年 7 月 31 日，两国进出口成交总额已达500 多万英镑。1956 年 10 月，印尼再次派出贸易代表团访华，双方又签订了第二个贸易协定，贸易额为 1200 万英镑。1957年两国贸易额略有下降，但 1958 年又大幅回升，特别是橡胶交易量猛增近 3 倍，至当年 10 月底止，两国进出口贸易金额共完成 2333 万英镑。1957 年底，印尼在首都雅加达举办国际博览会，中国派团参加。中国馆展出的轻重工业产品展示了新中国的经济发展成就，受到印尼观众的交口称赞，华侨更是深受鼓舞。黄镇大使夫妇陪同印尼副总统哈达和夫人、总理沙斯特罗阿米佐约等要员前往参观、交流。

　　黄镇大使十分重视文化交流，在他的积极推动下，两国文化交流空前活跃，双方文化艺术团、组人员往来不断。1955

年6月，以文化部副部长郑振铎为团长的中国文化代表团一行77人访问印尼。团员中有著名舞蹈家戴爱莲和著名京剧演员袁世海等。代表团在雅加达、万隆、日惹、泗水、巴厘、棉兰等城市共演出31场，观众达40万人次，轰动了整个印度尼西亚。1956年8月10日至11月20日，由华嘉率领的中国杂技团46人访问印尼，100多天内先后在印尼15个城市演出81场，观众达120万人次，反响十分强烈。1961年4月至5月，由国家民委副主任萨空了率领的中国艺术团一行91人随同陈毅副总理访问印尼。艺术团根据黄镇大使的建议，带去了不少印尼歌舞节目。在总统府首演时，刘淑芳的一曲印尼民歌《宝贝》轰动全场。苏加诺总统听罢，兴致勃勃地伸出两个手指，要求再唱一遍。艺术团在印尼各地演出历时42天，观众人数高达40万人次。1956年和1957年，印度尼西亚巴厘艺术友好访问团和马鲁古艺术友好访问团也先后访华。

苏加诺总统特别喜欢绘画，其总统府内设有藏画室。出于共同爱好，黄镇大使同苏加诺见面时，经常谈论绘画艺术。苏加诺对黄镇在美术方面的见解深表赞佩，多次邀请黄镇参观他的藏画，并希望中国为其出版藏画集，黄镇答应同国内联系。在黄镇大使建议下，国内很快派出人民美术出版社总编辑邵宇和北京人民美术印刷厂厂长姜信之到印尼筹划出版事宜。不久，精致的《印度尼西亚总统苏加诺藏画集》6大本陆续问世。第一、二集于苏加诺总统1956年9月访华前夕出版，由周恩来总理作为礼品亲自赠送给苏加诺。苏加诺盛赞画册之精美，说他由此更增加了对中国的信赖和对黄镇大使的友情。

作为大使夫人，朱霖同志在印尼也很活跃，做了大量友好工作。从黄镇大使向苏加诺总统递交国书之日起，她便和黄镇大使分头开展拜会活动。朱霖同志回忆说："我在拜会时，主要是赞扬印尼人民反对荷兰殖民主义者和日本侵略者的光荣斗争精神，强调我们之间的共同点，并介绍我国的外交政策及新中国的面貌和妇女儿童情况等。通过实践，我逐渐体会到：登门拜访是一种很好的交友方式。因为你登门，对方就觉得你很尊重人家，以后再见面，双方就都觉得格外亲切。原来友好的，更加深了友谊；原来对我们不大了解的，便增进了了解；原来反对我们的，也渐渐改变了态度。"

朱霖同志记得，亚非会议前，她正在和使馆的同志们忙着为周恩来总理、陈毅副总理等收拾和布置在使馆居住的房间，突然听说发生了"克什米尔公主"号飞机爆炸事件，心情十分沉重。1955 年 4 月 16 日下午，周总理和中国代表团一行取道仰光飞抵雅加达，使馆全体外交人员都到机场迎接。他们的重要任务是保卫总理的人身安全。总理一下飞机，黄镇就赶紧站到总理跟前，在场的公安部副部长杨奇清同志

1961 年，陈毅副总理兼外长（前排左 2）与印尼外长苏班德里约（前排左 3）签署两国友好条约和合作协定。黄镇大使（后排左 3）出席签字仪式。

也跟了上去，他们俩把总理夹在中间，其他的同志，包括朱霖，也都簇拥在总理周围，筑起了层层人墙。到了机场出口，迎接的汽车都编了号在那里等着。除开道车以外，第一辆车上挂着中国国旗，当然这就是总理乘坐的车了。谁知，黄镇和杨奇清两个人一搂，把总理送上了后面的一辆挂旗车。他俩事先也没和任何人打招呼，黄镇就对夫人说："坐头一辆车去！"朱霖马上醒悟过来，立马上了头一辆车。结果，头一辆该总理乘坐的车上，就只坐着她一个人。车队浩浩荡荡地往城里走，马路两旁站满的群众向车队欢呼、致意。车上挂着窗帘，许多人还以为头一辆车里坐着总理呢。那时，朱霖心想：如果有破坏分子搞袭击，那就打我吧，我就代替总理吧！

朱霖同志还回忆说，当时，我国驻印尼使馆十分重视夫人工作，馆内有个夫人工作领导小组，由大使、参赞、武官和总领事的夫人组成，她本人任组长。为配合和协调全馆对外活动，小组每个季度都制定一次工作计划，然后分工负责和执行。经过几年工作，这个夫人工作领导小组写出了一本《印尼妇女儿童概况》和100名印尼重要妇女人物的资料，以便为后来使馆工作的外交官夫人提供参考，使已经建立的两国夫人之间的友谊继续下去。

1961年5月6日，黄镇大使奉命离开印尼回国。行前，他在向印尼总统苏加诺、外长苏班德里约等领导人辞行时，获得广泛赞誉。3月2日至4月2日期间，正好是陈毅副总理访问印尼。在陪同陈毅副总理拜会苏加诺总统时，黄镇告诉苏加诺他即将奉命回国。苏加诺深情地说：黄镇兄弟，你已经很好地完成了架设中印尼友谊金桥的使命。当4月8日黄镇向印尼外交部长苏班德里约辞行时，后者表示，在黄镇大使任职期间，印尼和中国的关系有了很大发展，希望黄镇今后仍为两国关系的进一步发展而努力！4月14日，黄镇大使向印尼议长阿里芬辞行，阿里芬对黄镇说：你在印尼承担了重要而艰难的工作。你来的时候，印尼和中国的关系在乌云包围之中，帝国主义和殖民主义的乌云把我们两国关系重重包围着。你来了以后，首先的任务是扫除乌云。可当你要走的时候，天气晴朗了。我们知道，中国对印尼的政策是由以毛主席为首的中国政府决定的，但是通过你的正确执行，才能取得现在的结果。有一位华侨吟诗挥毫，颂扬黄镇"七年德泽恩似海，侨众铭记不忘怀"。华侨几乎众口一词，称赞黄镇是一位攻坚、克难、促进中印尼友好的好大使，

2015年既是第一次亚非会议（即万隆会议）召开60周年，也是中华人民共和国和印度尼西亚共和国建交65周年。半个多世纪以来，两国关系中尽管曾出现过短暂的波折，但总体上是不断地向前发展。3月，印尼总统佐科对中国进行了成功的国事访问；4月，中国国家主席习近平应邀赴印尼出席了亚非领导人会议和万隆会议60周年纪念活动，并发表了题为"弘扬万隆精神，推进合作共赢"的重要讲话。

万丈高楼平地起，吃水不忘挖井人。为两国友好关系奠定根基的黄镇大使已于1989年与世长辞，大使夫人朱霖已经95岁高龄。抚今追昔，我们千万不能忘记那些为开创中国和印尼友好关系作出重要贡献的人们。回顾历史，更是为了开辟两国关系美好的未来。

（本文根据朱霖女士提供的资料撰写）

对华族友善的瓦希德总统

胡中乐

（原中国驻印尼使馆外交官）

2009 年对于印度尼西亚意味着不同寻常的经历，该国顺利地举行了总统大选，并成功度过世界金融危机的冲击。但也有不如人意的地方，尤其是首都雅加达接连遭遇地震的波及，社会上一时人心惶惶。临近年底的 12 月 30 日，被称为印尼"神人"的前总统瓦希德突然病逝，享年 69 岁。这不亚于一次强烈的地震。

1940 年 8 月 4 日出生的瓦希德，作为总统，其作风强势而顺乎民意，执政理念超前，在位时屡出奇招，令世人刮目相看，被誉为世界上最具有影响力的国家元首之一。

1998 年印尼社会大震荡后的第二年，恰逢世纪之末，命运之神把不起眼、身体脆弱的瓦希德推上总统宝座。但枪打出头鸟，不到两年，瓦希德黯然下野。虽然执政短命，但瓦希德开启了印尼社会的新篇章，被人们称为"民主之父"，和谐社会的缔造者，伟大的政治家、思想家和宗教领袖。

瓦希德逝世的第二天，雅加达成千上万市民走上街头，为他送别。而在他的故乡佐邦市，万名支持者连夜聚集，为他做最后的祷告。印尼全国降半旗致哀，国家电视台举行为期一周的悼念活动。

印尼总统苏西洛发表电视讲话，高度赞扬瓦希德对国家作出的巨大贡献，呼吁国民给瓦希德"至高敬意"。遵照家族意愿并按照穆斯林传统的简朴方式，瓦希德被下葬在出生地东爪哇的家族墓园，苏西洛主持了国葬典礼。

苏西洛总统主持国葬典礼。

对瓦希德不幸逝世，中国外交部发言人姜瑜 12 月 31 日说：瓦希德先生为中印尼关系的发展作出了重要贡献，中国政府和人民对他的逝世表示哀悼。胡锦涛主席已就瓦希德先生逝世向印尼总统苏西洛致唁电。

跨宗教祈祷大会

2010 年 1 月 16 日晚开始，雅加达上空雷雨不断。到 17 日中午，大雨依然不止。

由百家华社共同筹办的"悼念瓦希德跨宗教祈祷大会"即将于当日下午在苏加诺室内体育馆举行，人们焦急地仰望着乌云密布的天空。幸好，天公作美，随着开会的时间临近，大雨渐渐停止。

悼念大会在国歌声中隆重开始。印尼万名华人和其他不同种族的人们，以及伊斯兰教、基督教、天主教、佛教、印度教、孔教、道教的长老牧长，共同追思这位为印尼民主改革与民族和解作出巨大贡献的伟人。

在全体人员默哀之后，华社千人合唱团演唱纪念瓦希德的歌曲，哀婉的《花落》（Gugur Bunga）曲调让瓦希德的女儿燕妮当场落泪。

大会筹委会主席、印尼华人社团著名领袖俞雨龄先生在主持中几度哽咽，声泪俱下。

俞雨龄是第二代印尼华人，其父1926年从福建到南洋谋生，最初开设纺织厂，生产著名的"777"品牌背心。俞雨龄毕业于万隆华侨学校，中文很好。他事业成功后，把大量精力投入华人社团建设，也关心印尼原住民和华人底层的疾苦，经常发起慈善捐赠活动。此外，他还关心政治，为印尼政府在民主化后逐步颁布新法以消除对华人的歧视而欢欣鼓舞。目前，俞雨龄担任印尼福建社团联谊总会（由15个福建社团和山东同乡会"特别会员"组成）总主席。

俞雨龄主席主持祈祷大会。

俞雨龄主席在发言中表示：瓦希德生前伸张正义、维护基本人权，并极力反对种族歧视，在任总统时，果断地撤销排华法令，如今春节已成为印尼的法定节日。瓦希德逝世，印尼华人非常悲伤，希望他在天之灵能够安息。

长着一副美丽的中国面庞的燕妮随后发表激动人心的讲话，并不时被热烈的掌声打断。她说，印尼已经没有原住民和非原住民之分了，慈父瓦希德生前也承认自己身上流淌着华族的血液。她希望全体人民继续完成瓦希德的遗愿。华族过去频频成为代罪羔羊，相信这些事情以后不再发生。各族人民应携手共创和谐、多元化和没有歧视的共和国。她指出，其父就任总统期间，曾提出让中国、日本、印尼组成一个强盛的经济体，在人力与自然资源以及科技等方面优势互补，这样就能够平衡世界经济。

连日来，印尼的中文报刊《国际日报》《商报》《千岛日报》等刊载了大量悼念瓦希德的文章。

"新年大年初一 / 我们穿上新衣 / 印尼华人的孩子 / 为什么欢天喜地 / 是 Gus Dur 瓦希德长老啊 / 我们深深地怀念你！"这是雅加达华文学校小学生的诗句。

一位老华人感慨地说：恩父般的瓦希德先生，您的见识、哲论、措施和影响力，让我们印尼华裔找回了失去的尊严。

另一名来自中国的医生动情地写道：我在美丽的千岛之国工作 8 年了。记得在 2005 年 5 月的一天下午，我前去给瓦希德治病。当总统知道我是从上海来的时，严肃地用中文说："我也是中国人！祖辈在福建，姓陈。"我当时很激动，站在面前的不是一位病盲人！大家都感到了作为中国人的骄傲和自豪。

这名医生还写道：时隔两年，我去泗水给别人治病。巧合的是，我和瓦希德同机回雅加达，见证了令人惊讶的一幕：

身为前总统、一位盲人，竟一人登机、无人陪同，没有警卫、没有随从，只有空姐领他到座位去。下飞机时，也没有喧嚣的迎接场面……瓦希德的言行，给人留下了清廉、亲民的形象。

开启民主政治先河

1998年苏哈托政府的倒台，给印尼带来了一系列的动荡和不安，国家政局混乱，经济濒临绝境，地方分离主义势力猖獗，宗教社群关系恶劣。但同时也给瓦希德的政治生涯造就了一个机会，他和他的支持者们随后成立民族复兴党（PKB）。瓦希德虽然罹患中风、左眼失明，在身体不佳的状态下，依然顽强地宣布参加第二年的总统大选。

被印尼民众亲切地称为"Gus Dur"的瓦希德，一向以特立独行著称。1999年10月，在印尼有史以来首次民主选举中，他被选为共和国第4任总统，全国上下都大吃一惊。

"成为总统以后，"瓦希德在日后的回忆中表示，"摆在我面前的，是一堆前政府留下来的破碎残骸，外债高筑、经济混乱、社会萧条、派系纷争，还有不断的分离运动。"

乐观诙谐的瓦希德上台后厚积薄发，他快刀斩乱麻，频出奇招。他秉承建立多元化社会的理念，主张消除历史积怨，坚决推行民主政治，维护弱势族群利益，致力于建立和谐社会。流利的英文、与外部世界较多的接触，使他具备国际视野并了解什么是真正的伊斯兰教义，其温和的宗教观对印尼宗教、种族和谐推动作用巨大。

瓦希德首先要面对来自军队的强大挑战。瓦希德行使文人领袖对军方的领导权，果断革除某些军事强人的职务，加强政府管理，实现军队国家化。

老百姓普遍认为，瓦希德是结束专制的民主改革功臣，就连远在国外的左派、无神论者，都罕见地称其为"被压迫者的保护者"。瓦希德对外改善与中国等亚洲国家的关系，对内改善人权状况，敢于挑战旧思维，为此受到联合国秘书长潘基文和世界多国领导人的高度赞赏。

在其执政的 21 个月期间，他频频出国访问，以平易近人的姿态出现，屡屡对各国抛出橄榄枝。他向遭受暴行的东帝汶道歉，并拓宽了和以色列的贸易关系。

尽管开局不错，但瓦希德的执政蜜月期也转瞬即逝。由于过于频繁出国访问，足迹遍及五大洲，很多人指责他只顾外交而疏于治理国家内部问题。瓦希德不断改组内阁，因此得罪了议会中的一些政党，包括政治盟友。他有时说话给人以"反复无常"的感觉，但这是他的策略，其背后却有着坚定的信念。

2001 年 7 月，瓦希德终因莫须有的罪名中途下台。这是多种因素较量的结果。然而，在印尼由中央集权专制走向分权式民主的过渡中，瓦希德是确保这种新民主被贯彻到宗教和民族多元化中的最重要人物。

印尼是世界上穆斯林人口最多的国家，瓦希德领导的伊斯兰教士联合会是该国第一大穆斯林组织，然而他不仅信奉民主，也将个人良心的地位放在宗教权威之上。他认为，印尼拥有相当数量的信奉基督教、天主教、印度教、佛教、道教、孔教者，甚至不可知群体，各地社会习俗迥异是件大好事。

木秀于林，风必摧之。虽然瓦希德政治失意，但他给印尼留下了积极、深刻的印记，奠定了民主革新的基石，亦成为日后的执政者继续前进的目标。

印尼华人不会忘记瓦希德的功绩，他是让华人得以重见天日的功臣、恩人。在苏哈托反华、限制华人30多年后，瓦希德亲手废除了政治上对华人的歧视；开放华人过春节、端午节、中秋节等习俗；开放使用华语做招牌、办华文报刊、教华文。同时，他将孔教、道教列为合法宗教。

瓦希德上任后第一个正式访问的国家是中国。他在回答记者提问时说，中国有12亿人口，在外交事务上帮过印尼很多忙。他甚至还反问记者：难道我不可以去访问吗？他深深感到，华人虽然只占印尼人口总数的4%，但从经济角度看，却对国家有不可漠视的贡献。如果失去华人在经济上的大力支持，单靠印尼原住民的努力，恐怕还需走一段漫长的道路。

瓦希德在一个大型记者招待会上动情地说：我的一个华人朋友，他把姓氏改为Amil，他的儿子上天主教学校，老师问他，你这个华人为何是印度姓？孩子回家向爸爸哭诉，这位朋友问我："我对印尼作出很大贡献，为何我的家庭连自己的华人姓氏也不能用？"我向他保证，印尼政府一定会改变所有歧视华人的政策！

2000年初，瓦希德给了华人一份贺年礼，允许华人公开欢度农历新年（春节）。他还和副总统梅加瓦蒂等人一起，与近千名华人共进春节晚餐。2001年春节时，瓦希德和女儿穿上华人传统唐装，和华人一起过新年。

瓦希德总统如此坦诚和坚定的态度，无疑给印尼华人带来了福音。

"我不管人家如何评论我作出的决定，最重要的是，我依据宪法的条文行事，那是国家最高法规。"瓦希德说，"华人已经具备与原住民相同的地位，理应艰苦奋斗，致力于消除根深蒂固的种族歧视。此外，华人企业家不妨协助原住民，尤其是中小企业。"

瓦希德鼓励印尼的华人们发扬中华文化的优良传统。他说：华人不论出生在印尼、中国大陆或新加坡，即使当地的生活方式各异，但他们必须成为"文化上的华人"，有权分享中国文化的特色。

不凡的家世，神奇的经历

出生于东爪哇省的瓦希德，是当地一家穆斯林望族的长子。他的祖父是印尼最大的穆斯林组织——伊斯兰教士联合会的创始人之一，他的父亲瓦希德·哈希姆曾担任印尼首任宗教事务部部长。

瓦希德的祖籍是中国福建，先祖陈金汉是伊斯兰教长老，于明永乐十五年（1417年）随第五次下西洋的郑和船队来到印尼，后定居泗水，并在那里繁衍生息。与中国颇有渊源的瓦希德，仍然能说一些闽南话。

尽管自幼就在伊斯兰传统学校接受教育，但在父亲的鼓励下，瓦希德很早就开始阅读其他书籍和报纸。1963年，他开始长达数年的海外游学，先后在埃及、伊拉克以及荷兰学习。他半工半读，当过电线安装、火车站搬运和码头清洗工人。丰富的游学经历使他成为一名受人尊敬的学者和时事评论家。

上世纪70年代，瓦希德开始活跃在印尼宗教界。开明平和的思想使得他赢得了爪哇地区3000多万穆斯林的支持。人们将他视为一个积极的改革者，期待他能给伊斯兰教士联合会带来新的变化。与此同时，他的政坛经历也开始丰富起来，在当时伊斯兰教士联合会所在的政党——建设团结党的竞选活动中，时常能看到他的身影。1984年，他成为伊斯兰教士联合会的主席。

瓦希德夫人欣达努丽雅女士生于 1948 年，同瓦希德是同乡。努丽雅夫人也出身宗教世家，祖父是伊斯兰教长老，父亲在经学院办学校。她是家中长女，在家乡读完中学后，考进日惹伊斯兰高级学院。

瓦希德和努丽雅的婚姻颇具传奇色彩，妻子婚后三年才见到夫君。努丽雅比瓦希德小 8 岁，有趣的是，当年他们以"远距离婚礼"的方式成为夫妻。1968 年，当瓦希德还在伊拉克念大学时，他的弟弟给他写信表示要结婚。为了避免出现弟弟抢先结婚的不吉利局面，瓦希德写信给他的伯父，请他代表自己与努丽雅举办结婚仪式，遭到家中的反对。但瓦希德坚持己见，并表示，如果家中不接受，他将不回印尼。

结果，他的家人只好在 1968 年 7 月 11 日为他和努丽雅举行了"结婚仪式"。此事引得亲朋好友啧啧称奇，并被传为佳话。直到 1971 年 6 月，瓦希德从欧洲回到家乡后，他们正式请客"再次结婚"，一边度蜜月，一边筑建自己的屋子。从此两人风雨同舟，走过 28 年的岁月。

在成为印尼第一夫人之前，努丽雅经营一些胡姬花生意，以此赚些钱来维持家庭生活。她亲民友善，毅力坚强。1993 年 3 月 14 日，她因车祸受伤，不得不坐上了轮椅，但她继续攻读印尼大学硕士学位，对农村妇女状况进行调查研究。

努丽雅与瓦希德一样，始终支持民主改革与反暴政运动。她积极为争取妇女的平等权益和福利而奋斗，不断仗义伸援。努丽雅曾坐在轮椅上参加示威，并致力为华族讨回应有的平等地位和权益，为此四处奔波。

瓦希德夫妇共养育了四位千金。其中，次女燕妮学习过汉语，后追随父亲从政，曾出任瓦希德总统秘书和苏西洛总统的政治顾问，现主持瓦希德学院领导工作，于去年结婚。她精通英文，关注国内外政局发展，假以时日，有望成为政界的新星。

瓦希德支持女儿们学习汉语，并与中国友好。他表示有两件事尊重孩子的选择：一是高等教育选学课目，一是婚姻大事。这些都任凭女儿自己决定，从不以大家长独断专行。

晚年的瓦希德身体状况愈发恶化，糖尿病和心脏病加重，双目几近失明，只能靠轮椅行走，但他仍然没有放弃任何希望，企盼有朝一日"重现理想"，继续在印尼政坛上发挥影响力。

然而，这位酷爱贝多芬音乐的前总统没能战胜病痛的折磨，最终驾鹤西去。一位伊斯兰智者说：如果一个人逝世后，在40天中仍有众多的人群拜谒顶礼，此人即是圣人。瓦希德就是圣人。

瓦希德的墓地简朴得不可思议——只有2平方米的小小墓穴。但是，华夏"龙"的精神，是瓦希德留给赤道千岛的最大遗产。

印尼华人与 21 世纪
海上丝绸之路

肖正荣

（中国前驻印尼使馆公使衔参赞）

据不完全统计，目前印度尼西亚有华人约 1000 万人，是世界上华人最多的国家。华人与当地人民团结奋斗，休戚与共，为印尼的民族独立、经济发展和社会繁荣作出了巨大贡献，同时，他们在中国和印尼两国经济、贸易、文化和其他各领域的交流和合作中发挥着不可替代的桥梁作用。

旅居海外的华人有着中华民族的优良传统，血浓于水，宗族情、家乡情世代流传。在印尼，不论移居不久的新华人，还是经历了三四代，甚至在印尼打拼奋斗更久的老华人，都可以看到、听到、感受到这种亲情。远的不说，抗战

2012 年 2 月 23 日，印尼吉祥山基金会理事长张锦雄（左）、基金会永久名誉主席黄双安（右）向来访的中国海外交流协会常务副会长李海峰（中）赠送纪念品。

时期，印尼华人赴中国前线参战，或去滇缅公路当机师、做义工，有的华人奔波于印尼和中国之间，募集义款，支援前线。1955年，周恩来总理出席万隆会议，许多华人青少年出来欢迎并自发组成人墙，保护周总理一行的安全。1965年，笔者的父亲奉调去印尼万隆，担任援建纺织厂专家组副组长，后因"9·30"事件，该援建项目中断。事过40年，当笔者在印尼任职期间有幸赴万隆访问时，听当地老华人讲述当年的情景，感慨万分。看到40年后万隆已发展成为印尼最大的纺织中心之一，又感到无比欣慰。真是"人间正道是沧桑"。

1978年，中国开始了改革开放的伟大创举，印尼华人无不为之欢欣鼓舞。当时中国与印尼尚未复交，在政治、经济、文化等各个领域，印尼华人还受到一系列歧视政策和条例的限制。然而，这一切都阻挡不住印尼华人对祖籍国的关心和支持，他们冲破重重阻碍，克服种种困难，或采取迂回绕道做法，与香港、台湾、新加坡的公司联名合作，或者用他们存放在印尼之外国家和地区的资金，率先来华投资、捐赠，为祖籍国和家乡的建设和发展作贡献。在中国吸引外资的进程中，最早期引入的多是港澳台和东南亚包括印尼华人的资本。截至2005年，港澳台与东南亚包括印尼华人对华投资占引入外资的70%。华商林绍良的三林集团在福州建设煤化工园区，还在厦门建立聚酯工厂和开设银行；金融家李文正的力宝集团在湄洲岛创办15平方公里的开发区，此外还在福建和其他地区从事机场、港口、高速公路及旧城改造等项目；金光集团董事长黄奕聪则利用其在香港的中策公司在华进行房地产、五星酒店、柴油机、电器等项目投资，其长子黄志源在华的造纸企业已发展成为中国举足轻重的造纸项目，

次子黄鸿年收购了数百家中资企业的经营权。印尼商业巨子黄双安拥有材源帝跨国集团，号称"木材大王"。他积极支持中国改革开放，多次强调"只要中国需要合作，无条件开放绿灯"。他在改革开放初期率先去山东、天津、浙江等地，进行木材加工、水产养殖等项目的投资。黄双安先生还利用他在印尼发展捕鱼业与印尼政府和军方建立起来的良好关系，为中方提供帮助和沟通，多次疏通放行被扣中国渔民和渔船。彭云鹏的太平洋集团是印尼三大财团之一，除了木材加工、地产、建桥等领域在华有巨额投资外，与我中远公司也有着密切合作。至上世纪80年代，印尼华商企业向多元化、国际化方向发展，有华人大企业5000多个，其中不少已成为跨国公司。印尼和东南亚其他国家的华人率先为中国的改革提供资金、技术和管理经验，在中国的现代化建设中发挥了不可磨灭的引领和桥梁作用。

　　与此同时，很多印尼华人财团向祖籍国捐赠巨额钱财，为中国的文化、教育、体育等事业的发展作出了重大贡献。这里特别要提到彭云鹏、陈大江、黄双安和李尚大等先生，他们不断为家乡和祖籍国其他地区捐款捐物，从小学、中学、大学图书馆、运动场，一直到投资创办燕京华侨大学。北京人大附中、上海复旦大学及很多名牌学校都得到印尼华人不同方式的捐助。他们还为考取北京、上海等地高校的家乡学生设立奖学基金。印尼华商李文光先生在雅加达设立了中华大学，设有文科、理科、工科和商科，主要招收中国大陆和港澳台地区的中学毕业生。如今，该大学的毕业生大多就职于印尼华商企业或在印尼的中资公司，为中印两国合作和交流而努力，他们中不少人已成为新一代的印尼华人。印尼华人对中国第一次举办奥运会欢欣鼓舞，很多华商积极为水立方建设捐款，还写文章登报宣传祝贺，出版纪念册等。

印尼华商张锦雄担任印尼中华总商会常务副主席，他热衷于推动华文教育，参与各种社会公益活动，不论印尼海啸，还是中国"非典"或地震后，都能看到他和他领导的基金会的身影。他说："印尼和中国的人口总和为世界的五分之一，共圆印尼与中国相融共赢的美梦，就是为世界五分之一人口谋幸福。这也是'印尼梦'和'中国梦'。"这里还要特别提到，印度血统的华商（为华人抚养长大）熊德龙创办的华文报纸《国际日报》，把《人民日报·海外版》带入了印尼。

我从外交战线退休后，应邀在印尼中华总商会上海联络处协助工作了几年。下面，我要讲一讲印尼中华总商会首届总主席陈大江的故事。陈大江先生是印尼成衣大王，他的成衣业有17000多名员工，拥有包括男装、女装、童装、休闲装等30多种国际品牌的生产专利，产品销往欧美和东南亚，为相当规模的国际上市公司；此外还有轮胎、银行等产业。印尼自"9·30"事件后，30多年来华人没有自己的商会。上世纪末至本世纪初，70多岁高龄的陈大江先生凭借在印尼华人社会中的威望和与印尼政府和上层社会的良好关系，出面组建印尼中华总商会，并担任首任总主席。为此。他把所有产业和生意交给孩子们打理，全身心地投入总商会的工作，带头出钱出力，热心公益，为沟通印尼华人社会与印尼政府的关系、维护和提升印尼华人的社会地位、推动印尼和中国的友好与合作作出了不懈努力。

陈大江先生担任印尼中华总商会总主席期间，每年率领商会代表团，或参加印尼领导人代表团，或他本人来祖籍国访问不下十次，多次在各种经济论坛发表演说，强调印尼与中国经济、贸易的互补性，合作共赢是双方共同的愿望；中国企业走出国门，应首选印尼。他还身体力行，为去印尼投资设厂或从事其他经贸活动的中资企业提供种种帮助和方便。2008年，四川汶川发生强烈地震，陈大江先生一听到此消息，马上汇出100万人民币救济灾区。不知是大江先生汇款时寄去的慰问信中文没写清楚，还是灾区负责同志的误解，不久后他率印尼中华总商会代表团慰问灾区人民时，这一捐款被宣布为大江先生和其他两位印尼侨领三人合捐100万。对此，陈大江先生在当地未作任何澄清，而在访问结束后，一回到雅加达，马上又汇了100万元人民币给汶川灾区。

印尼华人在参与、推动、促进中国和印尼的合作与交流中起了重要的作用。在这一过程中，有着无数动人的故事，几天也讲不完，笔者在本文中提及的印尼华人报效家乡和祖籍国的事例也只是无数汇入大海中的一条小溪。印尼华人为中

印尼华商陈大江（左1）、白德明（左3）、郑年锦（左5）等拜会中国全国人大常委会副委员长王光英（左4）。

国的改革开放和现代化建设作出了贡献，同时也从中国的政策优惠、投资环境良好并与国际接轨、素质较高的员工以及国家和民间庞大的市场需求等因素中得益。

自远古至明清，印尼一直是海上丝绸之路沿线的重要国家，如今更是 21 世纪海上丝绸之路上的重要国家。印尼和中国同为东亚地区最大的发展中国家，两国关系已提升为全面战略伙伴关系。事实上，短短的复交 25 年后的今天，中国已成为印尼第一大出口目的地国家。印尼还是亚投行创始成员国之一，印尼总统佐科提出的印度尼西亚发展成为海洋强国的战略与中国的"一带一路"战略高度契合。我深信，印尼华人将在这两大战略的对接和实施中继续发挥不可替代的桥梁作用。

为了中印尼人民友谊的共同理想

——忆 50 年前的一段时光

刘一斌

（中国外交部原主管印尼事务官员、驻外使馆参赞）

2015 年 9 月，毕业后阔别多年的我班同学有机会首度聚会。亲切、激越的情绪充盈着整个空间，热烈的气氛把大家带回了昔日真诚无邪的同学关系的感觉。大家没有聊述别后之情，而是一下陷入同窗日月的那段愉快时光的深情回忆。

恩师良教育新辈

大家首先不约而同地回忆起恩师张琼郁。我们是外交学院印尼语专业的第一届学生，全班 10 人，来自四面八方。老师和学生可谓是创业的一代，其条件之匮乏，教、学之艰辛，可想而知。回顾昔日的岁月，我们异口同声地赞颂张老师的创业功德和至爱教诲，言谈中充满了敬佩和感念。

我们班的学生是临时从各个专业抽调来的。开课一周，我们连老师都没有，眼巴巴地等着。张老师是被从中国驻印尼使馆紧急调回的，回国第二天就风尘仆仆地赶到外交学院。他没有教学的物质准备，也没有任教的思想准备，两手空空地走上了讲台。他的第一句话就是："我们为了一个共同的目标，走到一起来了，这就是学好印尼语。"他说：我们来自天南海北，聚集在一起学习和生活是一种缘分。今

后，印尼文将成为一条无形的纽带，把我们的学习、工作、生活、发展甚至命运，与印度尼西亚紧密地联系在一起。接着，他告诉大家，我们班原本不在学校的招生计划之内，是周恩来总理根据中国和印尼关系发展的需要指示开设的，是要培养从事印尼工作的专家。学校非常重视，从各个专业里选拔的政治素质、思想品德都比较好的学生，以保证个个成才。同学们听了受到很大的鼓舞，原本不愿意学习非通用语种的患得患失思想有些淡释。张老师像看透了我们每个人的心理，针对我们的专业思想着重指出，学好专业需要有动力，专业思想尤为重要，知道为什么学，就知道如何学。他介绍说，印尼语虽属于非通用语种，但它按使用人口是世界第五大语言，连同语言相通的马来亚、文莱和菲律宾的部分地区，也应属大国语言。这进一步巩固了同学们的专业思想。他继续说：语言的重要，不仅看它使用的范围，更应看它使用的价值。从形势的发展趋势看，中印尼友好关系必将有大的发展，从事印尼工作定有作为。你们要有思想准备，要长期或终生做印尼工作，立志献身于中印尼友谊。这话说得我们有些热血沸腾。他说，我是长期任印尼语翻译的外交官，现在骤然改行做"教书匠"，也需要适应过程。但我定将一切知识和经验，外语的、外交的都传授给你们，让你们尽快成为新一辈翻译人才，努力架设中印尼友谊的宏伟桥梁。我努力教，你们认真学，让我们共同完成党和国家交给的任务，绝不辜负周总理的期望。

这堂师生都毫无准备的课，成为一堂动员课、誓师课，为我们刻苦努力地学习打下了坚实的思想基础。

张琼郁老师是一位侨生，自幼与印尼人民生活在一起，深谙印尼的语言文化和民风习俗。他热爱祖国，思想进步，被侨团推荐到中国大使馆任翻译，进一步得到锻炼和提高，后被提为随员，成为一名外交官。正当前程看好时，突然被调回国任教，在这个节点上他表现得很有觉悟。他认为，岗位变了，事业没变，仍然没有脱离外交战线。虽然失去了外交官的光环，但获得了教书育人、培养外交人才的机会，是对我国外交事业的长效服务。带着这种胸怀，他把全部精力都投入到教学中。当时，印尼语专业教师仅他一人，独自支撑着整个专业的全部任务。教学大纲要求学生必须"四会"——读、写、听、译都要过关。这样，他一人必须要开精读、泛读、听力、翻译4门课，外加编写教材。他天天忙得连轴转，晚上编教材，白天授课、辅导，编一页教一页，每次还需连夜打出10份，第二天分发给学生。外语辅导非常重要，发音、吐字必须规范。印尼语被称为"东方意大利语"，属"音乐语言"，我们各受方言制约，不仅语音语调怪里怪气，一些卷舌音、颤音更是根本发不出。张老师花了大量的时间和精力，逐一为我们矫正。同学们早晨6点就在校园高声朗读和训练发音，经常无意中发现张老师站在身后仔细听、随手记，接着一一指点。他住西皇城根，每天乘首班公交车、连倒几次才到校，车内拥挤不堪，辛苦程度可想而知。当时正处在三年困难时期，天天饥肠辘辘，浮肿乏力，但他一天也未缺课。他这些行动成为无声的语言，表达着对国家的热爱、对事业的忠诚、对学生的负责，以及对增进中印尼友谊的执着。

张老师有丰富的外交经验，他编写的教材集知识性、实用性、基础性、发展性于一体，紧密联系外交实践，并与印尼社会的流行语言接轨。他特别注重实践活动，强调语言是实践的工具。他带领学生利用节假日走遍北京的各大公园，演习陪外宾游园的情节，广泛开展会话。亭台楼阁、假山溪水、花草树木、宾客游众，见啥说啥，无所不涉。无论知识还是语汇，只有学生问不到的，没有他不知道的。正是通过这种方式，一个词语只用一次就牢记终生，我们班的口语能力比同年级的其他专业高一大截。按规定，我们一年一度下乡劳动一个月，张老师本可留在学校编写教材，制定授课大纲，但他执意与学生一起，同吃、同住、同劳动。他有意识地参加劳动锻炼，磨炼自己的意志，改造自己的意识，最重要的是与学生进行口语实践，实际上是把口语课搬到了田间地头。会话的内容远远比课堂上的口语更加丰富、宽泛。庄稼野草、劳动工具，学生问啥，他即刻答啥，只要中文叫得出名的，他都告诉印尼文名称。这不仅表现出他的知识力量，更表现出他的精神力量。张老师就是我们的"课堂"，课内课外、校内校外，他走到哪里，"课"就上到哪里。

学习语言必须了解使用对象。张老师深知印尼官方到民间各阶层的情况及其语言特点，经常大量讲述华侨与印尼人民友好相处和共同奋斗的情况和令人感动的故事。他教育学生要带着对印尼人民的友好感情去学习。他说，我们学习印尼语是为向印尼人民传导中国人民的友好感情，若自己没有感情，如何完成这一使命？当学生问及印尼几次发生与两国主流关系不协调的事件时，他毫不隐晦地说：华人华侨与当地人民犹如生活在同一屋檐下的兄弟，岂能没有"勺子碰锅沿"的时候？但不会反目成仇，回回都会雨过天晴。他这是在把教书育人融为一体，教会学生了解印尼，懂得印尼，热爱专业，让学生胸襟宽广、境界高远地看问题，更好地服务于中印尼两国友好关系。

在整个教学过程中，张老师对印尼文化作了透析讲解。他说，印尼人的文化信仰是其民族基本素质的表现，涵盖着其民族的崇尚、信奉、追求、习俗以及生存理念和生活方式，充盈和润泽着一切社会领域。印尼的政治、经济、法律、军事，无不含有文化的内涵和真髓；其文教、科技、卫生、文学、艺术、宗教等意识形态门类，更是文化的直接表现。印尼从国家文化到地域文化，乃至家庭文化，都各自综合表现着其典型特点。印尼文化的核心内涵是民族自尊，最高精神是爱国主义。印尼人民在争取民族独立斗争中的英勇精神，是印尼人民最宝贵的历史财富和永远崇尚的文化。自尊和爱国成为印尼人的道德基础和最高风范。印尼丰富多彩的文化，内容都是爱国爱教、自尊自强、惩恶扬善、助人为乐、诚实守信、神佑天良。它是印尼大地特有的，印尼民族创造的，也是属于世界的。

张老师特别推崇印尼争取民族独立和反抗外来侵略的斗争精神。他介绍说，印尼的民族觉醒运动始于 20 世纪初。1908 年 5 月 20 日，印尼成立"至善社"；1912 年成立"伊斯兰协会"和"穆罕默迪亚"，主张进行议会斗争。1920 年印尼共产党成立。1922 年，在荷兰留学的印尼学生组织"印度尼西亚协会"，提出了争取"印度尼西亚独立"的口号。1926 年，印尼共产党领导民族大起义，遭到荷兰镇压。同年"伊斯兰教士联合会"成立，开始改造穆斯林的社会文化运动。1927 年，苏加诺组建"印尼民族党"，争取民族独立。1928 年 10 月 28 日，在巴达维亚举行的第二届全印尼青年大会上，不同种族、不同语言、不同宗教和文化背景的青年共同宣誓忠于"一个国家，即印度尼西亚；一个民族，即印尼民族；一种语言，即印尼语"。1942 年，日本侵略并占领印尼。日本投降后，印尼爆发"八月革命"。1945 年 8 月 17 日，印尼宣布独立，成立印度尼西亚共和国。在长期的斗争中，印尼民族得到锻炼和洗礼，培育了追求真理和正义、维护民族尊严和权益、要求独立和民主的爱国主义精神。

张老师为印尼有如此深厚的文化蕴涵及高尚的民族斗争精神而高兴，流露出内心有着两个故乡的骄傲。我们深受感染和教育，懂得了爱国主义是全世界正义人民的共同崇尚。

满腔热情传友情

  1962 年 7 月，外交学院印尼语专业整体划拨到外国语学院，继续学习。经过两年的拓荒式拼搏，教学条件大为改善：教学实力大增，新来 3 名助教和一位印尼专家，教学设备也"鸟枪换炮"。张琼郁老师当上了印尼语和马来语教研室主任兼印尼语教研组组长，但他仍亲自授课，并主持考试。他担负的工作似有减轻，但思想上的责任更重了。看来，他是决心要把第一届学生打造成"精品"。他的教学依然带有改革性质的创新，尽管与全院各系的做法不同步。

  印尼专家叫索布伦·艾地，是一位作家，知识渊博。他本可多在写作上展示才华，但为了中印尼友好关系，他应聘

北京外国语学院第一届印尼语专业学生毕业合影。前排左 3 为印尼共产党主席艾地的弟弟索布伦·艾地，后排右 2 为刘一斌。

来华执教。他质朴、淳厚、友善、坦诚、亲和、无私，几乎综合了所有印尼人的优点，简直堪称印尼人的"形象大使"，颇受学生的尊敬和喜爱。他很赞成张琼郁老师的教学主导思想和实践教学的理念，经常主持全班的座谈讨论会和参观访问等实践课。他善于启发引导，让每个学生都能展示自身的潜力，心理上获得成功感。他深知"为人师表"的道理，举止行为堪称表率。他生活简朴，把节俭视为美德，这给予学生深深的思想教育和道德熏陶。他带给我们的不仅是语言和知识，还有印尼人民的优良品质，以及印尼人民对中国人民的友好感情。

索布伦老师热爱中国，对中国人民及其社会生活赞赏有加，经常在《人民中国》（印尼文版）杂志上发表文章，向印尼公众介绍中国的国情、民情，小到蔬菜的价格，大到全民举动，都有客观评述。这大大增进了印尼人民对中国的了解。他对中印尼友好关系的历史了如指掌。他经常结合训练我们的听力，讲述中印尼源远流长的友好往来。他说，中国和印尼的交往，早在东汉时期已有记载，于公元1—2世纪就建立了正式朝贡关系，即原始的"外交关系"。盛唐时期，中国与印尼的室利佛逝王朝的文化交流已相当密切，当时作出卓越贡献的是唐代著名高僧义净。宋朝实行"薄来厚往"的朝贡政策，对朝贡者予以厚赠，中国同印尼的往来，特别是经贸往来更加频繁。明朝时期，朝廷把东南亚列为"不征之国"，实行"以德怀远"的睦邻安邦政策，特别是郑和七下西洋，产生了巨大的政治影响和社会影响，使中国和印尼等东南亚及沿途国家的往来达到鼎盛时期。索布伦老师高度评价郑和下西洋的历史作用，指出：郑和不同于西方航海家，不以窥测资源、试图推行殖民主义为目的，而是为传播友谊，维护和平与安宁。他所到之处，展示出中国是真正爱好和平、珍重友谊、维护正义的礼仪之邦。他是中国人的友好使者，受到当地官民的广泛欢迎。至今，印尼三宝垄等地的郑和历史遗迹和佳话仍受到供奉和传扬。他特别强调，郑和开拓了中国和沿途国家的人员和文化交流的渠道，肃清了沿途海盗匪患，促使大批中国移民迁居东南亚，带去了中国的商品、文化、先进的生产技术，促进了当地的社会经济发展与和平稳定，为中国和这些地区的世代友好打下了基础。印尼和中国的友好关系，正是基于这一历史渊源。郑和下西洋开创了世界海洋时代，西方后来利用炮舰政策实行海上霸权，是对海洋时代初始目标的背叛。听着索布伦老师的讲述，我不觉有些汗颜：我们对这些历史颇感生疏，而一位印尼人则如数家珍。

索布伦老师经常高度评价中印尼建交后的相互支持和良好合作。他说：印尼和中国有着几乎同样的历史遭遇和命运，都是经过艰苦的斗争才取得了独立和解放，当前都面临发展民族经济的任务，两国友好合作与互相支援是理所当然的。两国在反帝反殖、维护世界和平的战线上是同志，是战友。印尼在国际舞台上的作为，都离不开中国的支持。亚非会议诞生了十项原则的"万隆精神"，成为国际关系中的重要准则，是印尼和包括中国在内的与会国的历史性贡献。中国总理周恩来在这次划时代的会议上起了关键性作用，促使会议取得辉煌的成果。这既显示了周总理的智慧，也展现出新中国的形象。印尼作为东道国无上光荣。印尼在不结盟运动中的积极作用，成功举办新兴力量运动会，都有中国的道义支援和经济援助。在两国关系上，印尼得到中国在政治、经济上的大力援助，两国之间的问题都能在互谅互让的基础上友好协商，从而顺利解决。中印尼成功签署关于解决华侨双重国籍问题的条约就是典型范例，并在国际上产生了普遍意义。

索布伦老师从不刻意谈论印尼共产党，而更多地大赞苏加诺总统。他称苏加诺是领导印尼争取民族独立斗争的英雄，是印尼共和国的伟大缔造者，是广大人民的杰出领袖，是国际民族民主力量反帝反殖的旗手，是反对美国霸权的英勇斗士。他赞成苏加诺对于美国为压印尼就范、断绝对印尼的经援而针锋相对采取的一系列断然措施，如赶走美国和平队、封闭美国新闻处、关闭美国在印尼的企业，甚至高调宣布印尼退出美国操纵的联合国。纵使蒙受经济损失，也在所不惜。索布伦豪迈地表示，这表现了印尼的政治意志，也显示出印尼的民族骨气。

索布伦老师热爱自己的国家，也热爱自己的学生。他把我们待若子弟。他住在国务院外国专家局的专家楼，离学校不远，课余总是尽量在学校多逗留些时间，以便与我们多接触、多交谈，我们称之为"课余课"。他自己则牺牲了不少写作时间，但他不觉可惜，倒觉愉快。他请全班同学到他家做客，这是交谊活动，又是口语实践活动。这时候，我们没有国籍界限，也没有师生隔阂，个个失去了做客的矜持，感受到一家人的融融亲情。我们戏称他的夫人和女儿薇达为"助教"，特别愿意与她们交谈。聪明伶俐的薇达开始总喜欢与我们讲汉语，因为她在幼儿园习惯了汉语。索布伦老师欣慰地对我们说："她是我的汉语老师，将来和你们一样，为中印尼友好往来做桥梁。"在他心里，不仅自己，而且要让子女都贡献给中印尼友好事业。

勤学苦练铸忠诚

"学而不厌，诲人不倦。"我们印尼语专业的首届师生正应了这句古语。我们班的同学来自不同地区，说话南腔北调，不同的家庭背景和个人经历形成了不同的思维方式，但大家有高度一致的思想观念和学习意志，即"一定要把印尼语学好"。王建民是一位"调干"，原是农业部的一名技术干部，入校就兼任了年级党支部书记。他不仅事事带头，学习精神更是大家的表率，是同学中的"灵魂人物"。陈成香、翁文章来自福建农村，打着赤脚进北京，走在街上引来不少怪异的目光。他们只有学习一个心思，成为班上刻苦学习、成绩优异的样板。何怀均、王受业来自湖北，印尼语中的卷舌音和颤音害苦了他们，昼夜练习了两个多月，连说梦话都在练发音，其毅力可赞可敬。其他几人也大有可点赞之处。这几人成为班里的基干，奠定了良好的班风：思想上追求进步，生活上艰苦朴素，学习上刻苦努力，作风上质朴淳厚，关系上团结真诚。这使得我们班成为一个进步的集体、奋斗的团队，学习态度和钻研精神都优于其他专业的班级。

有了为祖国学习的明确目的，为中印尼友谊作贡献的学习动力，自然会有克服困难、争取良好成绩的决心和毅力，找到合理适宜的学习方法。学习前期，我们没有教材，没有工具书，也没有语言环境，可谓"一穷二白"。我们师生以奋发图强的精神，以加倍的主观努力弥补客观条件的不足。学习本是个体的行为，我们却以集体的智慧和力量，共同努力，争取齐头并进，一个也不落下。我们以"三人行必有我师"的理念，分成三人一组，强弱搭配，互帮互学，取长补

短，协作进取，携手提高。这既促进了学习，又增强了团结，获得"双丰收"。各组"八仙过海，各显神通"，开动脑筋，不断创新，利用一切机会和场合开展口语会话活动。走进图书馆、阅览室，逛商店，遛大街，走到哪儿，都是三人轮流装扮外宾、主人和翻译，有问、有译、有答，滔滔不绝。在公交车上，一路海聊，若不是我们的面孔和穿着过于"中国"，乘客定会认为我们是外国人——那时的外国人可是"稀有动物"啊。我们买不到字典，就自建"词库"，每个人随身带一个小本，把课外遇到的生词、老师告诉的新词统统记下来。进入四年级时，我们把每个人搜集的单词汇总在一起，分类整理，竟印出了厚厚的一本词汇书，就其实用性来说，堪与正式出版的词典媲美。

更可嘉的是我们班同学那股子学习劲头。我们没有"课余"，下课之后只是不同形式的"课"，老师到哪里，我们都跟着老师转，问东问西没有完，老师则百答不厌，彼此都

北京外国语学院首届印尼语专业的同学在阅览室阅读报刊。左1为刘一斌。（刊载于1965年第10期《人民中国》（印尼文版）杂志）

很欣慰。我们自己更是几乎把见到的所有事物都当成练习翻译、会话的课题。有的会话小组沿街翻译牌匾、标语、广告，从学校所在地魏公村走到天安门。有些同学在政治学习时间里，内心默默翻译别人的发言，做着无声的"同声传译"。正是由于老师的辛勤教学和我们的勤奋学习，自二年级开始，别的专业还在上基础课，我们即可轮流被外借去担任翻译，且基本没有语言困难。老师、专家为我们的学习状态所感动、欣慰。看到我们的学习成绩步步提高，张老师感慨地说："我的辛苦没有白付。"索布伦老师更是高度评价："你们是中国有希望的一代，是中国艰苦奋斗、自力更生精神的体现者。"他对我们说：我长期生活在中国，对中国的人和社会有较深入的观察和了解，更多的是从与你们朝夕相处中体察到，中国人民的精神是伟大的，品格是高尚的，对印尼人民的友谊是真诚的。你们是中国的未来，有你们直接服务于中印尼友好事业，两国友谊将世代相传，万古长青。

索布伦老师到处夸赞我们，专门邀请《人民中国》杂志社的记者来采访我们。记者小舟到学校对我们全班逐一详细采访，令他很有感触的是，每个人都是只讲别人的优点，不提自己的事；再三追问下，也只谈自己的缺点和不足，以及别人对自己的帮助、启发。这种风格和境界，正是这个优秀班集体的思想基础。采访录以"为了中印尼人民友好的共同理想"为题，发表于1965年《人民中国》（印尼文版）第10期，同期还载有索布伦老师赞扬中国市场物价稳定的文章。这篇详细介绍我们班的文章及所附的活动照片，成为我们学习印尼语的永远的纪念。

老师的褒奖，成为对我们最大的鼓励，更加激发了我们的学习热情，更加深了我们对老师、专家无比敬爱和感激之情。我饱含深情地写了一首致索布伦老师的诗，被记者摘引到他的文章中。被节录的几句译成中文的大意是：敬爱的老师啊，我们就要奔赴祖国最需要的地方。请接受我们诚挚的敬意和神圣的誓言，我们将终生为中印尼友谊大桥贡献力量。让你播下的友谊的种子，到处生根、发芽，开出芬芳的花朵。

常言道："同窗一载十年情。"大学五年的日日夜夜，让我们班彼此结成手足情、同学谊。毕业分配后，大家满怀着在大学铸就的对祖国的忠诚、对人民的忠诚、对事业的忠诚、对中印尼友好的忠诚，高擎着为中印尼人民友好作贡献的信念，带着"五年磨一剑"的锐气，开始了人生的新征程。两位同学留校，一届届地继续培养着印尼语人才，其余到中央和国务院各部委直接担负起中印尼友好交往的工作，之后成为中坚力量。他们中多位终身从事与印尼有关的工作，有的还在两国文化交流与合作中荣获印尼政府的嘉奖。有的虽因国家需要离开了有关印尼的岗位，但他们永远胸怀印尼情结。对印尼工作成为他们的重要生命阶段，有着永远无法割舍的感情。他们常常自诩为"没有印尼国籍的印尼人"。

中国—印度尼西亚人文关系 65 年

梁敏和

（北京大学东南亚系教授）

1950 年 4 月 13 日，印尼与中国正式建立外交关系，成为最早与中华人民共和国建交的国家之一。1967 年 10 月 30 日，两国中断外交关系；1990 年 8 月 8 日正式恢复外交关系。65 年来，在两国政府和人民的共同努力下，中国和印尼人文关系在和平共处五项原则基础上已经进入全面发展的新时期。

中国印尼人文关系 65 年回顾

20 世纪 50 年代至 60 年代中期，中国和印尼两国政府成功解决了华侨的双重国籍问题，两国关系发展顺利。1965 年，中国和印度尼西亚高层互访频繁，各类团组往来如织。国庆期间集聚北京的印尼大小团组达 28 个，共 500 多人，创历年中印尼人员往来之最，在当时中国的对外关系中也属少见。

1965 年，印尼发生"9·30 运动"，中印尼关系随着 1967 年 10 月 30 日两国外交关系的中断而遇冷。

70 年代，随着中美关系解冻，中国恢复在联合国的合法席位，东盟一些国家如马来西亚、菲律宾、泰国相继与中国建交，印尼与中国关系开始松动。1978 年以后，两国交往逐步增多。

80 年代初到 90 年代末，中国改革开放成绩斐然，国际地

1951 年 10 月 1 日，以塔勃兰尼为首的印尼人民观礼代表团出席中国国庆两周年庆典。（供图：FOTOE）

位日益加强。在这种情况下，印尼开始转变对华政策，改善与中国的关系。1985 年 4 月，应印尼政府邀请，国务委员兼外交部长吴学谦率中国代表团赴印尼参加万隆会议 30 周年纪念活动。1990 年 8 月 6 日至 11 日，李鹏总理应苏哈托总统邀请对印尼进行正式友好访问。访问期间，李鹏总理同苏哈托总统举行会谈，就两国关系、国际和地区形势特别是柬埔寨问题交换了意见。双方表示要本着向前看的精神，在和平共处五项原则和万隆会议十项原则的基础上改善和发展两国友好合作关系。李鹏总理着重阐明了中国对华人、华侨的政策及中国同印尼共产党的关系问题，苏哈托对此表示理解和赞同。8 月 8 日，钱其琛外长和阿拉塔斯外长分别代表各自政府签署了《中华人民共和国政府和印度尼西亚共和国政府关于恢复外交关系的谅解备忘录》，宣布自即日起恢复两国中断 23 年的外交关系。其后，两国关系发展稳定，高层互访频繁，经贸、科技、教育、卫生、旅游等领域的合作顺利。印尼政府对中国的价值判断则更趋向正面，把中国当作可以进行全面合作的伙伴和借重之力。进入 21 世纪，双方在各领域的交流和合作日趋活跃，两国间的全面交流对促进两国人民的相互了解和友谊发挥了重要作用。

　　1997 年东南亚金融危机引发了印尼的政治、经济双重危机。1998 年 5 月，苏哈托总统被迫辞职。苏哈托的下台标志着印尼威权统治的结束，印尼进入了民主化转型时期，其内政和外交发生了重大变化。从 1998 年到 2015 年，印尼历经了哈比比、瓦希德、梅加瓦蒂和苏西洛（两届）、佐科六届政府。在对华政策方面，这几届政府都采取了促进两国友好关系快速发展的政策。

中国与印尼人文关系的冷与热

　　1957 年，印尼华文学校一度多达 1669 所，学生人数达 45 万，仅雅加达就有 45 所。这一时期是华校发展的鼎盛时期。随后，印尼政府出台了 30 多个限制、排斥华侨的法案，对华文教育等加以限制：1957 年 11 月，颁布了《监督外侨教育执行条例》，限制华校的发展；1958 年 4 月 17 日，印尼陆军参谋长纳苏蒂安以中央战时掌权者的名义颁布了禁止华文报刊的条例，即禁止印刷、出版、公布、传递、散发、买卖和张贴用非拉丁字母、非阿拉伯字母或是印尼地方文字字母出版的报纸杂志；1965 年，在 "9·30 运动" 的影响下，华校再次受到冲击，1966 年 4 月，军部通令关闭所有印尼华校。之后，又相继关闭了全国所有的华文报社和华人社团；1967 年，内阁主席团发布第 6 号通告，以 "支那"（Cina）一词来取代 "中华"（Tionghoa），把印尼居民划分为原住民和非原住民，将华人归为非原住民，并在其身份证上注上特殊标

1955 年万隆会议期间，周恩来总理接见印尼各界妇协代表。（供图：FOTOE）

记。[①]1967 年，印尼政府发布《总统关于"支那"宗教信仰和风俗习惯的第 14 号令》，规定华人不得在公共场所举行庆祝其宗教信仰和风俗习惯的各种活动，与中华文化有关的各项祭祀仪式和活动只能在家庭或个人的范围内进行，不许华人以孔教名义进行结婚登记；发布《内政部长第 6 号指示》，要求华人改名换姓，采用印尼文名字。华文资料也被列入禁止进出口之列，如：1978 年，印尼商业与合作社部部长发布 286 号条例，禁止进口、出售和发行华文印刷品，包括书籍、刊物、传单、手册和报纸；海关进口报关表上的第十四条明文规定："华文印刷品、军火及毒品禁止进口。"根据 1979 年

① 印尼外裔身份证上印有"WNI"（Warga Negara Indonesia，意为"印尼公民"）字样，而原住民的身份证上则没有。苏哈托统治时期，华人虽然拥有印尼护照和身份证，但在办理各种手续时必须出示国籍证书，支付相当数额的费用，而原住民则不需要。

印尼情报部长第116号决定，除《印尼日报》半版可以刊登华文消息外，禁止所有华文广告、新闻和文章；1979年6月发布的《最高检察长第29号决定书》，禁止使用、进口汉语和中国方言的录音（像）带；1980年10月，雅加达市政府出台法规，要求把该市现有的办事处、商店、企业中非拉丁字母外文（主要指华文）的招牌一律改成印尼文，甚至连墓碑都禁用华文。80年代中国太极拳风靡印尼，当局深感不安，下令把太极拳更名为"印尼疗法操"，并配以印尼音乐；1985年，发布关于整顿华人庙宇的《内政部长第455-2-360号政令》；1987年12月，雅加达市政府命令企业界的华人与华人客商必须使用印尼语会话；1988年，发布关于禁止印刷与发行华人书刊及广告的《新闻部长第2号政令》。在苏哈托执政时期，印尼国立大学招收华裔子女不得超过在校生人数的10%，许多天资聪颖的华人子弟尽管成绩优秀，也无法被国立大学录取。1980年，时任印尼总统苏哈托发布了主要针对印尼华人的总统令，规定凡是外裔公民都要领取印尼国籍证明书，同时规定了申请领取印尼国籍证明书的繁琐手续。结果，华裔公民在办理护照、土地证或其他法律证件以及子女入学时都必须出示国籍证明书，而且还要支付相当数额的费用，但原住民则不需要。

两国断交期间，印尼的华文教育受到严重打压，仅保留了印尼大学华文专业和半版为华文的《印尼日报》。中国的印尼文教育也受到严重影响，虽然4所高校（北京大学、北京外国语大学、广东外语大学、解放军外国语学院）的印尼语专业继续招生，但学生人数明显减少。两国的人文直接交流基本处于停滞状态。

两国人文关系的恢复与发展

复交后，随着两国关系逐步升温，印尼一些排华法规开始松动。如 1991 年 6 月，杨尚昆主席访问印尼时，虽然华文仍被禁止，但在主要街道打出了"欢迎杨尚昆主席访问印尼"的华文横幅。1992 年，北京大学率先与印尼大学在北京签订了《谅解备忘录》，把编写词典作为两校的第一个合作项目。中国部分大学也先后与印尼一些大学签订了校际交流协议和合作备忘录。1994 年，两国签署旅游、卫生、体育合作谅解备忘录，启动互派留学生项目。印尼政府允许旅游公司、饭店等涉外部门使用汉语和出版华文旅游宣传材料。1995 年 9 月，除印尼大学外，政府在雅加达达尔玛·柏莎达大学开设了汉语语言文学专业，并开办汉语短训班。该校为此还编写了《初级汉语》课本，用于华文教学。

苏哈托下台后，华人和印尼有识之士要求取消歧视华人法令的呼声日益高涨。近年来，印尼政府逐步采取措施，取消了原有限制华人的部分政策。1998 年，接替苏哈托的哈比比颁布总统令，重新允许教授华文，取消华人在入学登记和申请公职时要出示国籍证明的规定，停止在华人身份证上加盖特别注明字样，把印尼国立大学招收华裔子女不超过在校生人数 10% 的限制放宽至 15%；1999 年 2 月，发布《总统决定书》，取消禁授华文的禁令；1999 年 5 月，发布《第四号总统训令》，允许在校生选修华文，当年 10 月 14 日，发布《文教部长第 269 号条例》，允许民间独立筹办华文补习班，但须经文教部成人教育司批准。1999 年 12 月 3 日，印尼总统瓦希德在北京大学作了"印尼与中国关系"的演讲，其中谈到"语言作为交际工具非常重要，华文也不例外，我们欢迎

华文的发展"。自此，部分中学自行开设了华文课程，汉语培训班、家教中心、短训班在印尼各地大量涌现。为了规范和指导汉语学习，提高培训质量，使接受培训的学员获得相应的工作技能，提高自身素质和自立能力，印尼文教部社会教育司 2000 年出台了汉语培训班标准化规范指南，使汉语培训班更加有序和适应社会及工商界的需求；2001 年 2 月，贸工部第 62 号决定书，撤销了 1978 年第 286 号关于华文读物的禁令，允许华文书籍、杂志、印刷品、小册子和报刊等进入印尼。这样，不管是华文书籍报刊，还是影音艺术作品，都可不受限制地进入印尼。此举不仅有利于印尼人民了解中国的政治、经济、文化等情况，而且给印尼人学习汉语提供了广阔而自由的空间。印尼政府还采取了一系列缓和民族矛盾、改善华人境遇的措施，立法保护华人，包括允许华人享有同其他国民一样的信仰、结社、游行、示威的自由，将华文教育纳入国民主流教育，将汉语与英语、日语同列为第二外语，指定大学开设高级汉语班，国家的行政、司法、检察、教育等机构全部职位向华人开放，承认孔教为合法宗教，准许华人自由举办宗教信仰或民俗活动等。2006年8月9日生效的新《国籍法》取消了种族歧视的内容，规定凡是在印尼出生和未接受外国国籍者，不管是什么血缘，都是印尼公民。所有印尼公民在法律上均可享有同等的权利。2008年10月，印尼国会通过《消除种族歧视法》，华人在法律上进一步获得了与其他部族平等的权利。

进入21世纪，两国关系发展稳定，高层互访频繁。双方在文化领域的交流和合作日趋活跃，文化交流对促进两国人民的相互了解和友谊发挥了重要作用。

2001年2月，印尼教育部青年、体育和校外教育司与中国广东省海外交流协会、广东教育国际交流协会在广州签订了合作举办华文教师培训班的协议。根据协议，由中方派出教师在印尼负责师资培训的教学工作。同年5月12日，印尼教育部与中国教育部在雅加达签署了在印尼举办中国汉语水平考试的协议书。协议规定，双方联合在印尼举办汉语水平考试，每年考试的次数和日期由双方考试执行单位另行决定。双方同意成立"中国印尼汉语水平考试协调小组"，负责对双方的考试执行单位进行监督和指导，协助双方的执行单位顺利完成考试。至此，印尼成为中国在海外设汉语水平考试点的第24个国家。2001年11月19日，为了提高华文教学水平，印尼教育部成人教育及青年、体育和校外教育司华文补习班综合协调处主办了印尼历史上首次"推广华文教育研讨会"。中国驻印尼大使馆孙建华文化参赞及使馆官员、华人代表及文化界人士出席会议。教育司长阿里芬阐明政府对华文教学的重视和政策。会议期间，近200名华文教师参加了由"印尼东方语言教育研究中心"举办的模拟汉语水平考试。2002 年 4 月，印尼第 19 号总统决定书规定春节为全国公众假日。10 月 16 日，中国驻印尼大使卢树民向达尔玛·柏莎达大学赠送华文书籍。此前，中国政府已向印尼的达尔玛等三所大学赠送了一批华文图书。2003 年 10 月 18 日，中国教育博览会在雅加达开幕，32 所中国大学参加了博览会，这是中国高校首次在印尼举办展览。2004 年 7 月，中国新疆木卡姆剧团应印尼百家姓协会邀请赴印尼进行文化交流和演出，在三个月的时间里演出 30 场，观众达 6 万多人。7 月 21 日，印尼教育部在雅加达欢迎首批由中国暨南大学选派的 20 位研究生和本科生志愿者来印尼 20 所中学教授汉语。2005 年，两国相互免除持外交与公务护照人员签证，印尼政府宣布给予中国公民落地签证待遇。2 月，苏西洛总统出席由印尼孔教高级理事会举办的春节联欢会，充分肯定了华人在印尼多元文化中的作用与地位。4 月，中国国家主席胡锦涛出席了在印尼举行的 2005 年亚非峰会和万隆会议 50 周年纪念活动，随后对印尼进行了正式访问。7 月，中国国家汉办与印尼教育部基础与中等教育总司签订了关于汉语教学的协议书，汉语正式成为印尼国民高中外语选修课之一。同月，苏西洛总统应国家主席胡锦涛邀请对中国进行了为期 4 天的国事访问，双方签署了经贸、文化等领域的一系列合作协议。2006 年，印尼教育部下属 35 所学校邀请中国的汉语志愿者任教。8 月 17 日，在庆祝印尼独立 61 周年之际，印尼驻华大使苏德拉查（Sudrajat）特向北京大学外国语学院东语系梁立基教授、孔远志教授和北京外国语大学亚非语学院武文侠教授颁发了"贡献奖"奖状，感谢和表彰他们多年来在促进印尼中国友好与合作中所建立的功勋。颁奖仪式在印尼大使馆隆重举行，这是印尼驻华使馆建馆以来第一次向中国人士颁发上述奖状。2007年春节，苏西洛总统重申用"中华"（Tionghoa）称呼华裔，以取代"支那"（Cina）的称呼；对新客用"中国"（Tiongkok）代表"中华人民共和国"，以避免"支那"一词的负面含义。2008年10月，苏西洛总统再次访华，23日在北京大学演讲时称：亚洲时代已经来临。2009年中国春节期间，苏西洛及所属的民主党领导层在印尼《国际日报》刊登整版广告，恭祝华人农历新年快乐，恭喜发财。与此同时，以副总统尤索夫·卡拉为主席的专业集团党也在印尼《讯报》刊登广告，恭祝各界人士、社会贤达春节愉快、万事如意。11月3日，在雅加达区政府、印尼文旅部、中国驻印尼使馆共同支持下，中国中央电视台海外中心"走遍亚洲"摄制组在雅加达区政府隆重举行《走遍亚洲——印尼》7集系列片开机仪式。央视摄制组分赴印尼泗水、日惹、巴厘、万隆、三宝垄、雅加达6个城市，深入采访拍摄印尼各地的风俗文化。11月9日，印尼政府追封华裔海军少将李约翰（John Lie）[1]为民族英雄，苏西洛夫妇和副总统布迪约诺夫妇在总统府向李约翰遗孀祝贺。2010年4月，印尼驻华使馆举行庆祝印尼—中国建交60周年网上征文比赛，主题为"在2010年及未来的中印两国关系促进：趋势、争议及前景"。举办此次征文比赛的目的在于加强对中国—印尼两国双边关系的理性分析，深化对这一长久关系的认识，促使两国的年轻学者进行更广泛的学术交流。6月2日，印尼首

---

[1] 李约翰，1911年3月9日出生于印尼北苏拉威西省首府万鸦老。在抗击荷兰殖民统治时期，李约翰以船长身份带领水手们突破荷兰军队的封锁，从亚齐等地运送橡胶和棕榈至新加坡，然后把在国外购买的军火运送到战场。他还积极参与了马六甲海峡、占碑和巴东等地区的抗击外来侵略的斗争，为印尼的民族独立作出了巨大贡献。

届全国中小学校长华文教育研讨会在雅加达举行，会议由印尼国民教育部和雅加达华文教育协调机构联合举办，来自印尼各省的200多名中小学校长和教育部门负责人出席。6月6日，由中国留学服务中心主办、印尼票务公司承办的"留学中国教育展暨汉语教学资源展"在雅加达开幕，共有18所中国著名高校参加该展览。7月20日，由中国国家宗教事务局和印尼宗教事务部积极倡导、中国伊斯兰教协会和印尼伊斯兰教法学者委员会联合举办的"中国·印尼2010伊斯兰文化展演"活动启动，展演活动以"和平、友谊、合作、进步——谱写中国和印尼穆斯林传统友谊新篇章"为主题，这是中印尼两国伊斯兰文化的一次广泛、深度的交流。11月27日，由印尼北京语言文化学院主办的第11届中国教育展览在雅加达开幕，该学院自2004年创办以来，已成功输送超过2000名印尼学生到中国留学。2014年3月，印尼总统苏西洛签署年度第12号总统决定书，正式废除1967年第6号通告，把"支那"改称"中华"和"中国"（Tiongkok），此举体现了印尼政府和人民对中国的友好情谊。2015年6月12日，印尼政府宣布，正式对中国等30个国家的游客实施免签证政策，中国大陆公民可在印尼以游客身份停留不超过30天。

由于印尼在全球化中的地位、作用和影响日益增大，加之与中国的关系越来越密切，学习印尼语言文化的中国人也越来越多。中国国内开设印尼语专业的学校增至8所（北京大学、北京外国语大学、广东外语外贸大学、解放军外国语学院、上海外国语大学、广西民族大学、云南民族大学和天津外国语大学）。广东外语外贸大学、广西民族大学和上海外国语大学印尼语专业的学生还有计划地集体到印尼日惹和万隆的著名大学学习。利用各类奖学金和自费到印尼留学的中国学生也越来越多，上海外国语大学 2007 级印尼语专业共有 15 名学生，到大学三年级为止已有 13 名同学通过各种途径到印尼学习和进行文化考察。中国各种印尼语培训班相继涌现。自 20 世纪 80 年代至今，北京大学印尼语言文化专业先后举办过 7 期印尼语导游培训班，毕业学员约 110 多人。培训班开设基础印尼语、印尼语口语、印尼语导游、印尼文化与社会等课程，毕业学生基本具备了印尼语听说读写能力，他们活跃在北京、上海、杭州、苏州、南京、西安、广州、昆明等城市，主要接待印尼和马来西亚旅游团，从事印尼—马来语的导游及翻译工作。来中国学习的印尼留学生不断增加，2003 年为 2563 人，到 2009 年已增至 7926 人，在全球 190 个来华留学生来源国中排名第八位。其中绝大部分是华裔留学生，主要分布在北京、天津、上海、南京、广东、福建、广西、浙江、海南、河北等地高校。参加汉语水平考试的印尼考生逐年增加，2010 年 11 月 27 日，汉语水平考试在印尼相关城市举行，共有 7880 人报名参加，仅雅加达考区就有 3339 名考生。

目前，中国学者编纂、出版的工具书主要有《新印度尼西亚语汉语词典》《印度尼西亚语—汉语大词典》《印度尼西亚语—汉语、汉语—印度尼西亚语实用词典》《实用汉语—印度尼西亚语词典》《汉语印度尼西亚语大词典》《汉语印度尼西亚语词典》《印度尼西亚语—汉语谚语词典》《印度尼西亚语缩略语外来语词典》《汉语印度尼西亚语分类词典》《印度尼西亚汉—汉印度尼西亚经贸词典》《实用汉语印度尼西亚语词典》等。上述工具书的正式出版，大大方便了两国语言的互学者。

孔子学院作为中外合作建立的非营利性教育机构，其宗旨是增进世界人民对中国语言和文化的了解，加强与世界各民族的文化交流，发展中国与外国的友好关系，促进世界多元文化发展，推动构建持久和平、共同繁荣的和谐世界。2007 年 9 月 28 日，由中国海南师范大学与印尼雅加达汉语教学中心合办的印尼第一所孔子学院揭牌仪式在中国驻印尼大使馆举行。兰立俊大使代表中国国家汉办与印尼雅加达汉语教学中心签署合作协议，并为该中心孔子学院授牌。此后，印尼相继成立的孔子学院还有：广西师范大学与玛琅国立师范大学合办的孔子学院、河北师范大学与万隆玛拉纳达基督教大学合办的孔子学院、福建师范大学与雅加达阿拉扎尔大学合办的孔子学院、广东外语外贸大学与日惹卡渣玛达大学合办的孔子学院、广西师范大学与雅加达北京语言文化学院合办的孔子学院、重庆师范大学与泗水智星大学合办的孔子学院、南昌大学与望加锡哈山努丁大学合办的孔子学院、华中师范大学与泗水国立大学合办的孔子学院和广西民族大学与坤甸丹绒普拉大学合办的孔子学院等。由于印尼政府对华文教育采取了积极的政策，华文教育在印尼中断了32 年后迅速复苏。为了满足社会需求和配合汉语教学，印尼电视台增设汉语节目，华文报刊陆续面世。万隆美声广播电台是印尼首家全华语播音的广播电台，每天 18 个小时用华语播出各种节目。电台开播以来得到印尼社会各界的广泛支持与关注，印尼前总统瓦希德曾到该台视察。除新闻播报栏目外，还设有儿童及成人学汉语、成语造句、歇后语和猜谜语、中国历史与民间故事、传统节庆、孝道、社交、医药常识、烹饪、中国和印尼及世界旅游景点介绍、汉语歌曲点播、好人好事、华侨华人历史、印尼革命史、文化习俗等栏

目。目前，印尼公开发行的华文报纸有《印度尼西亚日报》[①]
《千岛日报》《印尼商报》《国际日报》《新生日报》《印广日报》《龙阳日报》《华文邮报》《和平日报》《世界日报》《坤甸日报》《诚报》《呼声》和《讯报》等。其中《千岛日报》专门辟有汉语学习专栏。华文印尼文双语教材应运而生，其中《汉语乐园》《快乐汉语》《跟我学汉语》《华语》和《国际汉语教学通用课程大纲》等教材受到学习者的青睐。通过华文教育和汉语教学，让更多的华人和其他族群了解中国文化，进而促进当地华人间的团结以及族群间的沟通。印尼和中国高校之间的交流与合作也日益紧密，其中印尼最高学府印尼大学 2006 年与中国三所大学签署了教育合作协议，2009 年增至 20 多所。正如印尼驻华大使苏更拉哈尔佐（Soegeng Rahardjo）2014 年 3 月接受国际在线专访时所说："我希望印尼和中国更多的青年人熟悉和了解对方国家，成为未来两国关系友好发展的基础。印尼明年将加快中国各大知名院校印尼研究中心的建设，让中国年轻人更好地了解印尼。同时，印尼还将推动两国留学生的互换，因为他们将是未来两国的领军人物。"

　　随着两国国家层面人文交流的展开，两国地方政府也加强了合作与交流。目前，两国已缔结友好关系的城市有：北京市—雅加达特区、北海市—三宝垄市、成都市—棉兰市、福建省—中爪哇省、广东省—北苏门答腊省、广州市—泗水市、厦门市—泗水市、江门市—泗水市、湖南省—西努沙登加拉省、柳州市—万隆市、南宁市—茂物市、宁夏回族自治区—亚齐特区、山东东营市—东加里曼丹省麻里巴班市、上

[①] 2006 年 12 月，《印度尼西亚日报》出售股权给马来西亚发行量最大的华文日报《星洲日报》，易名《印尼星洲日报》。

海市—东爪哇省、云南省—巴厘省、漳州市—巨港市、浙江省—邦加-勿里洞省。姊妹城市已发展至县级：广东汕尾市—北苏门答腊省日里县、南宁武鸣县—中爪哇省沃诺吉利县、云南省晋宁县—北苏门答腊省卡罗县、海南万宁市—昔里冷勿拉涯县。姊妹城市的建立，进一步促进了两国地方上的人文交流。

　　两国主要领导人的互访和友好、坦诚的直接交往，进一步增进了彼此的了解和理解，从而推动了两国人文关系的持续发展。印尼方面：1956年9月、1961年4月和1964年10月，印尼总统苏加诺三次访华；1990年11月，苏哈托总统访华；1999年12月，瓦希德总统访华；2001年7月，梅加瓦蒂接任印尼总统后不久于10月来华出席亚太经合组织领导人非正式会议；2002年3月，梅加瓦蒂总统再次来华进行国事访问；2005 年 7 月，印尼总统苏西洛对中国进行为期 4 天的国事访问。中国方面：1963 年 4 月，刘少奇主席对印尼进行正式友好访问；1991 年 6 月，杨尚昆主席访问印尼；1994 年 11 月，江泽民主席在参加亚太经合组织第 2 次领导人非正式会议后对印尼进行了国事访问；2005 年 4 月 22 日至 24 日，中国国家主席胡锦涛出席了在印尼举行的 2005 年亚非峰会和万隆会议 50 周年纪念活动，随后对印尼进行了正式访问，两国元首签署了具有划时代意义的《中华人民共和国和印度尼西亚共和国关于建立战略伙伴关系的联合宣言》，宣布两国正式建立战略伙伴关系（2013 年提升至全面战略合作伙伴关系）；2014—2015 年，中国国家主席习近平与印尼总统佐科多次会面，两位领导人一致认为发展两国全面战略伙伴关系对双方、对亚洲和世界都很重要。

同时，我们也要看到，近年来印尼政府在及时处置排华言论和事件中发挥了积极的作用。2005 年 11 月，印尼发生排华短信事件，很多人收到声称"华人掠夺了印尼人的财富，要掀起一场类似 1998 年 5 月骚乱式的排华行动"的手机短信，甚至连苏西洛总统的夫人也收到了这样的短信。这次，政府吸取过去教训，苏西洛总统对通过手机短信传播挑拨种族、宗教和社会集团间矛盾，污蔑和诽谤政府的言论表示严重关切，下令警方、情报部门展开调查，并取缔发送此类短信的手机用户。而收到短信的民众也没有受排华内容的手机短信的教唆和影响，从而避免了排华事件的重演。

在公平、公正对待华人问题上，印尼政府近年来做了大量工作，且具有成效。但是，使国民增强法律意识、转变观念仍是印尼政府的一项长期工作。我们相信，印尼政府一定能够处理好内部事务，给予华人与其他族人同等的地位，正如

前总统瓦希德讲的那样："通过华人进而发展印尼与中国的关系，使印尼获得好处。"中国最希望看到的是，印尼的华人受到公平和公正的对待，与原住民和睦相处，进一步融入当地主流社会，共同为印尼国家的繁荣富强和人民幸福作出自己的贡献，同时又能通过历史和血缘的渊源关系，为促进中国和印尼的友好关系和全面合作发挥积极的作用。

　　两国人文关系65年的发展历程证明，中国和印尼是友好邻邦，和睦相处，加强两国文化、教育等领域的交流与合作，促进两国人民之间的了解和友谊，符合两国和两国人民的根本利益。战略伙伴关系的建立标志着中国与印尼步入了两国关系中一个新的富有重要意义的时期，两国人文关系将更加紧密。尽管如此，我们还应看到，1998年印尼排华动乱的阴影至今没有完全消失，印尼华人尚有余悸，中国民众的愤怒

2015年11月7日，由中国孔子学院总部、国家汉办主办，印尼阿拉扎大学孔子学院承办的中国—印尼人文交流暨孔子学院成果展活动在雅加达国家博物馆开幕。（供图：中新社）

情绪也尚未完全消失。这些现象都将影响两国的正常交往，尤其是民间交往。在这种情况下，建议在发展两国关系过程中淡化意识形态和历史问题，大力发展国与国之间的关系，不要纠缠过去，而要以发展的眼光审视两国关系。促进社会文化合作和文化的相互尊重，确保中国和印尼的友谊世代相传，是中印尼两国战略伙伴关系的重要内涵之一。正如《中华人民共和国和印度尼西亚共和国关于建立战略伙伴关系的联合宣言》中所提到的那样："我们应从战略高度处理长远利益，把两国关系推上一个新高度，造福两国和两国人民，并为发展中国家的团结合作和人类的和平发展事业作出新的贡献。"目前，中印尼两国关系处在上升时期，双方应珍惜这来之不易的友好和发展机遇。我们相信，在两国政府和人民的共同努力下，本着向前看的精神和态度，在和平共处五项原则和求同存异的万隆精神指导下发展两国友好合作关系，两国间社会文化交流与合作将更加深入和多样化。

中华文化在印尼根深叶茂

孔远志

（北京大学东语系教授）

1995 年 1 月 10 日至 18 日，我有幸陪同中国一官方代表团应邀访问千岛之国。在繁忙的拜访和会谈之余，热情的主人为我们安排了不少参观、游览活动。在雅加达、日惹和巴厘岛的九天之行中，我耳闻目睹不少有关中华文化在印尼根深叶茂以及中印尼传统友谊的事物，颇为感动。

郑和的光辉榜样

我们抵达雅加达后的翌日，印尼一位部长举行欢迎宴会。他在致辞中说，早在 15 世纪，中国明朝的郑和曾多次访问过印尼群岛，成功地完成了和平、友好的使命。他是促进中印尼两国友好的光辉榜样。

代表团部分成员参观了雅加达市中心高耸入云的民族纪念碑。纪念碑的底层是历史博物馆。馆内有数十个立体造型的展柜，生动形象地展示了印尼民族自古以来的历史。其中有一展柜是郑和访问爪哇岛，这是历史博物馆内唯一专门记载外国友好使者造访印尼群岛的展柜。

在雅加达期间，当我们来到亚齐省建筑馆时，导游指着一个青铜钟的模型说：这就是丝格拉·东雅钟的模型，实物还保留在亚齐省巴达尔·拉雅博物馆内。这座钟是当年郑和来访时赠给当地的须之达那·巴赛国王的，是印中友谊的一个象征。

我们在巴厘岛游览时，当地导游说，巴厘是印尼唯一出产荔枝的地方，相传是当年郑和访问巴厘时留下的荔枝良种。导游还指着金达曼尼山上的巴都尔庙说，这就是纪念郑和的庙宇。相传当年郑和与船队抵巴厘岛时，船上有一姓江的厨师爱上当地一位舞蹈演员。他带了几件衣服，一双拖鞋，一个烟斗，一把菜刀，少许花生、荔枝和大蒜离船上岸，与那位巴厘舞女结为伉俪。后来，他们生了一个女儿，取名江金花。此女长得天姿国色，后来被巴都尔的国王娶为皇后。国王还特地将其国土命名为"巴厘江"，即由巴厘和皇后的姓合成。巴厘江的故事于是世代流传。

中国公主远嫁爪哇

代表团在雅加达缩影公园"服装服饰博物馆"参观时，印尼导游指着巴达维亚（雅加达旧称）新婚礼服说："这一服饰有明显的中国影响，那新娘的打扮恰如中国公主。"果然，那巴达维亚新娘模特儿肤色白皙，礼服类似旗袍，琳琅的服饰也确实像中国宫廷的服饰。

几天后，我们在日惹苏丹胞姐的官邸观看爪哇宫廷舞，其中一个节目是描述爪哇公主与中国公主相处的故事。印尼朋友告诉我们，据民间传说，中国一名叫林勤的俊俏公主远嫁到西爪哇的井里汶，与当地一位王族结为夫妻。几年前，苏哈托总统在会见中国领导人时，也曾谈起历史上中国公主远嫁爪哇的故事。

日惹王宫的瓷器和贺碑

代表团有幸在日惹苏丹哈孟古布沃诺十世的胞弟（亲王）

日惹苏丹王宫内收藏的珍贵文物。（供图：中新社）

陪同下参观日惹王宫。他指着宫内许多青花瓷器如花盆、花瓶和盘碟等，告诉我们说："这些瓷器几乎都来自中国。"15世纪初的中国史籍《瀛涯胜览》记载，爪哇国"国人最喜中国青花瓷器，用铜钱交易"。印尼学者希尔达娃蒂·西达尔塔指出：在印尼发现汉、唐、宋、明、清诸朝代的陶瓷器，意味着长期以来印尼与中国就有贸易往来。

日惹苏丹王宫展示了前几任苏丹的简历和遗物。有一展室摆着八件模型和实物，象征能登基为苏丹的八大品质：聪慧灵巧的小鹿象征机智；清除尘垢的手帕象征廉洁；装满珠宝的饰盒象征华贵；勇于搏斗的公鸡象征无畏；娇丽出众的孔雀象征威望；驱除黑暗的油灯象征护民；难以捕捉的白鹅象征警惕；守卫苍穹的巨龙象征负责。

王宫特别介绍了上任苏丹——哈孟古布沃诺九世（1912—1988）的事迹，称赞他是上述八大优秀品质的典型代表。他曾领导游击队抗击荷兰殖民者，印尼独立后历任省长、部长和副总统等职，还兼任全印尼奥林匹克运动、童子军和旅游委员会主席，对保卫和建设印尼作出过宝贵的贡献。

印尼朋友还特地带我们去看一块石碑，这是 1940 年 3 月 18 日日惹华侨敬贺哈孟古布沃诺九世登基的碑铭。印尼朋友说，在印尼历史上，华侨在促进中印尼人民友好和交流中起着重要的桥梁作用。

中国铜钱在巴厘

巴厘风光旖旎，有"天堂岛"的美称。我们在参观丹巴西灵的总统行宫时，发现客厅中有一串串中国铜钱编成的艺术品。我们国内已看不到的铜钱，在巴厘岛上家家都能找到。现在人们把铜钱结成串吊起来，当作宗教仪式上不可缺少的神器。在一家银器店里，我们发现一串串的铜钱中有"开元"年号的，有"万历"年号的，也有清朝各种年号的，可见中国、印尼历史上文化关系之密切。

此外，我们在巴厘岛印度教法庭旧址看到五座精细的石雕，都是印度史诗《罗摩衍那》中的人物。印尼导游说，那前三座石雕出自中国人之手。我们还在当地印度教寺庙的大门上看到两头麒麟的雕像石——麒麟是中国神话中的动物，长着龙首、鹿角、兔眼、牛耳、蛇颈、蛙腹、鱼鳞、鹰爪和虎掌，是阳性的象征、雨水的供应者和万物生育的要素。印尼朋友说，中国人创造的麒麟像是如何传到巴厘的，值得研究。

中国与印尼两国人民的友好往来可追溯到 2000 年以前。我衷心祝愿中印尼友谊之花越开越鲜艳！

让友谊之声响彻"千岛之国"

——"中国—印尼 2010 伊斯兰文化展演"侧记

郭 伟 洪长有 杨志波 张广林

2010 年是中国和印尼建交 60 周年，在两国政府宗教部门的倡导支持下，在两国伊斯兰教组织和相关机构的积极配合下，"中国—印尼 2010 伊斯兰文化展演"系列活动于是年 7 月 20 日至 25 日在世界上穆斯林人口最多的国度、风光旖旎的"千岛之国"印度尼西亚隆重举行。这次系列展演活动传承了中印尼两国人民友好交往的历史，展示了两国悠久灿烂的伊斯兰文化，弘扬和平、团结、爱国的伊斯兰精神。展演活动表达出的"和平、友谊、合作、进步——谱写中印尼穆斯林传统友谊新篇章"的主题，受到了印尼广大穆斯林和参观民众的充分肯定和一致好评。中印尼伊斯兰文化的交流合作对拓展两国民间交往和深化两国战略伙伴关系发挥着独特的作用。

展览内容凸显亮点

2009 年新疆"7·5"事件后，我国的民族宗教政策受到了一些国家的质疑、歪曲甚至诋毁。在印尼，也曾有少数民众到我驻印尼使馆门前示威。因此，这次展演活动的一个重要目的，就是要介绍我国的民族宗教政策，展示新疆的发展变化以及中国各族穆斯林的新生活。

为此，我们精心准备了这次大型图片展，通过 300 余幅精选的图片，配以简练生动的说明，全面而客观地向印尼的穆斯林展现中国伊斯兰教的历史、现状和异彩纷呈的中国伊斯兰文化艺术；围绕中国穆斯林的社会生活、宗教活动、文化艺术、学术教育、对外交往、民俗民风以及清真寺建筑艺术等主题，全方位、多视角地展示中国穆斯林的精神风貌和时代风采；以大量的图文信息展现我国贯彻落实民族宗教政策所取得的成就，介绍各族穆斯林的宗教生活、经济生活和文化生活等。

在雅加达短短三天的展览时间里，来自印尼各地的参观者络绎不绝，有来自泗水、万隆、日惹和亚齐等地的穆斯林，也有来自印尼各地的华人华侨。他们认真观看图片，仔细阅读说明，不时相互交流感想，或在图片前合影留念，或把其中的精彩照片拍下来给家人分享，场面令人感动。此次图片展共分十个部分，我们重点引导观众参观"中国—印尼传统友谊"、"美丽新疆"和"多姿多彩的清真寺建筑"等几个部分。在"美丽新疆"展板前，不时聚集起许多年轻的印尼穆斯林，他们曾听说过新疆的美丽富饶，这次通过图片展更多地了解了新疆，希望能够有机会到新疆旅游，亲自领略新疆的美丽和神奇。他们站在展板前久久不愿离去，在那里留影拍照，似乎已把自己融入新疆的美丽风光之中了。

印尼法律和人权部长伊克巴尔先生也带领家人参观了图片展。当看过第五部分"多姿多彩的清真寺建筑"图片后，伊克巴尔部长感慨地说，真的没有想到中国也有这么多漂亮的清真寺，有些清真寺比印尼的还壮观，中国政府真正关心穆斯林的宗教生活。伊克巴尔部长还关切地问道：那四座沿海清真古寺是否保存完好？我们介绍说，中国政府十分重视清真寺的保护，对具有千年历史的清真古寺给予了保护，不仅沿海四座清真古寺作为海上丝绸之路的见证和文物古迹得到了特别的维修保护，国家还拨出专款巨款对新疆喀什的艾提尕尔清真寺、和田的加曼清真寺、乌鲁木齐的汗腾格里清真寺等进行了维修或重建；北京的牛街礼拜寺修缮过程中，政府出资 3000 万元人民币；正在维修的天津北大寺现已投入 3000 多万元，今年莱麦丹月（斋月）就要交付使用……伊克巴尔部长听后连连点头称赞。伊克巴尔部长还对跟随采访的记者发表参观感言说，这个图片展的内容很感人，我们不仅从图片中看到了中国美丽的清真寺，还看到了中国穆斯林的幸福生活。我们相互之间要有一颗爱心，因为我们都是一家人，当前世界范围内都出现了文化危机，我们要携起手来克服它，希望中国—印尼 2010 伊斯兰文化展演成为我们共同克服文化危机的良好开端。

伊克巴尔部长的到来和讲话吸引了许多参观者，场面非常热烈。在书法演示台前，汉文书法家杨连福赠送他一幅装裱好的"清真"二字书法作品；阿文书法家李文彩将一幅阿拉伯文书法赠送给他，上面书写着一段著名的圣训——"爱国是信仰的一部分"，作品形似一远航的帆船。伊克巴尔部长动情地说，希望我们之间的友谊像这大海中的船一样乘风破浪，勇往直前。

文艺演出生动活泼

为使这次展演活动办得生动活泼，在设计活动内容时，我们应印尼方要求，安排了新疆和宁夏的穆斯林歌舞节目。我们也曾担心当地穆斯林的接受能力和认知程度，毕竟两国国情不同。我国驻泗水总领馆得知展演活动将在雅加达举行后，向我们发出急电，希望我们能增加在泗水的演出。在泗水华人华侨组织的大力协助下，泗水演出活动很快就步入正轨，我们组织的新疆木卡姆艺术团和宁夏银川歌舞剧院的 30 名演员在中国伊斯兰协会洪长有副会长的带领下前往泗水演出，两天两场，每场四五千人，场面壮观，台上台下互动，到处洋溢着中国印尼穆斯林的兄弟情谊，令我们的演员十分感动。他们说，热烈的程度在国内也十分少见。

在雅加达的三个专场演出吸引了数千观众，印尼副议长、宗教部长、法律和人权部长等高级官员先后观看演出并与演员合影留念。在开幕式上，我们特意安排中印尼两国演员同台高唱两国国歌，当背景音乐响起，两国演员满怀深情地唱起自己的国歌时，场面很是动人，一些华人华侨激动得热泪盈眶。印尼方组委会主席麦培满先生说：我虽然生长在印尼，但始终不忘我的祖先是中国人。我先唱了印尼国歌，因为印尼是生我养我的祖国；我又唱了中国国歌，因为中国是我真正的母亲，我对她的眷恋是发自内心的，是一种父母儿女情长的感受。他还说：我们这些海外游子看到伟大的中国一天比一天强大，心中无比高兴。我们经历过中国印尼亲如兄弟的最好时期，也曾经历过反华排华的动荡时期，我最大的感受就是印尼是穆斯林为主的国家，华人的生存离不开印尼穆斯林。我之所以冒着风险坚持搞这场展演，就是要让全印尼人民知道中国的真相，知道中国的发展，知道中国的民族宗教政策。过去华人只是舞狮赛龙舟，这样不能融入印尼社会，只有了解印尼穆斯林，了解他们的宗教，才能与他们有真正的沟通，建立起真正的友谊。

麦先生的经验在展演活动中得到了充分的论证，不管是中方的演出还是印尼方的演出，演员们都是精益求精、一丝不苟，大家像是有一个共同的约定：通过展示各自国家穆斯林的艺术风采，借以加强两国穆斯林业已存在的传统友谊；通过两国穆斯林艺术家动人的歌声和优美的舞姿，把人们的思绪从遥远的过去拉回到生机勃勃的今天。特别感人的是来自印尼亚齐的艺术家整齐划一的舞蹈语言、凝神注目的舞台表情，向观众述说着中国著名的穆斯林航海家郑和是怎样把伊斯兰教带到这里的。演员们把船员的劳动动作舞蹈化、艺术化，那一阵阵有节奏的敲击船板的声音，仿佛把我们带到了几百年前——郑和的船队不仅创造了航海史上的奇迹，也谱写了一曲中国印尼人民友好交往的历史篇章。艺术家精彩的表演带给了人们更多的历史回顾和思考。

从泗水到雅加达，歌声、笑声和掌声始终伴随着我们的演出活动，每一个参与者都真实地感到，我们两国穆斯林的心贴得很近很近，我们和印尼华人华侨的热血在一起流动，我们大家共同分享着展演活动给两国人民和穆斯林带来的喜悦、兴奋、快乐和信心。

宗教文化交流意义重大

此次"中国—印尼 2010 伊斯兰文化展演"活动，是中国和印尼建交 60 周年系列庆祝活动之一，是两国伊斯兰文化的第一次广泛、深度的交流，是中印尼两国人民之间传统友谊的最新成果。这一系列的展演活动，成为中印尼两国穆斯林促进友好往来，推动相互理解，增进相互情谊，加强相互合作的一次有益的、成功的尝试。借此契机，两国穆斯林之间的友谊迈上了一个新的台阶，两国伊斯兰教界之间的合作进入了一个新的阶段。

展演活动给印尼社会很大的震动，仅在雅加达三天的活动，参与采访的新闻单位就多达 30 余家，从平面到影视，从海报到招贴画，雅加达全城都在为这场展演助威喝彩。展演的那几天，印尼报刊都作了连篇累牍的报道，不遗余力地追踪报道展演活动盛况、展演内容和两国官员讲话，介绍中国的民族宗教政策，追忆印尼中国之间的传统友谊。特别是华文报纸，几乎每天一个整版，在华人华侨中引起强烈反响。

印尼最大的华文报纸《国际日报》发表评论，题目是"印中伊斯兰合作构建和谐社会与和谐亚洲"。评论说："中国印尼伊斯兰文化展演加强了两国穆斯林的文化交流与资讯合作，不仅对促进印中战略合作伙伴关系具有积极作用，也对两国和亚洲人民筑建族群和睦与和谐社会具有重大影响，意义十分深远。"评论还说："由于历史的原因，印中两国伊斯兰文化交流曾有所中断和隔阂，致使双方缺少沟通和了解，加上西方国家敌对者的蓄意抹黑，印尼穆斯林大众对中国伊斯兰社会的发展所知不多，很容易被别有政治意图的团伙所误导和欺骗，以为中国伊斯兰教和文化发展有所限制，造成一定负面影响。这是必须通过加强交流才能逐步克服的。"为此，该评论建议：第一，印中伊斯兰文化展演应每半年在印尼各找一个大城市轮流举行，并在乡镇举办文化展演与和谐理念讲座会；第二，弘扬 600 年前郑和船队"以和为贵、仁爱为怀"的精神，让印中两国和亚洲地区人民全力贯彻这一理念，坚持不懈为亚洲与世界的和平而奋斗；第三，印中伊斯兰文化是一家，穆斯林是一家，两国穆斯林要站在同一条战线上，致力于反击宗教极端思想和恐怖主义言行，在两国和亚洲范围内消灭恐怖势力，为推进民族和谐、构建社会和谐与人类进步奋斗到底。

展演活动在印尼社会造成的影响是巨大的。从政治上讲，对两国战略合作伙伴关系起到了促进作用；从宗教文化上讲，继承和发扬了郑和的精神，密切了两国穆斯林和伊斯兰教组织的关系，结成了和谐社会、和谐亚洲、和谐世界的统一战线。

（原文刊载于《中国穆斯林》2010 年第 5 期）

印尼前总统哈比比著作
《哈比比与艾努恩》中文版
的故事

邓俊秉

（中国驻印尼大使馆前参赞）

从 1988 年到 2001 年，我先后在中国驻马来西亚、巴基斯坦、印度尼西亚和印度大使馆工作了 13 年。其中 1995 年 8 月至 1998 年 2 月，我作为中国时任驻印度尼西亚大使周刚的夫人，在中国驻印尼大使馆任参赞。2001 年 6 月回国退休后，14 年来过着"退而不休"的老年生涯。今年 4 月是中国和印尼建交 65 周年。在此欢庆的时刻，令我欣慰的是，我翻译的印尼前总统哈比比的著作《哈比比与艾努恩》中文版已于 2013 年出版。当年 9 月 8 日至 16 日，哈比比前总统应中国人民外交学会的邀请，专门来中国北京和上海出席此书的发行仪式。

回想起我在印尼工作、生活的两年半简短而愉快的日子，仍历历在目。尤其令人难忘的是周刚和我同哈比比前总统伉俪的友谊。

1997 年 10 月下旬，时任印尼科技部长的哈比比应邀访问中国。启程前，他提出，希望像他出访其他国家那样，乘坐其私人专机前去我国。按中国当时的礼宾做法，只有外国元首和政府首脑可乘专机访华。但是，中印尼关系在复交后需要大力加以推进，哈比比部长在印尼政府中占有特殊地位（哈比比不仅是印尼的"航天之父"，更与印尼总统苏哈托有"义父义子"的亲密关系。作为部长的哈比比拥有专机，在国内和出国访问时均可乘坐），因此，周刚大使和大使馆特地请中国外交部给哈比比部长特殊的礼遇。外交部破格同意哈比比夫妇一行乘坐私人专机前来访华。为了表达对中国大使夫妇的谢意，哈比比部长和夫人艾努恩亲自带领周刚大使和我参观了他们购买的英国女王伊丽莎白二世乘坐过的豪华飞机，并热情邀请我们陪同他们访华。

按照礼宾规定，中国大使夫妇是不陪同外国部长夫妇访华的。我们虽然无法接受哈比比部长的邀请，但在他成功访华回到雅加达后，专门为他和夫人设宴洗尘。席间，哈比比部长兴奋地谈及访华的动人感受。他表示，访问非常成功，李鹏总理专门在外地会见了他，中国多位领导人和部长同他进行会见和会谈。这次访问给哈比比留下了十分美好的印象，增加了他对中国的了解和友好感情。席间，他特地将他的传记《B·J·哈比比的生活和事业》一书赠给了我。

1998年2月13日，哈比比部长为即将离任的周刚大使和我举行了饯行宴会，出席的有印尼科技部的全部高官、印尼工商业界的巨子，以及美、英、法、俄等国驻印尼使节夫妇。哈比比部长发表了热情洋溢的讲话。他亲切地称呼我们为"中国弟妹"。他表示，今后他要作为沟通中印尼两国的桥梁，为发展中印尼关系不遗余力。当时他赠送的两件精美纪念品，我珍藏至今。

1999年，由我策划的《哈比比的生活和事业》中文版在北京出版了。当年8月，印尼中国经济社会文化合作协会和印尼总统办公室（1998年5月哈比比当选总统）共同举办该书的发行式，事先正式邀请我出席。我因随同丈夫周刚大使正在拉萨访问，无法应邀前往，却深感欣慰——此书不仅加深了中国读者对邻国印尼和哈比比总统的了解，而且增进了

印尼中华总商会首届总主席陈大江与印尼前总统哈比比（供图：肖正荣）

中印尼两国之间的友谊。

2001 年 6 月底退休回国后，周刚和我有幸于 2003 年、2009 年和 2011 年先后四次访问印尼。第一次访问期间，哈比比前总统虽不在国内，却专门让他儿子前来看望我俩，并带领我俩前去参观新成立的哈比比研究中心。参观结束时，该中心主任特意让我俩观看了放在显著位置的一本《哈比比的生活和事业》中文版，他热情地代表前总统感谢我为推动两国友谊作出的贡献。6 年后，我俩带领清华大学教育基金会访问雅加达期间，通过老朋友陈大江先生（印尼中国总商会名誉主席）的联系，前去哈比比前总统府邸拜会他和夫人。与哈比比伉俪已经 11 年多未能相见，当时我们两对年已古稀的老人紧紧拥抱，互致问候，亲切交谈，就像亲密的年轻好友一样无比兴奋地重聚在一起。

2011 年 8 月，我俩应温州瑞田集团和三一集团邀请，先后两次访问印尼。第三次，我俩带领瑞田集团董事局主席金仕佩和该集团钢业公司董事长林建超等人，仍是通过陈大江先生联系，然后在大江先生父子的带领下，时隔两年再次前往哈比比前总统的府邸。时过境迁，万万没料到总统夫人艾努恩女士已经仙逝一年有余。主人异常生动地向我们讲述了他与夫人长达近半个世纪的难以忘怀的恩爱，十分悲痛地介绍说夫人由于疾病长期缠身、不断恶化，最终于 2010 年 5 月下旬离开人世。为了解脱自己难以克服的痛苦，哈比比接受了医生的建议，花了近半年的时间撰写了《哈比比与艾努恩》这本著作。此书不仅成为印尼的畅销书，还被翻译出版了四种外文版本。主人特地将此书的一本英文译作赠送给我。在金仕佩和林建超欣然同意了我的倡议——由瑞田集团赞助在我国出版此书的中文版之后，哈比比不仅高兴地赞同我提出翻译此书并在北京出版的建议，而且主动表示，在我的译作问世之际，他将前来中国出席此书的发行仪式。

经过一年多的努力，我终于在 2013 年上半年完成了此

2013 年 9 月 25 日，印尼前总统哈比比在雅加达国家博物馆参观"2013 中国当代书画艺术展"。（供图：中新社）

书的翻译，世界知识出版社也在下半年出版了此书的中文版。在我和周刚的倡议下，中国人民外交学会邀请哈比比前总统于9月8日至16日来华出席其著作中文版的发行仪式，并由我俩全程陪同。哈比比前总统带领16位陪同人士先后访问了北京和上海，出席了印尼大使馆和商务团体举行的此书发行仪式。临回国前，他热情邀请我俩今后陪同他前往东盟有关国家出席此书的发行仪式。

今天，我谨将《哈比比与艾努恩》中文版作为一片小瓦，献给中印尼两国的友谊大厦；同时也献给中国读者，希望本书能帮助他们更加了解近邻印度尼西亚，更加珍惜中国印尼来之不易的友谊。

中国印尼共襄壮举

——新兴力量运动会回顾

刘一斌

（中国外交部原主管印尼事务官员、驻外使馆参赞）

2008 年北京奥运会和残奥会期间，我作为志愿者先后为印度尼西亚的两个代表团担任"高级联络员"，亦即全程陪同。这期间，我和代表团的团长、教练、职员、运动员有着广泛的接触，几乎成为代表团的一员。我整个身心沉浸于奥林匹克的氛围，看的、谈的、想的，全部都是体育运动和国际赛事。这勾起了我对国际体育运动史上的一次重大事件——新兴力量运动会的深入思考和全面回忆。

1962 年，中国和印度尼西亚的友好关系渐入佳境，各种互访团组往来如梭，来访的印尼团组应接不暇，翻译奇缺。当时我在外交学院印尼语专业读二年级，暑假被借到国家体委做翻译，帮助接待印尼客人。此间，恰逢世界体育史上发生了一件大事，从此使我关注起国际体育赛事，特别是中国奔向奥林匹克运动会的历程。

印尼仗义，发起新运

1962 年夏，第四届亚运会在印度尼西亚首都雅加达举行。东道主印尼政府坚持"一个中国"的立场，拒绝了台湾体育组织以"中华民国"名义参加。后来，台湾体育队混在印度体育代表团里潜入印尼，在机场被印尼边防查出，驱逐出境。

国际奥委会等体育组织的一些人就此指责印尼破坏奥运会章程，决定不承认第四届亚运会，并撤销对印尼奥委会的承认，无限期禁止印尼参加奥运会。为了抗议这一决定，印尼总统苏加诺于当年 9 月发出举办"新兴力量运动会"的倡议。所谓"新兴力量"，系指第二次世界大战后接踵独立的新兴国家和社会主义国家，它们在国际舞台上异军突起，形成一股新的势力。印尼的倡议得到亚、非、拉和欧洲一些国家的广泛支持。1962 年 11 月，印尼体育部邀请我国体委副主任黄中前往印尼访问，双方发表了联合声明，共襄壮举，创办新运会。

1963 年 4 月，第一届新兴力量运动会筹委会召开，十几个国家与会。会上，有的代表主张把奥运会的宗旨写进新运会的章程，把新运会变成奥运会的补充；也有的力主新运会与奥运会分庭抗礼、并驾齐驱。考虑到奥运精神的传统性和各个参加国的实际境遇，在中国和印尼的主导下，既没有照搬奥运会的章程，又把奥林匹克理想和万隆精神并列，写入新运会的宗旨。这凸显了新运会的新主题、新规程，也反映了新运会和奥林匹克精神的联系。

中国秉公，鼎力支持

中国是新运会最有力的支持者，理由是显而易见的。旧中国长期处于半封建半殖民地状态，人民贫病交加，一顶"东亚病夫"的帽子在人格和尊严上压得中国人民抬不起头来，心灵上的屈辱触发起无数中华儿女的无声悲鸣。新中国成立后，体育事业有了突飞猛进的发展，在毛泽东"发展体育运动，增强人民体质"的号召下，全国广泛开展了群众性体育

1964 年 11 月出版的《人民画报》第一届新兴力量运动会特刊封面（供图：FOTOE）

活动，竞技水平有了很大提高。但是，由于西方国家对新中国实行封锁打压和遏制政策，中国在国际奥委会的合法席位问题一直没有得到合理解决，中国难于参加奥运范围的重大赛事。中国广大运动员虽然训练有素，却无处一试身手。印尼主持正义，对华友好，受到国际体育组织中一些人的敌视，遂愤然发起举办新运会。中国积极支持和参加新运会，既符合道义，也可在国际体育舞台上一展新中国的体育风姿和水平。

1963 年 8 月，印尼体育部长马拉迪率水球队、击剑队访华，两国体育官员就新运会的最后筹备事宜和进一步加强两国体育合作与交流等深入交换了意见。我当时担任翻译，至今仍记得，双方谈的大量话题都集中围绕着新运会。马拉迪一行先后访问了北京、上海、广州，与各地体育界人士进行了广泛的接触和友好比赛，实际上也是在为新运会造势、热身。马拉迪多次表示：在中国等众多国家的支持下，印尼将竭尽全力，把新运会办成新兴力量国家的"奥运会"，让新兴力量以崭新的风貌和优异的成绩展现在国际体育舞台上，让世人刮目相看。他还强调，中国幅员广阔、人口众多、经济发展迅速，体育人才辈出，一旦出现在国际体坛，必将是体育大国，甚至称雄奥运会。但中国却一直不能参加奥运会，这不公平，也有悖于奥运"普遍性"原则。我方人士信心十足地表示：终有一天我们会参加奥运会，还会把奥运会搬到北京来办。当时我感受到，中国人充满了壮志豪情：今天参加新运会，明天参加奥运会，后天举办奥运会！在中国人面前，没有办不成的事！

马拉迪一行所到之处，均受到热烈欢迎，特别是水球队、击剑队的精彩比赛，更是激起轰动效应。赛场爆满，挤得水泄不通；场外也人群云集，收听扩音器播出的赛情。喝彩声、鼓掌声直冲云霄，运动员、裁判员、全体观众都淹没在热烈的海洋中。裁判员的哨音几乎失声，我只能大声呼喊着翻译，虽然声音嘶哑了，但心中激奋。我感受到，热情中包含着中国人民对印尼人民的深厚友情。这种友谊保证了文明观赛，观众给双方都鼓掌加油，对任何一方得分都齐声叫好。印尼水球队员有时在水下做些违规小动作，观众会意地报之以友好的哄堂大笑，没有嘘声，没有讥哄，更没有责骂。这使我感悟到，体育是各国文化交流最容易取得最大公约数的项目，是各国人民友好感情交流的直通车。

友谊，使任何疑难之事都可化解。在上海，印尼体育队乘坐的汽车遇到路障：在一个路口横着绕有铁蒺藜的木架，上插一红白两色小旗，旗端剪有三角口。印尼领队紧急约见陪同的我体委洪林副处长，对此提出质疑和交涉。原来，印尼国旗是红白两色旗，印尼朋友以为有人对他们不友好，故意把他们的国旗剪出三角形缺口，阻断交通，辱损他们。洪林笑着耐心真诚地解释：红色代表危险，白色表示安全，红白旗提示人们，前面危险，注意安全，不要通过，丝毫没有针对印尼朋友之意。在中国，没有任何地方和任何人对印尼有敌意或不友好的。对方听了，释然大笑，紧紧地握住了洪林的手。

这次出差使我感到，体育是世界人民友谊的通用语，我由此起意从事体育领域的国际活动。事后，为了这个美好的心愿，我曾积极努力调到国家体委工作。

马拉迪刚刚结束访华，9月，国际游泳联合会以印尼游泳、跳水运动员访华为由，决定不定期禁止印尼游泳、跳水运动员参加相关项目的国际比赛。这是对中国的一种歧视，也是对印尼抗衡国际体坛霸权、举办新运会的报复性打压。此举大大激发了中国、印尼决心办好新运会的意志力。中国加大了对印尼的支持力度与投入。周恩来总理多次指示并亲自召集陈毅副总理兼外长、贺龙副总理兼体委主任等有关领导开会，研究制定与会方针和参赛原则，决定派出以体委副主任荣高棠为首，副主任李梦华、赵正洪为副的有力班子，率领阵容强大的代表团参加。同时，应印尼的要求，提供了一切可能的援助，从体育设施器材到开幕式用品，包括焰火、彩旗、军乐器具等，堪称"一应俱全"。

新运盛举，空前成功

在印尼的积极组织和广泛联系以及中国的大力推动下，新运会有51国报名参加。1963年10月下旬，我国政府派出

"光华"号轮船，满载我国 228 名运动员和 192 人的艺术团，以及搭乘该船的朝鲜 238 人、越南 107 人的代表团共 600 余人，在交通部、公安部、南海舰队组成的陪送工作组护卫下，浩浩荡荡向雅加达进发。另一路乘飞机前往。两路殊途同抵，受到新运会组委会负责人、印尼体育部长马拉迪的热情迎接。11 月 10 日至 22 日，第一届新兴力量运动会在雅加达隆重举行，成为当时震撼世界体坛的国际盛会。48 个国家和地区的 2404 名运动员参加了 21 个比赛项目的角逐。这远远超过了第一届奥运会只有 13 个国家的 285 名运动员参加 18 个项目比赛的历史纪录。

　　贺龙副总理出席开、闭幕式并应邀访问了印尼。当中国运动员方阵迈着整齐的步伐通过主席台时，全场欢腾，掌声雷动。苏加诺总统紧紧握住贺龙副总理的手，久久不肯放开。这番欢乐气氛和印尼人民的盛情，一浪接着一浪地激荡在中国代表团每个人的心中，也使贺龙深受感动。在中国和印尼

1963 年 11 月 8 日，贺龙副总理飞抵印度尼西亚出席新兴力量运动会，在雅加达机场受到热烈欢迎。（供图：中新社）

羽毛球鏖战时，为不让贺龙情绪过度激动兴奋而影响他的心脏，特意安排他在饭店休息，并专门派电视转播车为他一人转播。但他按捺不住自己，从头看到尾，越看越激奋。原本，在周总理主持的研究参赛方针的会上，贺龙不同意陈毅副总理将羽球金牌让给印尼的建议，主张"能拿就拿"。此时，他却一改初衷，临时决定我方让球，把羽毛球金牌作为一份厚礼送给印尼人民，以答谢印尼筹办新运会的巨大贡献和对中国人民的深厚友情。

羽毛球是印尼的国球，像苏迪曼、梁海量等一批优秀运动员都是技压世界羽坛的高手，印尼羽毛球队是多年驰骋国际羽球赛场的一支劲旅。中国羽毛球队的优秀教练员和运动员，像王文教、汤仙虎、侯加昌等一批人，都是印尼归国华侨。他们在国外时已是颇具潜质的优秀选手，回国后技艺大长，都一心想在新运会上大展身手，与印尼羽毛球队试比高低。他们赛前强化训练，研究战略，摩拳擦掌要问鼎羽毛球冠军，甚至志在必得。在两强搏击、我在势头、伸手得金时，突然接到让球的指示，可以想见他们内心是什么样的感受。但他们没有怨言和遗憾，因为他们"心中有祖国，输赢顾大局"。这是何等博大的胸怀，完全体现了周恩来讲的"友谊第一，比赛第二"的精神。

新运会取得了空前的成功。各国运动员在竞赛中都表现不凡，打破了5项世界纪录和60余项本国纪录。中国运动员共获66枚金牌、56枚银牌和46枚铜牌，在田径、举重、射箭等项目上创造了新的世界纪录。同时，新运会体现了民主、公平的精神和大小强弱一视同仁的原则，促进了新兴国家之间的了解、友谊与团结合作。新运会是新时代的产物，它的成功举办产生了深刻的时代意义。它打破了西方垄断国际体坛的局面，在世界体育舞台上形成新的一极，使包括国际奥委会在内的体育组织不得不逐步听取发展中国家的呼声，向着民主管理和真正意义上的"普遍性"改变自己的航向。

1965年9月，新运会理事会议在北京举行，讨论新运会的发展方向和工作方针、规划。尽管与会的印尼体育部长马拉迪因国内事变心情不好，会议仍然达到了预期的目的。根据理事会的决定，1966年11月25日至12月6日，第一届亚洲新运会在柬埔寨首都金边举行。17个国家和地区派代表团参加，中国派出由国家体委副主任黄中率领的331人组成的庞大代表团，其中2名运动员再次打破举重世界纪录。

新运会的圣火虽然因为印尼和中国的国内形势的重大变化及国际环境的改变没有传承下去，但它的光焰永远彪炳于世界体育史册。

厉兵秣马，冲向奥运

新运会对中华体育健儿是一次竞技水平、实力的大展示、大扬威，是一次励志为国的大教育，也是一次参加奥运会的实战大演练。从此，中国竞技体育踏上了冲刺奥运会的历程。

1984年5月，国际羽毛球团体锦标赛在马来西亚首都吉隆坡举行，中国羽协负责人吕圣荣率中国男女羽毛球队参加。当时我在驻马来西亚使馆任研究室主任，兼管文化事务，全程陪同了羽毛球队的活动。虽然羽毛球那时还不是奥运会项目，但我看到，全体队员都以参加新运会的文明风格和冲击奥运会的拼劲，奋力挥拍扣杀。在男子比赛中，我国名将栾劲在使尽全力击败印尼头号种子选手后，激动地把球拍高高抛向空中，随即瘫倒在地，被人抬下赛场。全场观众感动不已，投去钦佩的目光。虽然因队员韩健的失利，中国队与汤姆斯杯失之交臂，但从全场掌声雷动、欢呼震天的热烈气氛中，可以看出观众对中国球队实力与风格的高度赞佩。5月7日的女子比赛中，我国羽坛女豪李玲蔚等人勇猛拼搏，首次夺得尤伯杯，奠定了中国羽毛球队在国际锦标赛中连得8次尤伯杯的基础。印尼羽毛球领队向我称赞道："中国球员技术全面，长拉短扣、强攻巧吊，都很厉害。"接着友好地说："今天我们是对手、竞争者，在争取羽毛球列入奥运会项目上，我们是合作者。"我握了握他的手补充说："是朋友、战友。"我还向印尼领队谈及新运会，称其为印尼在国际体育史上的杰出贡献，也谈到新运会上羽球比赛的精彩亮点。他立刻振奋地说：羽毛球大奖在我们民族的心目中是最高体育奖项，获得这项奖是无上荣耀。中国当时把这一荣誉悄无声息地让给印尼，表现了中国的无私与友善，是送给印尼的最大的厚礼。我说，为了答谢印尼对华的好意和共同反对国际体育霸权主义，中国对印尼应该作出自己的贡献。

赛后，中国驻马来西亚大使陈抗为羽毛球队举行庆功宴，许多运动员都兴奋地表示，要把取得的胜利作为练球，作为冲向奥运会的起点。事情的发展没有辜负人们的期望，1985年6月5日，国际奥委会通过决定，把羽毛球列为奥运会项目。在中国羽毛球队轰动马来西亚的同时，神枪手许海峰在1984年洛杉矶奥运会上旗开得胜、首夺金牌，体操王子李宁连夺三金。中国在奥运会上初露锋芒，就振奋了马来西亚朋友，特别是华人社会。他们纷纷打电话祝贺，见面就伸大拇指，不少人说，如果羽毛球列入奥运会，中国又多一枚金牌。

弘扬奥运，不忘新运

历史的长河滚滚向前，纷繁的世界更为斑斓。中国从参加新运会到举办奥运会，历经 40 年，虽道路崎岖，但胜利连连，体育事业蓬勃发展。特别是 2008 年在"人文奥运"、"科技奥运"、"绿色奥运"的新理念下，成功举办了无与伦比的北京奥运，更显示出中国的国力和体育水平。这次奥运会成为奥运史上的里程碑。我有幸作为志愿者参与其中，感到莫大的愉快和自豪。

这期间，我经常眼前看的是奥运会的赛事，脑海里回旋的是新运会的场景，尽情回忆着新运会的筹办过程与盛况，重温着中国在新运会取得辉煌成绩的那种扬眉吐气的激奋感受。我与印尼代表团的朋友们畅谈着新运会的背景与盛景，有时不乏深情与兴奋，引起他们极大的兴趣。他们不厌其详地问我许多问题，我有问必答地讲述了许多动人的故事。他们对这件往事已逐渐淡漠，有的因年龄的隔阂则全然不知，当听了我的讲述后，知道印尼曾在世界体育史上有过如此辉煌的创举与贡献，感到无比的高兴，脸上的表情充盈着民族自豪感。他们知道中印尼曾有如此密切的体育合作，心里充满了友好和亲切的感情，都觉得中印尼关系上那段不愉快的历史实在不应该发生。这种情绪，从他们对我的热情和尊重中充分展现出来。他们把我视为印尼举办新运会这一光荣历史的见证人。当他们知道我曾参与接待过苏加诺总统访华，当即流露出了肃然起敬和无比羡慕的神情。我在随团出席印尼使馆国庆招待会和几次宴请代表团的活动中，都被引为上宾。

我向印尼著名羽毛球明星陶菲克谈及新运会上中印尼羽

2008 年北京奥运会期间，刘一斌夫妇分别担任印尼和马拉维体育代表团的高级联络员。

毛球比赛的一些佳话，特别是关于贺龙元帅下令让球的故事。陶菲克显出激动的神情，诚恳地说，中国羽毛球的技术水平很高，比赛经验丰富。我也由衷地表示，中国羽毛球运动的发展和竞技水平的提高，受益于印尼羽毛球运动事业。为中国羽毛球运动奠定基础的老一代教练员和运动员，都是从印尼归国的华侨。他们把在印尼练就的高超技艺带回了中国。所以，印尼羽球运动是中国羽球运动的老师。陶菲克显得很高兴，转而又遗憾地说，现在印尼羽球水平落后于中国。我说这叫"青出于蓝胜于蓝"，我们双方可以互相学习，携手提高，共创羽球运动的国际辉煌。

由于新运会的历史情结和中印尼密切合作过的友谊，我对印尼代表团的服务可谓尽心尽力，在职责范围内的工作无一疏漏，还千方百计地帮助代表团解决了几项疑难问题，如印尼最大的体育赞助商的专机着陆问题、印尼队升旗仪式的主宾席位问题，以及羽球名将陶菲克的双亲临时来华观战的入场问题。团长对我的工作非常满意，临别时拿出厚厚一沓人民币表示谢意。我诚恳谢绝，获得了团长的敬意。最后，团长赠予我一封衷心致意的感谢信，并真情地说：希望中国和印尼发扬新运会精神，继承两国在新运会上密切合作的传统，在国际体育舞台上互相支持、真诚合作，共创辉煌成绩。我也被深深打动，表示：虽然新运会的圣火因各种因素的影响没有传承下来，但她永远燃烧在中印尼两国人民和爱好和平的世界体育人士的心中。新运会精神永放光芒！

忆篇

印尼牵动我的心

刘一斌

（中国外交部原主管印尼事务官员、驻外使馆参赞）

自学习印尼语起，我就立志为中印尼友谊贡献我的一生。尽管后来被派往别的国家工作，甚至"流落"到远隔重洋的加勒比地区和非洲，我的心始终关注着印尼，脉搏随印尼的形势和动态起伏。我深深地感到，我的感情已与印尼人民的感情嫁接在一起。

我的印尼缘

1956 年 10 月，我在鞍山读初三。一天，学校突然接到政治任务，组织学生到军用机场欢迎国宾，我被选入其中。我们身着整洁的服装，手持鲜花、国旗，极目注视着徐徐降落的飞机，内心充满了兴奋。一会儿，印尼总统苏加诺在陈毅副总理的陪同下，走过欢呼雀跃的欢迎人群。苏加诺黝黑脸膛，圆睁大眼，头戴北芝帽，手握权杖，一身笔挺的统帅制服，显得身材挺拔、仪态威武，脸上流露着微笑，显示出友好的表情。这就是我对苏加诺的第一印象，它永远定格在我的脑海里。晚上，父亲参加完欢迎宴会回家，给我讲述了宴会的情景，这铸成了我对苏加诺长期的良好记忆。第二天晚上，父亲带我观看了苏加诺带来的巴厘艺术团的演出。我虽不懂艺术，但听多了强节奏的革命歌曲，看惯了刚劲有力的舞蹈，乍看巴厘歌舞颇有新鲜感。悠扬的曲调，委婉的唱腔，舒缓的节奏，让人宛如漫步在万籁俱寂、只闻琴鸣的幻

刘一斌 1962 年在外交学院就读时留影。

境中。演员们婀娜多姿、柔和舒曼、纤手轻扬、眼神灵动，展示出巴厘宫廷舞和宗教舞的曼妙、优美。我第一次感受到柔美的力量，它对人的审美有着巨大的撞击力。

几天后，学校举行文艺汇演，一位同学竟独自跳起了"巴厘舞"。他的一招一式动作细腻，看上去模仿得惟妙惟肖，招来了全场的阵阵掌声。看来，巴厘舞的魅力吸引的不仅仅是我一人。

说来有些宿命。我高中毕业考进外交学院（时称国际关系学院），被分配学习印尼语。不久，陈毅当了我们的院长。这使我在内心里对印尼语和陈毅院长有种亲切感，学习起来特别卖力。开课第一堂，刚从驻印尼使馆调回的张琼郁老师开宗明义告诉大家，我们班是根据周总理的指示开办的，是培养印尼问题专家的。他要求我们打好专业思想基础，做好一辈子做印尼工作的思想准备。张老师废寝忘食，教学辅导两手抓。同学们发奋努力，勤学苦练埋头学。我们像群刚破壳的"小鸡"，每天紧紧地围绕在张老师的身边，见啥问啥，随手记下。张老师百问不厌，诲人不倦，无愧于师表；我们争气，不负于教诲。在缺语言环境和工具书的条件下，两个多月我们即可流利地会话。后来增加了3位助教，并聘请了印尼共主席艾地的弟弟、作家索布伦·艾地为专家，等于一位老师带两名学生，可见国家投入之大。大学二年级，我们即被借调出去做翻译，已基本没有语言困难。毕业前夕，《人民中国》（印尼文版）杂志社记者小舟对我进行了专访，对我们班的学习情况作了长篇报道，结尾还节引了我写给索布伦老师的一首诗。

1965年9月16日，我调入外交部第一亚洲司，主管印尼事务。这一干就是15年。

沉重的亲历

1965年，中国和印度尼西亚关系正值鼎盛时期，高层互访频繁，各类团组往来如织。国庆期间集聚北京的印尼大小团组和人数创历年之最，更居各国访华客人之首。印尼语翻译奇缺。我到外交部报到的第二天，就被借调到国防部接待印尼临时人民协商会议副主席威卢约·普斯波尤多率领的印尼国防学会代表团。这期间，印尼发生"9·30"事件，两国关系骤然从空前热络跌到冰点，最终导致了两国23年无外交的状况。我经历了两国关系从密切合作急转直下，到恶化、断交的全过程。这段沉痛的亲历，给我留下了无法泯灭的记忆。

10月1日晚，国庆焰火晚会进行过半之时，周恩来总理按西方几家大通讯社报道的消息告诉印尼外宾，9月30日晚上，雅加达发生了一起重大事件，总统警卫营采取行动，挫败了旨在推翻苏加诺总统的政变。我闻之一惊。当晚，在天安门城楼上的印尼外宾很多，除威卢约·普斯波尤多率领的代表团外，重要的还有由主席哈鲁尔·萨勒率领的印尼临时人民协商会议代表团以及经济、高教代表团，由院长比莫阿里约特佐率领的印尼空军参谋学院考察团等。他们听了周总理的通报后，先后提前离场，回到下榻的饭店。国防学会是苏加诺总统组织的包括左中右军政人员的统战机构，其代表团回到京西宾馆后，像炸了油锅，情绪激荡，政治上截然分野。时任国防部办公厅副主任兼外事局局长的肖向荣中将要求我们接待人员谨言慎行，耐心做好服务工作。我是该团的主要翻译，为慎重起见，代表团的沟通联络统一由我翻译。

送走代表团后，我每天阅读大量外电消息，紧盯住印尼局势不放。各种消息扑面而来，对于"城门失火，殃及池鱼"的事态，我心情特别沉痛。我从外电得悉，10月1日，时任战略后备司令部司令、陆军少将苏哈托调动大量兵力控制了首都雅加达，并宣布雅加达所在的第五军区处于紧急状态。10月2日，印尼共中央机关报《人民日报》及《忠诚报》被禁止发行。8日至10日，印尼共及其群众团体的总部相继被捣毁。18日，雅加达军区司令部宣布取缔上述组织。

事情发生后，中国政府对友好国家发生如此不幸的事件极为关切。因不了解就里，不便表态，我国采取了冷静观察、认真分析、客观报道、"不持立场"的态度。当时，我国认为"9·30"事件是印尼国内矛盾发展的结果。苏加诺总统在国际上高举反帝、反殖大旗，推动不结盟运动，举办新运会，退出联合国，赶走美国和平队，关闭美国新闻处和美资企业；在国内依靠印尼共为代表的左翼势力和进步力量。这些政策触及了美国的利益，受到美国的打压。美国还扶持苏加诺的反对势力。我们支持苏加诺的立场，在美国断绝对印尼的经援后，给予了力所能及的援助。这使两国成为"不结盟的盟友"，一度被国际媒体称为"北京—雅加达轴心"。须指出，当时中国对印尼是发展国家关系，给予的支持和援助是对苏加诺政府的，不是给印尼共的。我们与印尼共的关系恪守国际主义准则，只有意识形态的联系和政治、道义上的同情支持。

我们对中印尼关系极为珍视。"9·30"事件后，为维护中印尼人民的友好感情，我电台、报刊暂不报道印尼政局变化。10月4日，刘少奇主席和周恩来总理联名致电苏加诺总统，就印尼发生"9·30"事件表示慰问，继续表现出我对印尼的友好态度。始料不及的是，自10月6日起，印尼某些报纸就影射中国"参与谋划"和"支持""9·30"事件，并造谣称：中国情报局为恐怖分子提供大量武器、金钱和通信器材来打倒印尼共和国。10月8日，印尼一些过激群众到我驻雅加达总领事馆（实为使馆领事部驻地）示威。10日，我大使馆向印尼外交部提出口头交涉和备忘录。考虑到中印尼关系大局，没有提出抗议。16日，军人包围搜查了中国商务参赞处，我方提出强烈抗议。20日，我《人民日报》第一次发表了印尼政局发生急剧变化的综合报道。从此，我被拖入中印尼外交斗争的漩涡，受着极为繁忙的工作和心境不爽的双重压力。开始的半年内，我不曾离开过办公室，很快患上了胃溃疡。自此，胃病困扰了我的一生。

那时，苏加诺已被某一势力挟持，无力控制局势，但仍表示要维持两国友好。10 月 25 日，苏加诺写信给毛泽东、刘少奇、周恩来和陈毅等中国领导人，对印尼反共势力企图离间两国关系，对数起武装部队人员进入中华人民共和国驻印尼代表机构的事件表示"最大歉意"，因为这破坏了两国良好关系的基础。信中他坦承了自己的难处，企望中国不要连连抗议，容他有一定时间处理好对华关系。当时印尼政局复杂，苏加诺地位微妙，如何复信颇费周章。被周总理从钓鱼台第二次亚非会议筹备班子抽回来的章文晋，领着第一亚洲司的几位"秀才"苦战了 3 天 3 夜，先后 3 次把复信呈送周总理，都未通过。最后，由乔冠华出马，亲自执笔，复信才过了周总理的关，并于 30 日发出。信写得语气亲切而严正，态度友好而又有斗争。在处理两国关系问题上，我们一直留有余地，始终本着后发制人的方针，使斗争有理、有利、有节。

　　1966 年 3 月，苏哈托代行总统职权。两国关系恶化形势升级，各种来往陆续中断。1967 年 8 月 24 日，印尼决定将其驻华使馆全部人员撤离回国。10 月 23 日，印尼外交部照会我方，宣布印尼政府决定关闭驻华使馆，要求我保证其使馆人员安全撤离。同时，要求我自 1967 年 10 月 30 日起，关闭驻印尼大使馆和所有总领事馆，上述机构的全体中国人员在最短时间内离开印尼领土。10 月 27 日，我国政府发表声明，对印尼政府宣布中断两国外交关系表示愤慨，提出强烈抗议。同时宣布，中国政府不得不暂时关闭中国驻印尼大使馆和各领事馆，撤回使领馆全部人员。10 月 28 日，我外交部照会印尼使馆，提出由罗马尼亚代管我在印尼的合法权益，拟派专机于 10 月 31 日前往雅加达接回我使领馆全部人员，并愿意为印尼驻华人员提供搭乘上述民航专机返回印尼的便利。10

月 29 日，印尼复照同意我方要求，并宣布其在华权益由柬埔寨代管。

中印尼关系从此中断，持续达 23 年。

不了印尼情

中印尼关系中断后，我继续主管印尼事务，主要是研究印尼政局。经过长期的观察和思考，我认为，中印尼中断外交关系并非双方之愿，而是各自国内的特殊政治形势酿成的后果。印尼"9·30"事件后反共情绪弥漫全国，人们把对事件的怨恨武断地迁怒到曾大力支持苏加诺及与印尼共友好的中国身上。当时印尼正处于政权更迭的过程中，对各种政治势力的驾驭能力有限，社会脱序失控，右翼军人和极端分子趁着镇压共产党的势头为所欲为，做了大量损害两国关系的事情。但主政者并不想做绝，对断交采用了"中止"的提法，一直视中国为建交国，拒绝同台湾建交。这表明了印尼的大国思维，其在战略上仍重视对华关系。不过，印尼当局担心与中国复交后社会主义影响扩大，共产党会"死灰复燃"，所以从 1974 年起就放言复交，却迟迟不见行动。中印尼关系暴风骤雨的岁月，正赶上中国"文革"高潮，极"左"思潮泛滥，极左势力肆虐无忌地对外交工作干扰破坏，"斗"字当头，四面出击，致使中国与周边国家关系恶化。但中国对与印尼的关系始终留有余地，任何有损两国关系的举动都不走第一步。对于印尼在复交问题上犹豫不决、迟疑不前，中方一直予以理解，耐心等待。此间，两国互有微动，也有些接触，双方常驻联合国代表团是重要渠道之一。联合国总部有一房间被人称为"印尼室"，就是两国代表常会晤的地方。中印尼断交后的关系正应了中国的一句俗语——"打断骨头连着筋"。

亚洲两个大国没有外交关系，对双方均不利，也不利于中国与东盟关系的发展。在断交期间，我一直期望两国尽早复交，工作中尽量捕捉印尼方面的积极苗头。1974年，印尼某些政要释放出一些积极的信号。于是，在一次形势务虚会上，许多同事认为不排除印尼在中国和马来西亚建交后与我国复交的可能性。我根据大家的意见，撰写了一期《新情况》，引来一些异议。韩念龙副部长把我叫去，当面告诫：对印尼复交问题不要操之过急，复不复交是印尼国内形势决定的，我们只能适当推动，乐观其成。当年底，印尼外长马利克访问苏联，引起我方高度警惕，以为与华交恶的苏联可能拉拢印尼反华。我密切注视其访问的全过程，除商谈两国发展经贸关系外，没有涉及针对中国的内容。可见当时印尼对华立场是"防范而不敌视"，不做伤害中国感情和利益的事。我又将此写成《新情况》，发往高层和相关部门。

多年来，印尼文成为我与印尼人士接触的"信用卡"，无论走到哪里，只要一张口，就有印尼朋友走上来亲切交谈。在马来西亚工作期间，每次大型招待会，我身旁总是围拢着一些印尼朋友谈天说地，相谈甚欢。在1984年吉隆坡世界羽毛球锦标赛上，我和印尼羽球领队并坐观战，交流着关于共同推动羽球列为奥运项目的意见。我与印尼驻马使馆一位二秘及美国的一位二秘组织三个使馆的联谊活动，每个周末举办一次各具特色的游艺活动，轮流坐庄，邀请全体参加。三馆的关系堪称热络。1990年我到美国任驻休斯敦总领馆副总领事后，主动邀请印尼总领馆的全体人员到我馆做客，品尝中国饭菜，玩耍中国游戏。总领事让我代为致辞，我便开口讲起了印尼语，边译成汉语，招来印尼朋友的热烈掌声。1991年9月，我离任回国，印尼的全体领事集体为我送行，进行了知己交谈。

我一生被贴着"印尼文干部"的标签。1989年2月，钱其琛外长在东京会晤印尼总统苏哈托，达成协议，两国遂于1990年8月8日复交，友好关系得到重生。正式复交前夕，钱外长在部党委会上点名让我带人去雅加达建馆，但主管干部的领导说我在休斯敦一时抽不开。这成为我的终生憾事。

退休之后，我的印尼情结依然难解。我曾带中国企业家到印尼考察市场，在泗水与林文光的金锋集团（Maspion Group）洽谈投资设厂。2008年北京奥运会、残奥会期间，我作为志愿者为印尼代表团做联络员，帮助解决了几项代表团自身无法解决的难题。当听我讲述当年见过苏加诺及印尼举办新兴力量运动会的壮举时，印尼朋友充满了自豪，对我格外亲切。

我对印尼有着特殊的敏感，无论何时何地提到印尼或听到印尼语，我都会有兴奋感。即使在公园遇到印尼游客，我都主动上前搭讪攀谈，作"义务导游"。几十年心中装着印尼，已使我对其"神牵魂系"。

重返"千岛之国"

刘新生

（中国前驻文莱大使、前驻印尼使馆政务参赞）

1990 年 8 月 8 日，是中国和印尼两国关系史上令人难忘的一天。就在这一天，钱其琛外长和阿拉塔斯外长代表两国政府在雅加达签署了《关于恢复外交关系的谅解备忘录》，从而向全世界宣告：中断 23 年之久的中国和印尼之间的外交关系从今天开始正式恢复。我当时作为李鹏总理出访印尼的随行人员之一，出席了这一历史性文件的签字仪式，目睹了这一重要场面，实在是终生难忘的幸事。此后不久，我受命出任中国驻印尼使馆临时代办，从而开始踏上重返"千岛之国"的历程。

难忘的故地情怀

1990 年 9 月 12 日，我带领一个 7 人先遣组赴印尼筹建大使馆。在前往印尼途中，我们在香港停留了数日。9 月 16 日，我们乘坐印尼鹰记航空公司 GA 875 航班续程飞往雅加达。座机从香港启德机场起飞后，穿过云层腾空而起。当飞机升高平飞时，茫茫云海，平铺长空，从机窗向外了望，真有天上人间之感。4 个多小时后，进入印尼海域的上空，从飞机上俯瞰，碧波万里的洋面上散落着无数美丽晶莹的岛屿，"千岛之国"展现出妩媚动人的丰姿。当地时间下午 6 时，飞机平稳地降落在雅加达苏加诺—哈达国际机场。下飞机后，前来迎接我们的印尼外交部礼宾司官员非常顺利地协助我们

上世纪60年代的雅加达，还是一座较为落后的普通城市。

办理了各项入境手续。稍事休息后，我们一起驱车前往市区。

雅加达这座城市对我并不陌生。60年代我曾在该市印尼大学文学院留学进修印尼文学，继而在我国驻印尼使馆工作数年，直至1967年两国中断外交关系回国。如今，时隔23年重返故地，感慨万千。回想当时，我还是一个初出茅庐的小字辈，如今已逐步进入外交生涯的终点，而作为我外交生涯起点的雅加达这座古老的城市倒是更年轻了。

早在500多年前，雅加达就是输出胡椒和香料的著名海港，当时名为"巽他格拉巴"，意即"椰子"，因而当地华人将它称为"椰城"。1527年，万丹回教军占领此地，改称"雅加达"，此名含有胜利和光荣之意。1618年被荷兰殖民军攻占后，易名"巴达维亚"。从此，这里变成荷兰殖民者奴役和剥削印尼人民的大本营。第二次世界大战中，日本又侵占了印尼，直到1945年印尼宣布独立后，雅加达才恢复原名，并被定为印尼共和国首都。

记得我60年代在这里时，雅加达还是一个较为落后的普通城市。时隔 20 多年，这座城市已今非昔比了。雅加达的快速发展主要是 80 年代以后，印尼政府着力建设，大兴土木，美化市容，使其成为一座占地 5775 平方公里、人口近 800 万、各种设施齐全的现代化城市。路旁树木成荫，苍翠欲滴；超级市场与各类商店鳞次栉比；一幢幢风格迥异的高层建筑——豪华公寓、星级酒店与写字楼拔地而起。当从机场乘车驶向市区时，我探头窥视道路两侧，已难以找到过去熟悉的建筑与街景了。晚间华灯齐放，五颜六色，闪烁变幻的霓虹灯与街心公园喷洒的水花银柱交相辉映，更是一派繁荣景象。我暗自思量，雅加达确实是"旧貌换新颜"了。

五星红旗重新飘扬

中国与印尼是亚洲的近邻，自古以来两国人民就有着传统友好的往来，结下深厚的情谊。1950 年 4 月 13 日，印尼同中国建交，成为同我国建交最早的国家之一。两国之间曾有过良好的合作，共同为维护亚洲地区的和平与稳定作出了积极贡献。尽管两国关系出现过一段曲折，但这与两国友好交往的悠久历史相比，毕竟只是一段短暂的插曲。

根据印尼外交部政治总司长维尔约诺先生建议，大使馆临时馆址暂设在市中心区的婆罗浮屠酒店。该酒店是一座 20 层的高层建筑，属五星级，设备齐全，娱乐与健身和服务设施应有尽有。酒店院内绿草如茵，灌木青翠，花卉繁多。低低的栅栏上攀缘着茂密的青藤，其间点缀着各色鲜花，相映生辉。酒店底层后院有一个很大的游泳池，池旁的桌边支着五颜六色的太阳伞，伞下摆放着一排排折叠椅，供旅客游泳后休息。酒店虽地处闹市，但"闹中有静"，是个很好的休闲之

刘新生临时代办（穿米色西装者）在雅加达婆罗浮屠酒店的阳台上主持升旗仪式。从此，五星红旗重新飘扬在"千岛之国"上空。

地。可是我们几名先遣组人员肩负着建馆的重任，很少有时间享用其中的娱乐与健身设施，大家都把精力放在建馆初期千头万绪的事务上。这个酒店对我们来说，最大的优点是离印尼外交部仅五六百米。当时我们几乎每天要与外交部联系，由于临近，我们有急事往往步行前往。另一个优越性是酒店给中国大使馆30%的房价优惠，可给国家节省一笔外汇开支，而且酒店上至总经理，下至服务员，对中国大使馆工作人员均非常热情友好。

经过双方协商，中国大使馆定于 1990 年 9 月 27 日正式开馆。在开馆仪式上，一面崭新的五星红旗在酒店二楼阳台的旗杆上冉冉升起，迎风飘扬。使馆全体外交人员在庄严的中华人民共和国国歌乐曲声中，向代表着国家尊严、象征着国家主权的国旗行注目礼。在升旗仪式上，我发表简短讲话说：中国与印尼是海水相连的近邻，两国人民之间有着长期友好交往的历史。由于双方的共同努力，现在这两个亚洲大国之间恢复了正常的外交关系。这不仅符合两国人民的共同愿望和根本利益，而且有利于亚洲地区的和平、稳定和发展。希望大使馆全体人员为维护和发展中国与印尼之间的友好关系而努力工作。印尼外交部礼宾司负责官员应邀出席了开馆仪式，不少新闻记者也闻讯前来观看和采访。在宽阔的阳台上，仪式完而人不散，来宾们主动与使馆工作人员握手欢谈，共享复交后的喜悦。一些记者围住我，问我此时此刻有何感想，对中印尼两国关系发展前景有何看法，等等，我笑着回答说：今天我很高兴，两国互设使馆标志着经过将近四分之一世纪的隔绝之后，两国关系完全正常化了。中国同印尼都是发展中国家，尽管国情相异，社会制度不同，但这不应该成为发展关系的障碍。应该说，中国同印尼之间的共同点还是很多的，可以合作的领域相当广阔，潜力很大，在维护世界和本地区和平、发展民族经济等许多重大问题上的看法是一致或相似的。结束过去，展望未来，两国关系的前景正像一首中国民间诗歌所表述的那样，"春梅已著一枝，繁花盛开的季节已是不远了"。

次日，雅加达各大报纸在头版报道了中国大使馆正式开馆的消息，刊登了使馆升旗仪式的大幅照片，其中所用的标题和导语有："五星红旗重新飘扬在雅加达上空""中国人又回来了"，等等。当然，也有个别报纸别有用心地做点不友好的文章，但由于中国的地位和影响，加上两国毕竟恢复了外交关系，所以舆论导向基本上还是客观和友好的。

首次国庆招待会

我离京赴任前，外交部领导向我交代了两项"政治任务"：一是抵达印尼之后，要设法尽快开馆，正式对外办公；二是要举办 41 周年国庆招待会。当时，我向有关领导表示，我将尽力去完成。但心里还是在嘀咕，在短短半个月时间内既要开馆，又要搞国庆招待会，任务确实艰巨。

抵达印尼后，我向先遣组 7 名同志传达了这两项"政治任务"，并研究了具体落实办法。按照部领导国庆招待会"小型、双边、官方"的有关指示，我约见了印尼外交部亚太司司长布尔先生和礼宾司代司长苏里雅迪先生，请他们予以协助。布尔先生和苏里雅迪先生当即表示，"请代办先生放心，外交部将全力协助大使馆筹办国庆招待会"。先遣组 7 名同志在筹备有关开馆事宜的同时，全力以赴准备国庆招待会。国庆招待会时间定为 10 月 2 日晚 7 时。参照印尼外交部礼宾司提供的名单，我们发出了近百张请帖。

我们"因地制宜"，在婆罗浮屠酒店租用了一个小宴会厅，搞了一个冷餐招待会。酒店方面按照我们的要求进行了一番布置。宴会厅正面悬挂一幅写有"庆祝中华人民共和国成立四十一周年"横幅，两边竖立着中印尼两国国旗，冷餐台上放着刻有"41"字样的冰雕，宴会厅内一派喜庆气氛。晚 7 时，客人们陆续光临。7时30分，印尼国防部长兼代理外长贝尼·穆达尼将军作为主宾在外交部礼宾司总司长卡达里斯曼先生陪同下步入宴会厅，在播放中印尼两国国歌之后，招待会正式开始。穆达尼将军对我说，阿拉塔斯外长去纽约出席第45届联合国大会，他作为代理外长向我表示"双重祝贺"，一是祝贺中国大使馆正式开馆，二是祝贺中华人民共和国成立41周年。当他看到出席招待会的仅有五六十人时，问我为什么不多请些客人。我说，因为我们刚来印尼，地生人疏，相信明年的国庆招待会会有更多朋友光临。我转而又说，将军阁下的光临使我们招待会光彩大增，我要向您表示衷心感谢；并说，我还要向将军阁下祝贺。他愣了一下，问我："你要向我祝贺什么？！"我说："今天是将军阁下生日，我祝您生日快乐！"将军对我刚到印尼不久竟知道他的生日感到既惊讶又高兴。次日，我们在酒店定做了一个生日蛋糕，派专人送到他府上。此后，穆达尼将军见到我时，对我赠送他生日蛋糕之事多次表示感谢。

印尼国防部长穆达尼（左）和国务部长穆迪奥诺（中）应邀出席中国大使馆庆祝中华人民共和国成立41周年招待会。图为刘新生临时代办与两位部长在招待会上合影留念。

在穆达尼将军抵达 15 分钟后，卡达里斯曼总司长通知我，穆迪奥诺国务部长要来出席招待会。1989 年 2 月 23 日，钱其琛外长在东京出席日本天皇葬礼期间曾会晤过穆迪奥诺国务部长。会晤后，钱外长和穆迪奥诺国务部长曾共同会见记者，就中印尼两国关系正常化问题发表了"三点意见"。此次会晤意味着两国关系正常化进程的开始。卡达里斯曼总司长还告诉我，穆迪奥诺国务部长有"两个特点"，一是他除陪同苏哈托总统出访外，本人很少出国访问；二是他很少出席外国使团的国庆招待会这类社交活动，今天国务部长亲临中国大使馆国庆招待会是个"例外"。我一见到穆迪奥诺国务部长，首先转达了钱其琛外长对他的问候，并感谢他为实现两国关系正常化所作出的积极贡献。我说，部长阁下是两国关系正常化的开路先锋。他谦虚地说，决策者是苏哈托总统，他只不过是做些具体工作。他还愉快地向我讲述了 1989 年 2 月他同钱外长"东京会晤"的一些情景，并一定要我转达他对钱外长的问候。接着，他向我询问了正在北京举行的第 11 届亚运会一些赛事的情况，并说，10 月 4 日和 5 日将要举行网球女双和混双决赛，他是印尼全国网球协会主席，要赶到北京为印尼运动员助威。由于时间和航班的关系，他决定 10 月 4 日绕道东京去北京，而且下飞机后从机场直接去比赛场地。我当即表示欢迎部长阁下去北京观看比赛，并允将此事立即报告国内有关部门（事后得知，女双和混双两项金牌均为印尼运动员摘取）。

一个半小时的国庆招待会时间已过，但来宾们个个不愿离去。前来出席招待会的除印尼内阁两位"重量级部长"外，还有雅加达特区省长、卫戍司令和外交部一些高级官员。印尼外交部礼宾司一名官员对我说："你们的招待会出席人数虽不多，但出席的印尼官员规格之高，恐怕在雅加达使团庆祝国庆招待会中也不多见。"他祝贺中国使馆重开后首次国庆招待会取得成功。

两场拜会活动

1990年10月8日，穆迪奥诺国务部长的秘书打电话给使馆说，国务部长下午4点要见中国代办，请提前一刻钟抵达。穆迪奥诺部长办公室——国务秘书处同印尼独立宫（即总统府）仅一墙之隔，我和一名助手应约按时抵达国务秘书处。部长秘书已在楼下门口迎候我们，稍事寒暄后将我们领到二楼一会客厅等候部长接见。4时整，部长秘书将我领到部长办公室。一名摄影记者在为我们拍照留念后即退出。

我刚刚坐下，穆迪奥诺部长就开始畅谈他不久前的北京之行。他说，在北京停留的两天时间里受到中方的热情、友好和周到的接待，给他留下了美好的回忆。他十分感谢李鹏总理在百忙中接见了他，并要我转达对李鹏总理的谢意和问候。他还说，遗憾的是，由于钱外长在纽约参加联大会议，此次未能在北京相见，相信以后还有见面的机会。我首先祝贺他凯旋，然后问他"本届亚运会冠军是谁"，他不假思索地回答说："中国是当之无愧的冠军！"我说："谢谢阁下。不过，我认为本届亚运会的'绝对冠军'是部长阁下。您看，阁下在北京停了两天，印尼网球队就拿了两块金牌。如果部长阁下在北京多停留几天，印尼代表队的金牌数目岂不是会成倍增加。"他听后哈哈大笑。

接着，穆迪奥诺部长将话题转到苏哈托总统访华问题上。他说，苏哈托总统已愉快地接受杨尚昆主席和李鹏总理的邀请，决定 1990 年 11 月中旬对中国进行国事访问。我当即表示，苏哈托总统访华是两国关系中的一件大事，相信总统访华将会进一步促进中国和印尼友好关系的发展。由于我们是用印尼语直接交谈，因而气氛十分融洽，不知不觉会见已持续了 45 分钟，我起身告辞，并感谢他在百忙中接见我。话别时，他握住我的双手说，在筹建使馆过程中如有困难，可随时打电话找他。我对他的好意再次表示谢意。

在拜会穆迪奥诺国务部长四天之后，阿拉塔斯外长 10 月 12 日又接见了我。阿拉塔斯外长在印尼人中可以说是体态端庄、五官端正、风度翩翩而又才华出众的人物，他在任何场合总是举止得体、稳重大方、谈笑自如。他常以委婉的辞令但十分坚定地维护本国的基本立场或中肯地阐明对某个重大国际问题的看法，实在是一位不可多得的杰出外交家。他曾于 1990 年 7 月 1 日至 4 日访华，与钱其琛外长签署了中印尼复交公报。我当时在北京参与了阿拉塔斯外长访华的接待工作。他一见面就解释说，他刚从纽约出席联合国大会回国。他欢迎我再次来印尼工作，并询问建馆工作进展情况，有什么困难没有。我表示，由于印尼外交部有关官员大力协助，建馆工作十分顺利，临时馆址就设在婆罗浮屠酒店。他听后点头说："很好，很好，那我们就成了邻居了！"他祝贺中国大使馆不久前正式开馆，并对两国关系在复交后迅速发展感到满意和高兴。

会见中，双方还谈到了柬埔寨问题。阿拉塔斯外长说，他作为柬埔寨巴黎国际会议两主席之一，高度赞赏中国在解决柬埔寨问题上所作的努力和所起的作用。并说，印尼和中国将为维护本地区的稳定与和平继续进行合作，共同努力。我首先感谢他回国不久就接见我，感谢他多年来为恢复两国外交关系所作的积极努力，并转达了钱其琛外长对他的问候。

我还表示，中国领导人正期待着苏哈托总统即将对中国进行的访问。阿拉塔斯外长说，两国高层领导人互访将会加深了解和相互信任，他相信苏哈托总统这次历史性访问必将把两国友好合作关系推向一个新的阶段。会见结束时，我向他表示，大使馆将全力做好苏哈托总统访华的有关联络工作。

睦邻友好谱新篇

中印尼两国有着长期友好交往的历史。在上世纪争取民族独立和解放的历史进程中，两国人民始终相互同情、相互支持。新中国成立后，印尼是最早同中国建交的国家之一。1955年，两国同其他亚非国家携手合作，在万隆会议上共同倡导了以和平共处、求同存异为核心的万隆精神——至今仍是国与国相处的重要准则，为推动建设新型国际关系作出了不可磨灭的历史贡献。中国和印尼两国1990年实现复交、2005年建立战略伙伴关系，两国关系由此进入新的发展时期。近年来，中印尼各领域友好合作不断结出新的硕果，两国关系呈现出全方位、多层次、高水平的良好发展势头。

首先是政治互信不断加强。两国高层互访频繁，政治、外交、经济、防务、海上等对话机制运行顺畅。2005年至2012年，两国建立了副总理级对话、防务磋商、海上合作等多层级、多领域合作机制。2013年10月，双方决定在2005年4月25日签署的《关于建立战略伙伴关系的联合宣言》和2010年1月21日签署的《关于落实战略伙伴关系联合宣言的行动计划》基础上，将双边关系提升为全面战略伙伴关系，从战略高度为两国关系的未来发展指明了方向。

第二是经贸和投资合作迅速扩大。过去5年双边贸易蓬勃发展，目前中国已成为印尼非油气领域的第一大贸易伙伴，2014 年双边贸易额为 635.8 亿美元，两国正争取实现双边贸易额到 2020 年突破 1500 亿美元。中国对印尼的投资起步较晚，但增长迅速。2014 年，中国对印尼落实投资总额 8 亿美元，与前一年相比增长 169%，投资增幅连续两年超过 100%。与此同时，两国的基建合作也呈积极进取之势。截至 2013 年，印尼已连续 3 年成为中国在东南亚的第一大工程承包市场，中国在印尼的基建项目也遍地开花。目前，作为亚投行意向创始成员国的印尼正与中方积极商谈推进基础设施、投资、产能等领域合作的机制化安排和务实举措，共同推动"海上丝绸之路"建设尽快取得早期收获。

第三是中印尼战略伙伴关系范围更广，科技、航天、农林渔、卫生、海洋等新兴领域的合作进展顺利，初步形成"海陆空、全方位、立体式发展"的格局。近年来，两国先后签署了《关于渔业合作的谅解备忘录》和《2015—2020 年航天合作大纲》，进一步明确了双方在航行安全、海上安全、海军合作、海洋科研与环保、海上搜救、渔业、蓝色经济等领域以及未来在航天领域合作的重点方向。

第四是人文交流日益密切。目前，两国互为重要的入境旅游客源国和出境旅游目的地国家，力争两国游客往来数量到 2020 年达到 1000 万人次。双方同意继续开展青年交流项目，将在未来 5 年每年向对方国家派遣 100 名青年进行访问，以传承和弘扬两国传统友谊。与此同时，双方地方政府交流活跃，两国已缔结的友好省际关系和城市有 12 对之多。在印尼人民遭受的那场罕见的地震海啸灾难中和中国汶川强烈地震后，两国人民心手相连，患难与共，体现了互帮互助、同舟共济的深情厚谊。

第五是两国在东亚合作、亚太经济合作组织、二十国集团、世界贸易组织、联合国等多边平台和机构保持密切沟通与协作，共同促进世界多极化进程，完善国际政治和经济秩序，维护广大发展中国家的共同利益。双方认为在气候变化、多哈回合谈判、能源和粮食安全、国际金融机构改革和全球经济治理等重大全球性问题上拥有共同利益，同意就上述问题以及在联合国可持续发展大会后续进程和2015年后国际发展议程相关讨论中加强协调。

2015年适逢中印尼建交65周年。65年来，中印尼关系走过了不平凡的历程，取得了历史性进展。2015年3月，佐科总统执政不到5个月第二次访华。习近平主席4月赴印尼出席亚非领导人会议和万隆会议60周年纪念活动，这是习主席时隔一年半后第二次访问印尼。这种频密的高层交往在中印尼关系史上前所未有，凸显了两国关系的高水平运行。期间，两国元首共同总结了中印尼关系发展取得的成功经验，对两国未来合作作出了规划和部署，一致同意在过去65年友好关系发展的基础上，继往开来，共同推动中印尼全面战略伙伴关系在新时期向前发展，为地区和世界和平、稳定与繁荣作出贡献。

营救 301 名中国渔民的 300 个日日夜夜

周　刚

（中国前驻印尼大使）

在 21 世纪的今天，中国每年上亿公民走向国外访问、经商、旅游、探亲。保护在海外的中国公民的安全和合法权益，成为中国驻外大使馆和总领事馆的一项大量的、紧迫的日常工作。中国政府对海外领事保护工作高度重视，有关指示十分及时和具体，充分体现了执政为民的宗旨。

1988 年至 2001 年，我出使马来西亚、巴基斯坦、印度尼西亚和印度的 13 年中，曾多次处理中国公民在有关国家被绑架、扣留和伤害的事件。营救在印度尼西亚被扣留的浙江省舟山市 16 艘渔船和 301 名渔民，是历时最长、难度最大，但效果相当理想的一例。

1998 年 2 月，周刚大使拜会印尼总统苏哈托。苏哈托总统在释放中国舟山渔民和渔船事件中起到决定性作用。

1997 年 2 月 15 日，浙江省舟山渔业公司 16 条渔船和 301 名船员在印度尼西亚东部杜阿尔港被扣，至同年 12 月 19 日船长等人和渔船平安回国，前后历时 10 个月。在此期间，国内外密切配合，使馆各部门全力以赴，经过长期艰巨复杂的交涉和大量艰苦细致的工作，终于在尊重印尼法律、照顾中印尼友好和对等的原则下取得圆满解决。时间已过去 18 年，但回忆往事，仍历历在目。

祖国大量船员被扣，使馆立即全力营救

1997 年 2 月 19 日，在一个外交活动场合，印度尼西亚海军参谋长阿里埃夫中将告诉中国驻印尼大使馆武官荆炳坤，印尼有关部门近期加强了对印尼领海及专属经济区的外国非法捕鱼船只的抓捕，数日前在东部某港口扣押了十几条中国渔船。

荆武官返馆后立即向我报告了此事，我即指示大使馆经商处向印尼友人核实有关信息。据朋友告，印尼海军在东部杜阿尔港扣留了由印尼 P. T. CDP 私人公司代理的中国浙江省舟山市 16 艘渔船和全部 301 名船员。大使馆马上向外交部报告了有关情况。2 月 28 日，印尼驻华大使馆照会中国外交部和公安部，通报印尼有关当局扣留浙江 16 艘船和 301 名船员的情况。国务院领导对此事非常重视，作了重要批示。外交部副部长唐家璇和领事司负责人分别向印尼驻华大使馆做了工作。3 月 11 日，外交部向驻印尼大使馆转发了交涉情况，要求大使馆向印尼有关部门多做工作，争取对方早日放人放船。

上世纪 90 年代，中国每年出国的公民数量有限，中国公民在海外遭遇的突发事件尚不多，中国驻外大使馆和总领事馆还没有建立海外领事保护的应急机制。对一般性个案，基本上是国内有关部委或省市同使领馆联系，由使领馆主管处室具体处理。

这一次，祖国 300 余亲人在印尼被扣留的消息使我和大使馆全馆同志万分焦急。一是被扣留的同胞数量太大，二是当年中印尼关系远未达到今天十分友好的程度，三是大使馆第一次处理如此大案缺乏经验。但是，被扣留的祖国 301 名船员牵动着大使馆几十位馆员的心。紧急动员起来，千方百计营救被扣押的祖国亲人，一下子成为大使馆工作的重点。

我和大使馆领导以及领事部、经商处、办公室、研究室等部门立即开始了全方位的营救工作。首先，同国内主管部门和浙江省沟通信息，听取指示，统筹应对。第二，根据外交部的指示，大使馆于 4 月 13—16 日派领事部和经商处官员赶赴杜阿尔港探视慰问船员，现场了解情况，并解决船员生活必需品和药品。第三，我召集使馆有关部门和已经赶到雅加达的舟山渔业公司负责人研究案情，部署救助措施。舟山渔船公司负责人前往杜阿尔港，慰问被扣留的船员，并为他们解决生活和治病困难。第四，由我和领事参赞刘永固、商务公参白敦松分别向印尼有关部门做工作，使馆其他部门从旁协助。

我先后约见印尼外交部礼宾领事总司长苏坎达尔、内阁建设调控秘书亨德罗普利约诺、印尼总检察长辛基，并致函外交部秘书长伊尔桑、国家谍报统筹机构主任等高级官员。刘参赞和白公参分别约见印尼外交部领事司代司长和农业部渔业总司长进行交涉。交涉中，我们详细介绍事件原委，说明舟山渔船在出发来印尼之前，印尼 P. T. CDP 公司和印尼海军基金会主席伊曼·陶菲克均表示已为舟山渔船办妥一切在印尼海域的捕鱼证件和手续。舟山渔船是根据与 CDP 公司签订的合作协议，按该公司的安排前往杜阿尔港领取入渔许可证等有关证件。因此，责任在 CDP 公司和陶菲克，舟山渔船是无辜的，系上当受骗。希望印尼方从两国友好关系大局出发，妥善处理此案，早日放人放船。

艰苦交涉数月之久，不断克服种种困难

大使馆配合国内不间断地进行了四个多月的营救努力，但面临重重困难，实质性进展不大。主要原因有四：（1）印尼方强调，舟山渔船没有合法证件，却悬挂印尼国旗，使用印尼船名，未经许可进入印尼领海，依照印尼法律应当查处，船只没收充公，船员判刑入监。（2）此案涉及印尼政府、司法和军队多个部门，已成立部际协调小组，启动司法程序，因此处理需要时间。（3）印尼方对印尼"阿曼达·格劳列"（ARMADA GLORY）号轮船 1996 年在上海港被扣长达 13 个月之久心有怨气。（4）部分印尼官员力主严惩，还有人积极策划没收舟山渔船，以便自己廉价收购。

另外，船员已被扣数月，生活和医疗条件都很差，他们的身心健康受到很大损害。舟山渔业公司也蒙受了巨大经济损失。据浙江省人民政府告，一旦船员被判刑、渔船被没收，舟山渔业公司的损失将达数千万元。这将危及数百名船员和上千名家属的生活，并可能在当地引发社会危机。浙江省和舟山市的殷切期望对大使馆既是鞭策，又是巨大压力。

工作做到高层，案件出现转机

在异常困难的情况下，我和大使馆没有失掉信心，决心继续多方努力。我向外交部建议，由我出面把工作做到印尼政府最高层。外交部指示使馆进一步加大工作力度，同意由我出面致函印尼总统。7月18日，唐家璇副外长约见印尼驻华大使尤瓦纳，强调船员和船无辜被扣，船员和家属身心健康深受影响，希望印尼方从友好大局出发，尽快放船放人。

7月25日，我致函苏哈托总统，信中详细介绍了舟山渔船被骗经过，并附上有关材料，请总统和印尼政府充分考虑中国舟山渔船被骗事实，从两国友好大局和人道主义出发，尽快从轻处理。

另外，6月25日和7月30日，我先后两次会见印尼政府实权人物穆迪奥诺国务部长，同他进行了亲切友好、深入细致的交谈。此前，4月14日，我曾给他写信，详细介绍了有关案情，并赞扬他为中印尼复交作出的积极贡献，希望他作为中国的老朋友发挥崇高影响，力促该问题早日妥善解决。穆迪奥诺表示，此案涉及多个部门，法律程序业已启动，很多部门参与其中，政府已派出部际小组。他必须尊重有关部门的权限。他建议解决此案应兼顾两个方面：（1）印尼的法律。地方法院已于7月28日开庭，船长等人必须接受审讯。（2）考虑印尼中国友好关系，一般船员可全部释放。我表示，虽然P. T. CDP公司负主要责任，但舟山渔船未及时取得有关证件，触犯印尼法律，也有部分责任。希望穆从两国友好大局和人道主义出发，推动有关方面从轻处理。

同时，我还通过华社领袖林绍良先生和苏哈托总统的妹妹向总统做工作。经向总统府了解，总统已收阅我的去信，并于 7 月 28 日批转穆迪奥诺国务部长。据友人告，总统批示的精神是，在处理中国渔船被扣案件时"不可以牺牲与中国的友好关系"。这样，经过双方共同努力，解决舟山渔船一案出现了重大转机。

其后，8—9 月份，刘永固参赞同印尼官员就首先遣返 252 名船员的时间、费用、地点等问题进行商谈。9 月 19 日，刘永固参赞专程去杜阿尔港落实遣返事宜。此前，我和夫人邓俊秉参赞在国内述职期间，于 9 月 4 日至 6 日专程到宁波市和所属舟山市，会见两市负责人以及舟山渔船所在地的区、镇负责人，交流情况，研究营救方案。

国内有关部门和中国驻印尼大使馆几个月来的辛苦努力终于取得了成效。印尼方同意释放 16 艘船的一般船员，但仍扣留渔船以及各船的船长和大副共 49 人另作处理。9 月 20 日，252 名船员乘印尼遣返船离开杜阿尔港，于 25 日抵达雅加达丹戎不碌港。我和刘永固参赞等使馆同志赶到丹港，登船看望船员。我代表大使馆对船员表示亲切慰问，并告诉他们，国务院领导、外交部、农业部、外经贸部、大使馆和浙江省、舟山市一直关心他们的安危，通过各种途径积极营救。我国政府和大使馆现正积极营救其余 49 名船长和大副。我们对船员们安抵雅加达感到十分欣慰，希望他们保重身体，早日平安回国同亲人团聚。当天中午，使馆为船员订了热腾腾的午餐。使馆还要求印尼方保证船员的饮食、洗澡和安全。之后，大使馆抓紧同印尼方联系，安排船员回国的班机。10 月 1 日，在我国国庆的喜庆日子，252 名船员乘印尼航班离开雅加达，并于下午安抵广州。

在船员抵达雅加达的当天，唐家璇副外长约见印尼驻华大使馆临时代办，感谢印尼方释放 252 名船员，并希望尽快释放其余 49 人和船只。唐副外长表示，苏哈托总统批示从友好大局出发解决此案，有利于增进双方的信任和了解，以及两国关系的顺利发展。

坚持不懈努力，力争圆满解决

在欢送船员回国的同时，使馆为争取使船长、大副早日获释和印尼方放船而继续努力。

9 月 22 日、23 日和 25 日，我先后会见总统府的维多多秘书、印尼总检察长辛基和内阁建设调控秘书亨德罗中将，商谈释放船长和渔船事宜。双方同意，按"尊重印尼法律、充分考虑中印尼友好关系、对等"三原则解决上述问题。

10 月下旬和 11 月初，杜阿尔地方法院先后作出判决：中国船长悬挂印尼国旗为国籍标志触犯印尼法律，处以刑事罚款 1600 万印尼盾（约合 5000 美元）。法院不同意检察官要求判处船长 6 个月监禁和没收渔船的要求。其后，我馆同印尼部际协调小组具体商谈释放船长和渔船问题。经商舟山渔业公司，我馆照会印尼外交部，表示船长和 16 艘渔船离开杜阿尔港后，将驶往公海，由中方派船接回。

12 月 13 日晚，船长和渔船启航离开杜阿尔港。按照我方安排，在杜阿尔港附近作业的舟山其他渔业公司派船尾随护送 16 艘渔船到公海，与舟山派出的船队会合，并于 19 日驶回祖国。至此，舟山渔船和船员被扣一案圆满地画上句号。

对使馆的营救工作，国内给予很高评价。外交部致电说，使馆通过多渠道做印尼有关人士特别是上层的工作，最终使全部渔船和渔民获释并安全回国，维护了国家利益，最大限度地减少了有关公司的损失。外交部对使馆在大使亲自领导

周刚大使（右3）和夫人邓俊秉（左4）同苏坎姆达尼（右4）等印尼中国经济社会文化合作协会负责人合影。苏坎姆达尼等人在舟山渔民事件以及天津少儿艺术团访问印尼（1995年8月）过程中都作了贡献。

和直接参与下为此事所做的大量有效工作和结果表示满意，并特予表扬。农业部致函称，使馆创造性地开展工作，使数百渔民家庭得以保全生计，使渔民们感受到祖国的温暖、亲人的关怀，救活了一个集体远洋渔业企业，同时又维护了国家尊严，树立了外交部门竭力维护民族利益的良好形象。浙江省政府致电说，外交部和使馆所做工作既维护了我国尊严，又减少了我方经济损失，为此谨表示衷心感谢。

亲历印尼民主变革

陈士球

（中国前驻印尼大使）

1998 年 3 月 5 日至 2002 年 4 月 12 日我出任中华人民共和国驻印度尼西亚共和国第六任、复交后第三任特命全权大使。在这四年零一个多月的时间里，印尼这个万岛之国发生了剧烈的政治动荡，民主变革的潮流势不可挡，掌管这个国家长达 32 年之久的政治强人苏哈托被迫退位，接下来的三年时间里接连换了三位总统。我有幸在短短四年多任期内与四任总统打交道，亲眼目睹印尼从苏哈托军事独裁统治向民主政治过渡的变革过程。

苏哈托专制独裁走到尽头

军人出身的苏哈托在 1965 年 "9·30" 事件后掌握了印尼的军权，1967 年经国会推举成为代总统，1968 年 3 月 27 日正式当选总统，之后七次蝉联。苏氏军政强权统治延续了 32 年之久，长期的军事和家族专制所积累的政治和社会矛盾经过 1997 年亚洲金融危机而发生了总爆发，形成了一场全面的政治、经济和社会危机。来势汹涌的东南亚金融危机使印尼受到沉重的打击。1998 年 2 月中旬，这个 2 亿多人口的世界第四人口大国的外汇储备只剩下 170 亿美元，仅能支付四个月的非油气产品进口；外债 1337 亿美元，房地产业和银行业崩溃，公司企业纷纷倒闭，印尼币对美元的比价从 3000：1 降到 10000：1，70% 的国营和私营银行开出的信用证不被外国承认。国家经济靠从国际货币基金组织（IMF）借贷支撑，条件是按 IMF 的药方治病，结果是：危机迅速恶化，物价飞涨，6000 多万人失业，半数国民的生活陷入贫困线以下，整个国家的经济相当于倒退了 20 年，民怨四起，社会动荡。面对危机四伏的局势，苏哈托仍然自信凭其一手掌控的强大的军警势力的支持，一定可以控制局势渡过难关，遂于 3 月 11 日高调宣布第七次当选总统，并将其女儿和几个亲朋纳入内阁。

我恰巧在此时奉命于 3 月 5 日到达雅加达，就任两国复交后的第三任中国大使。当时我国对印尼工作的基本方针是发展两国间"长期、稳定、跨世纪的睦邻互信友好合作关系"，支持其克服经济危机、振兴经济，并提供力所能及的援助。在此背景下，唐家璇外长于 4 月 11 日至 12 日对印尼进行了工作访问，会见了苏哈托总统，转交了江泽民主席的亲署信，表达了中方支持印尼渡过难关的积极态度和继续深入发展两国关系的意愿，苏哈托总统十分感激，再三致谢。唐家璇外长与印尼外长阿拉塔斯举行了长时间亲切友好的会谈，双方就亚洲金融危机、两国关系和有关国际问题深入交换了意见。唐外长详细介绍了中国政府为应对亚洲金融危机所采取的措施，特别说明：为了稳定东南亚金融局势，中国甘愿承受损失和牺牲，坚持人民币不贬值，并向包括印尼在内的有关国家提供不附带任何政治条件的援助。会谈还就缩短申请签证时间、简化人员往来手续、加强渔业合作、重开中国银行雅加达分行等双边具体问题交换了意见。这些问题在苏哈托下台之后逐步得到解决。唐外长访问印尼时，我还没有递交国书，但印尼方也同意我参加外长的访问活动，显示了印尼方的友好态度和外交礼仪上的灵活性。

我递交国书的时间是 4 月 29 日，仪式庄重，规格高上，用印尼外交部礼宾司司长的话说，"欢迎中国大使，不得马虎"。仪式前两天，礼宾司司长专门向我详细介绍了仪式的程序，并给了一幅仪式路线图。他还特别交代向总统呈交国书时，一定要站在总统面前最合适的距离内，既不能太近，也不能太远。他特别强调"千万不能离得太远"。当时我有点纳闷，礼宾司司长为什么如此强调"距离问题"，难道总统手臂有问题，伸不远？后来得知，在我之前的一次递交国书仪式上，那位大使由于站得离总统太远，国书掉到了地上，总统很不高兴。好在我递交国书那天，风和日丽，阳光明媚，我站的距离非常合适。总统笑容满面，接下来的交谈气氛热烈友好（印尼礼宾改革，取消了宣读颂词的环节，改为比较随意的寒暄交谈）。总统谈话给我的印象是信心满怀，一切都在掌控之中。

　　但时局的发展并不以总统的意志为转移。总统府内庄严肃穆，万事如常，但在远离总统府的街道路旁、校园以及首都

1998 年 4 月 29 日，陈士球大使向印尼总统苏哈托递交国书。

以外的地方，游行示威、抗议集会正在发酵蔓延，政治社会矛盾正朝着动乱和冲突的方向发展。一向自信的总统依然我行我素，毅然于5月9日赴开罗出席15国集团首脑会议，借以向国内外发出"一切正常，不会出事"的信号。但此举遭到国内民众强烈否定，反政府的示威游行非但没有停歇，反而变得更加猛烈，于是忠于苏哈托的军警开始使用武力进行镇压。5月12日，在雅加达，军警向游行示威的大学生开枪，打死6名学生；次日又发生军警开枪阻止举行悼念死亡学生的追悼会的事件。紧接着，在雅加达发生了震惊世界的暴力骚乱，延续数天，500多家华人商铺被烧被抢，300多辆车辆被焚，1000多幢房屋被毁，259人死亡，许多妇女遭到强暴，其中多数是华人。这次事件被称为"五月骚乱"。

这次暴乱事件受到国际舆论的强烈谴责，也对印尼国内反苏哈托政权运动起到火上浇油的作用。此时仍在开罗的苏哈托陷入内外交困的境地，开始考虑退路，于是利用接见印尼侨民的方式表示，他无意成为国家和民族发展的障碍，更不会置国家和民族于死地，如人民不信任他，他会自动让位。次日，印尼人民协商会议议长哈尔莫科在与反政府人士对话时表示，他将面见从开罗回国的总统，确认其主动下台的表态，并作好召开人协特会的准备。

5月15日凌晨4点，苏哈托回到雅加达，经过一天的筹划，16日接见议长和五名副议长，抛出他的应对之策，让议长对社会宣布：（1）尊重社会各界通过议会反映的所有意见；（2）运用总统现有权力，保障全体公民的人身、财产安全，维护民族统一，捍卫"建国五基"和《四五宪法》；（3）进行全方位改革；（4）立即改组内阁，建立强有力的政府。

苏哈托的四点意见公布后，没有收到任何积极效果，国会开始考虑如何让总统体面下台。5月18日，议长接见记者时表示，为顺应不断变化的形势和人民持续高涨的改革呼声，议会领导人已决定要求总统明智下台，并将于次日征求议会各派系的意见，将结果递交总统。5月19日一早，苏哈托发表公开讲话声称：出于国家民族利益考虑，目前暂不离位；将成立改革委员会，成员包括社会人士、专家学者，负责修改八项政治法令，而后根据新选举法举行大选；立即改组内阁，取名"改革内阁"；对学运和骚乱中的死者表示深切哀悼，对社会各界支持改革表示感谢。

苏哈托讲话声音还未落地，大批学生已聚集到议会大厦前示威，示威学生爬上议会大厦屋顶，要求苏哈托立即下台，敦促立即举行人协特会，罢免总统。当日下午议长宣布，议会领导与各派系领导协商一致决定：（1）根据人民的意愿和要求，议会赞成国家应进行全面改革，并要加快政治、经济和司法改革进程；（2）关于总统退位事，议会同意依宪法行事。5月20日下午，在被学生团团包围的议会大厦里，议长召集四名副议长举行紧急会议，一致决定敦促总统最迟于22日体面下台，否则将于25日开始准备召开人协特会。

这等于是给总统下了最后通牒，但苏哈托仍不死心，同日下午通过国务秘书抛出了他的改革方案，作最后的争取，主要内容是：三日内组成100人的"改革委员会"，九个月内完成新的选举法、政党法、议会组成法，实行政党政治，举行大选，组成人协，选举总统和副总统，期限为1998年6月1日至1999年3月31日。

但此时的形势已发展到不可挽回的地步，民众对苏哈托的任何招法都不感兴趣，议会已完全站到了总统的对立面。过去一呼百应的苏哈托，终于于5月21日上午正式宣布辞职，同时宣布由副总统哈比比接任总统职务，哈比比当即宣示就职。至此，苏哈托强势经营了32年的"新秩序"政权画上了句号。

哈比比艰难过渡 17 个月

苏哈托下台时，宣布哈比比接任总统至2003年，但反对派和民众不答应，认为苏哈托是在玩"金蝉脱壳"的把戏。倒哈派广造哈比比总统地位非法的舆论，但由于苏哈托是和平下台，他经营30多年的依靠力量基本未损，他们当然支持哈比比。军队率先表态支持，再加上哈比比满口答应实行改革，倒哈势力一时成不了气候。

哈比比立即组成了"改革发展内阁"，宣布了改革时间表，承诺立即动手制定选举法和政党法并修改有关法律，1999年5月举行大选，年底选举总统和副总统。哈比比比较理智地把自己置于过渡的地位，而没有坚持按照苏哈托的授意干到

印尼总统哈比比会见陈士球大使。

2003年，这是明智的抉择。

哈比比为能站稳脚跟和赢得民众的信任，四处演说，竭力树立民主、开放、改革的形象，同时做一些关心平民百姓温饱的事情，在国内外赢得了一些同情和好感。印尼第一大党"专业集团"通过特别年会选出全力支持哈比比实行改革的国务部长阿克巴尔·丹戎为该党的新主席，使哈比比的地位得到加强。

哈比比的演说颇具感染力，他就职第二天发表的总统演说非常投合民意。他说："我将恪守并遵循对人们要求实现综合改革意愿的承诺，建立一个与履行政府职能所需相一致的负责任的政府。我将认真关注学生、学者、国会代表和全印尼人民要求进行全面改革的愿望，而这种愿望是改革进程中不断发展的动力。"……"哈比比将以人民意愿为己任，提高政治生活质量，以适应当前发展之趋势，建立一个摆脱了效率低下、裙带成风和贪污腐败的廉洁政府；在经济生活中，倡导公平原则，并开放更多市场机会。"（《哈比比的生活与事业》中文版，第255页）

哈比比上世纪50年代中赴德国就读飞机制造专业，70年代初回国，在苏哈托总统亲自关心下开创了印尼的飞机制造工业，1978年入阁担任研究与技术部长，1998年3月苏哈托第七次连任总统时被挑选为副总统。哈比比为技术官僚，在一定程度上受西方民主文化的影响，比较开明，也具有演说家的天才，谈起话来滔滔不绝。记得我第一次拜访他时，他兴高采烈地给我讲述了他1997年作为研究和技术部长访华的情景，还用很长的篇幅讲述伊斯兰教是如何从中国传到印尼的故事。他担任总统期间，不时会请使节们去总统府他的办公地参加以各种名义举行的活动，实际上都是听他演讲；一开头海阔天空侃个十几分钟，然后才掏出讲话稿来宣读，即使是念讲话稿，有时也会脱稿自由发挥。

哈比比一再强调，他这届内阁的主要任务是为在政治、经济、法制领域进行的改革作好准备。关于制订政党法和选举法、开放党禁、重新审定颠覆法、制订反垄断法和公平竞争条例等许诺，均不同程度地得到实施。苏哈托时期印尼只有"专业集团"、印尼民主党和建设团结党三个政党。哈比比时期，印尼的政党如雨后春笋，一时间冒出上百个。

"五月骚乱"发生在苏哈托政权垮台的前夜，哈比比接任总统之后亲自到现场视察，与民众对话，听取意见，表示"政府无论如何都不会宽恕那些骚乱分子"。之后成立了专门调查委员会，可惜这个调查委员会后来公布的报告也就是尽人皆知的一些事实，既未查出谁是凶手，更没有任何人受到惩罚。这并不奇怪，因为真凶其实就是苏哈托自己的死党团队，他们在苏哈托政权岌岌可危之时，蓄意制造一场暴乱，企图由军警出面，以平暴为名控制局势，挽回败局。这是苏哈托时期常用的招数，可惜时局不同了，陈旧的伎俩这回不管用了，反而加速了苏哈托的垮台。骚乱地点选择为华人商店聚集的商业街，也符合故伎重演的模式——牺牲华人的利益，让华人做替罪羊，对苏哈托死党而言既方便又不心疼。华人应对的方针是破财消灾，商店被砸被抢暂且不顾，逃命要紧，骚乱中死亡的人绝大多数都是进入商店抢东西的流民，华人人身受到伤害最严重的主要是性强暴，有些妇女遭杀害。在苏哈托势力、影响与社会基础未被彻底清除的背景下，调查委员会不可能查出真相，更不要奢望公正处理了。

关于"五月骚乱"，唐家璇国务委员在《劲雨煦风》一书中作了精辟的论述，包括中国政府、他本人（时任外交部长）和驻印尼使馆所作出的反应、交涉及所做的大量的应急、救人、保安等工作。唐国委对"五月骚乱"的定性论述具有历史性的指导意义，他写道："客观地讲，'五月骚乱'是印尼多年来积累的政治、经济和社会矛盾的总爆发，并不是完全针对华人华侨的，也不是针对中国的，但不幸的是华人华侨在骚乱中受到的伤害最深。"（《劲雨煦风》，第93页）这是对历史事件的结论，也将经受历史的检验，具有历史性的重要意义；它具有重要的指导意义，因为关于印尼1998年5月"反华排华"的言论需要得到厘清。"反华排华"之说在1998年夏秋两季流传甚广，言辞相当严厉，我对此有些焦虑，经过慎重研考，以个人名义向国内报告我的想法和意见，要点为：第一，谴责暴乱，维护华侨华人的权益和尊严，要求印尼政府彻查真相，严惩凶手，并采取措施保障华侨华人的生命财产安全和合法权益，防止类似事件再次发生；第二，对事件的定性要慎重，避免使之成为两国关系的障碍，重复过去的老路，不宜提"反华排华"，因为

1999年9月7日，陈士球大使探望即将获释的东帝汶独立运动领袖夏纳纳·古斯芒。

整个事件中没有出现反对中国的言论和口号，暴行未伤及中国机构和人员，与印尼历史上发生过的反华排华事件性质不同；第三，面对现实，着眼长远，多做哈比比政权的工作，保持和加强两国间的正常交往，开创后苏哈托时代两国关系的新局面。

哈比比实行民主改革的一项重大措施是释放政治犯以及被囚禁的学生和东帝汶独立运动被捕者，与此相关的更大动作是容许东帝汶以公民投票的方式脱离印尼。东帝汶原是葡萄牙的殖民地，1974 年葡萄牙主动放弃了东帝汶，1975 年 12 月印尼出兵占领了东帝汶，并于次年将之定为印尼的第 27 个省，遭到东帝汶独立运动持久不断的反抗和国际社会的普遍指责。联合国大会每年都通过决议，批评印尼侵犯人权，要求印尼撤军。东帝汶问题成为印尼的大麻烦，背了 20 多年的沉重包袱。苏哈托倒台后，国际压力加大，哈比比权衡再三，决心甩掉这个包袱，遂于 1999 年 1 月宣布同意东帝汶进行公民投票，选择自治或脱离印尼。东帝汶全民公决于 1999 年 8 月 30 日举行，结果 87.5% 的选民选择脱离印尼。10 月印尼国会通过决议，正式批准东帝汶脱离印尼。

东帝汶独立已成定局，印尼得开始准备后事，包括撤出军政人员、让居住在印尼或流亡在外的东帝汶人回到东帝汶以及如何处理仍被软禁在印尼监狱里的东帝汶独立运动领袖夏纳纳·古斯芒的问题。夏纳纳 1992 年被印尼军队逮捕，次年被判终身监禁，后减为 20 年徒刑。1999 年 2 月，哈比比政府在国际压力下，被迫将夏纳纳改为软禁。眼看东帝汶马上就要独立了，不可能再不放他了，哈比比决定用特赦的方式于 1999 年 9 月 7 日释放夏纳纳。那天早晨，我获悉夏纳纳将于当天下午出狱，便立即与有关方面联系，获准于上午 11 时在软禁夏纳纳的地方（实际是监狱的一部分）与其见面，交谈了一个小时。夏纳纳非常激动，再三感谢中国政府对他的关心，表示他出狱后将立即回到东帝汶，希望继续得到中国的坚强支持。我抓住机会抢先与夏纳纳接触，是为中国与即将独立的东帝汶发展关系做铺垫工作。夏纳纳于当天下午2时被某西方国家人员接走，几天后回到了东帝汶。

在联合国筹备东帝汶独立和中国与东帝汶联络与建交的过程中，我几度往访，每次都受到夏纳纳的热情接待，有求必应。很显然，监狱会见建立的友谊与信任起了大作用。遗憾的是，当时的东帝汶基础设施太差，城里很难找到适合住宿的地方，每次都得住在停泊在海上的船上旅馆里，那个船上旅馆还是新加坡人办的。当时东帝汶还未完成独立进程，负责管理其内外事务的权力机构是联合国东帝汶过渡行政当局，负责人是联合国高官、巴西籍的德梅洛，是我80年代在日内瓦工作时结识的一位老朋友。每次与他打交道也非常顺利，包括中国向东帝汶派遣维和警察和向他掌管的"联东当局"派驻工作人员。德梅洛先生结束在东帝汶的任务后被联合国秘书长任命为联合国人权事务高级专员，不久他作为秘书长的特别代表赴伊拉克执行任务时，不幸被爆炸袭击夺去生命，那是2002年夏天巴格达发生的一幕惨剧。

为兑现改革承诺和顺应民意，哈比比不得不成立一个委员会负责调查苏哈托及其家族贪污受贿、营私舞弊、聚敛财富的问题，他既不情愿，也很畏难，但又不得不做。也正如人们预测的那样，这个委员会始终没有搞出什么成果，道理很简单：苏哈托30多年建立起来的威武王国和雄厚的人脉堡垒怎么可能在他下台之后不久就完全坍塌崩溃呢？不仅哈比比办不到，后来的几任总统也未能办到。

平心而论，哈比比真有改革的意愿，只不过生不逢时罢了。从 30 多年的专制独裁体制转向民主改革，绝不是一件容易的事情，历史决定了哈比比只能开个头。这个头开得还不算太差：他启动了立法机构的改变和政党法改革，苏哈托实行 30 多年的军队的双重职能被削弱，议会里的军人派系被取消，军警人员不得参加政党；1998 年底解除了党禁，实行新闻自由，废除了一些限制言论自由的法律和条例，批准了一批国际人权公约，等等。哈比比相对平稳地走完了他 17 个月的过渡期。1999 年 10 月 20 日，印尼通过多党竞争，选举产生了第一位真正意义上的民选总统阿卜杜勒·拉赫曼·瓦希德，这位双目几乎完全失明的宗教领袖接过了民主改革的接力棒。

瓦希德执拗不驯半途被黜

瓦希德当选总统，外界颇感意外，其实是当时印尼党派角逐妥协的结果。苏哈托倒台后，哈比比开放党禁，一时间印尼冒出上百个大大小小的政党。按照新的选举法，只有 38

印尼总统瓦希德会见陈士球大使。

个党具备参选的资格，可见的几个体量较大的党也都达不到一党独大的程度，所以直到选举的当天早晨，都没有正式公布确定的总统候选人名单。代表们经过一整天的磋商，直到接近黄昏时，才商量出各方都能接受的两位候选人：民族复兴党主席瓦希德和民主斗争党主席梅加瓦蒂。当晚进行投票，结果瓦希德得票多于梅加瓦蒂，当选总统，梅加瓦蒂成为副总统。

瓦希德出身宗教世家，祖父为印尼伊斯兰教士联合会创始人，父亲1945年担任过宗教部长。他本人早年在埃及、伊拉克留学，回国后从事伊斯兰教和哲学教育工作。1984年起担任伊斯兰教士联合会全国代表大会总主席，80—90年代发起成立"民主论坛"，经常发表抨击苏哈托政权的言论，1999年创立"民族复兴党"。瓦希德学识渊博，思想敏锐，能言善辩，说话大胆，常常发表一些引人争议的言论。他对中国有深入研究和了解，有浓厚的中国情结。他坦然公开他的祖先来自中国福建的晋江，名叫陈金汉。我第一次见他时，他拉着我的手高声说，"嗨！我们是一家人，都姓陈！"接着念出毛泽东、朱德、周恩来及一些中国元帅和将军的姓名，还讲出《水浒》和《三国演义》中一些人物的姓名。

瓦希德一上任就宣告，要把中国作为他首访的国家。一个多月后的12月1日，他如愿飞到北京，实现了印度尼西亚共和国第四任总统的第一次国事访问，带着他坐轮椅的夫人一同到中国做客。通过这次访问，江泽民主席同瓦希德总统就建立和发展中印尼长期稳定的睦邻互信、全面合作关系达成共识，使两国关系的定位上升了一大格。这是我就任驻印尼大使时我国政府希望与印尼达成的目标，由于印尼政局动荡，政府更迭，这一目标推迟了近两年才得以实现。2000年

5月，两国间签署了《关于未来双边合作方向的联合声明》，决定成立由双方外长牵头的政府间双边合作联委会。2000年7月胡锦涛作为中国国家副主席正式访问印尼。瓦希德一上任就为发展和提升中印尼两国关系作出了宝贵的贡献。他对中国的善意和友好情谊非同一般，对于发展两国关系和对待中国关注的问题能做到配合默契。我与他之间可以直接通话联系，他遇到涉华敏感问题，如与台湾交往、达赖企图与他接触等，会亲自给我打电话询问我的意见。

瓦希德夫人在一次车祸中致残，一直坐轮椅。瓦希德本人也因中风和糖尿病，双目几乎完全失明。应瓦希德请求，我国派出三人医疗小组为他们夫妇二人治疗，为首的是中国顶级眼科专家唐由之教授。唐教授曾为毛主席和金日成主席治过眼疾。经过唐教授的诊断，瓦希德的左眼完全失明，右眼还剩下一丝微弱的视线，视距大约80厘米，不能识别物体，更不可能阅读。但瓦希德记忆力非凡，执政期间频繁出访，足迹遍及五大洲，有时一天跑一个国家，讲话稿、受访国领导人和出场的主要官员的姓名职务等全靠脑子记，据说从未出差错，也未发生过张冠李戴的情况，真的很神奇。

瓦希德实行民主改革的最突出贡献之一是果断坚决地从法律上和实际上取消印尼长期存在的基于种族、宗教的歧视政策，特别是对华人的野蛮歧视。苏哈托铁腕统治的所谓"新秩序"时代，华人被打压到社会最底层，当年的华侨被迫一律加入印尼国籍，但在他们的身份证上注上特殊的标记；华人不得使用中文姓名，都得用印尼文姓名；华人不能参军，不能从政，求学就业也受到限制，大学里的华人学生受比例限制；不准办华文学校，不准办华文报纸、杂志、电台、电视台，街道上不准有华文招牌，中餐馆不得用中文菜单。还有更荒唐的规定：进入印尼国境的旅客不准携带中文印刷品。1998年3月我赴印尼就任，飞机上发给客人填写的入境单上，在违禁物品一栏里印着"火器、黄色物品及中文印刷品"字样。作为中国的特命全权大使，对此我无法容忍。一次，我私下跟阿拉塔斯外长严肃提出这个问题，他说："这是过时的做法，现在不适用了，可能他们库存了太多老的入境表格，再印新表格就不会出现这样的问题了。"这一切表明，苏哈托时代对华人和华文的歧视与压迫在世界上算是绝无仅有的。

瓦希德勇敢地决定，从改变华人政策为起点，向种族歧视开刀。2000年1月17日，瓦希德签署第6号总统决定书，宣布撤销1967年颁布的限制华人公开庆祝自己节日的第14号总统决定书。2000年2月春节期间，印尼华人时隔30多年第一次公开庆祝春节，恢复舞龙舞狮的习俗。2月18日，瓦希德在印尼孔教总会举行的庆祝春节晚会上宣布，承认孔教为印尼的合法宗教，与其他宗教享有同等地位。2001年春节前夕，瓦希德宣布春节为华人自选节日。瓦希德取消歧视华人和华文的政策，使得华人的地位得到大幅度改善，他的内阁里有了一位华人部长，中央和地方议会有了华人议员，华人政党也开始登台，华文学校、华文报刊、华文电台和电视台全面开花。瓦希德开辟了华人入阁的先河，从此以后，每届政府都有华人部长。

瓦希德在消除歧视、推进民族和解和种族宗教平等、改革选举制度以及整治腐败等方面发表了不少主张，愿望很好，可惜未能得到全面贯彻实施，可能也触及了某些利益集团的利益，因此造成政令不畅，内阁里常常发生意见不一和掣肘的现象。瓦希德的解决办法是不断换人，他刻意命名的"国家团结"内阁，不久就被他自己频繁的撤换和改组变得四分五裂，10个月后彻底改组。他在位20个月，7次撤换或改组内阁，先后换了35位部长，弄得大家怨声载道。而他自己却并不在乎，最后与他一向称呼为好妹妹的副总统梅加瓦蒂也闹得不可开交。其实，早在2000年8月就有人指控他涉及两起经济丑闻（后来未得到证实），2001年2月，国会开始对他进行调查。4月30日，国会投票决定对他进行第二次调查。此后，瓦希德与国会进行了两个月的拉锯战，国会要启动弹劾总统的程序，总统威胁要宣布紧急状态，解散国会。7月23日双方摊牌，总统宣布国家进入紧急状态，中止国会和人协会议，但无人响应。人协仍然开会通过弹劾总统的决定，同时任命梅加瓦蒂为第五任总统。瓦希德头顶光环、怀揣遗憾离开了政坛。

梅加瓦蒂斗争求民主稳中有韧

梅加瓦蒂1940年出生，是印尼第一任总统苏加诺的长女，少女时代起就常常随出国访问的父亲参加社交活动，80年代中步入政坛，1993年当选印尼民主党总主席，1996年连任，后因遭到苏哈托的排挤而退出。1998年10月，梅加瓦蒂创立印尼民主斗争党，任总主席。该党成员多为中下层民众，以印尼国徽中象征民主的牛头标志为徽标，因此被称为"牛头党"。从民主斗争党的名字就可看出该党的纲领是通过斗争求得民主，目标明确，旗帜鲜明，号召力、战斗力很强，党员出席活动时一律身着红色服装，头系红色条带，手举印有牛头徽标的红色党旗，集会和游行时遍地鲜红，气势磅礴。梅加瓦蒂的执政理念也非常明确：重整经济，司法公正，消除歧视，整治腐败，推进民主。她的党名含有斗争的气势，但她执政的风格并不具硬邦邦蛮干的特点，反倒以沉稳和谐、谨言慎行著称。她为内阁起名"互助合作内阁"，摆平了几个主要大党的利益，缓和了党派纷争，稳住了局势，赢得了民心。她的重要政绩包括平息了地方分离主义运动和一些地方发生的宗教种族冲突，并实施有限的地方自治。在消除对华人的种族歧视和改善华人地位方面，她在前任瓦希德奠定的基础上又推进了一大步。在她的大力推动下，印尼正式将印尼文里"中国"的称谓从"Cina"（意为支那，带有贬义）恢复为"Tiongkok"，春节被定为全国法定的公共假日，华校、华教、华文媒体得到更大发展，华人身份证上的特殊标记也被取消，华人终于在法律上和事实上获得了同印尼其他种族平等的地位。

梅加瓦蒂2001年7月任总统，9个月后，我于2002年4月12日离任。期间，朱镕基总理正式访问了印尼，梅加瓦蒂总统对中国进行了国事访问，中印尼两国关系提升到了崭

印尼总统梅加瓦蒂出席中国使馆举行的国庆招待会。

新的水平，基本实现了"开创后苏哈托时代两国关系新局面"的目标，苏哈托时期不可能解决的难题——获得突破。我驻印尼使馆外交官名额由 25 名增加到 35 名；中国公民赴印尼签证难的问题基本解决，旅游禁区已打破，印尼方主动积极采取措施吸引中国游客；我国在印尼恢复设立领馆和中国银行；两国政党间、宗教界开始交流；印中友协沉睡 42 年之后苏醒过来，两国广泛开展建立友好省城和民间交流活动。两国在国际和地区问题上的合作与配合十分默契，印尼在台湾、西藏、法轮功、人权、宗教、反恐等问题上理解和支持我国立场。我出使印尼经历了四任总统，见证了印尼民主变革的起步与发展，赢得了两国关系直线上升的大好局面，圆满完成了特命全权大使的光荣使命。

中印尼复交的前奏

——两国恢复直接贸易

余洪耀

（中国驻印尼使馆原参赞，前驻蒙古、马尔代夫大使）

我曾三次常驻印尼工作，先后任使馆二秘、一秘和公使衔参赞。作为一名从事中印尼双边关系工作多年的外交官，我有幸参与和亲历了两国恢复直接贸易的主要过程。在两国确立全面战略伙伴关系和我"一带一路"战略得到印尼方积极回应的今天，希望通过个人对当年双方接触过程中一些具体细节的回忆，来更广泛地挖掘中印尼两国未来互利合作的巨大潜力，推动双方合作共赢，共创两国关系的美好未来。

恢复直贸谈判历时十年之久

中国和印尼 1967 年中断外交关系（印尼语用的是"冻结"一词，意在强调两国并未断绝关系），直到 70 年代初中国在联合国的席位得到恢复、中美建交、中日邦交正常化后，印尼方才开始通过第三国向中方转达有关愿改善两国关系的信息，我虽及时给予了积极回应，但实质进展却十分缓慢。1977 年 9 月，印尼外长马利克在联合国会见黄华外长时正式表示，印尼愿在复交前同中国加强贸易和其他方面的接触。

此后，随着两国政府官员在国际场合的接触不断增多，双方的复交愿望也日益迫切。1978 年 4 月，印尼工商会主席率团参加广交会，同中国贸促会就逐步恢复两国直接贸易达成口头协议。1985 年 4 月，吴学谦外长应印尼外长穆赫塔尔邀请，率团赴印尼参加在万隆举行的亚非会议 30 周年纪念活动，并同印尼外长就包括恢复直接贸易在内的双边关系等问题充分交换了意见。同年 5 月，印尼工商总会主席苏坎姆达尼率团正式访华。不到两个月，中国贸促会主任王耀庭又组团率我各大总公司负责人对印尼进行了回访。恢复两国直接贸易，实际上是双方的共同愿望，不存在谁有求于谁的问题。但为照顾印尼工商总会，使其对印尼政府有所交代，双方商定，在我贸促会代表团 7 月 5 日途经新加坡时，同印尼工商总会正式签署两国恢复直接贸易谅解备忘录。至此，双方完成了长达十多年的恢复直贸谈判，恢复了两国中断 18 年之久的直接贸易，为中印尼两国复交奠定了坚实基础。谅解备忘录签署的当年，两国贸易额即达 11.8 亿美元，比直接贸易恢复前的 1984 年（2 亿多美元）翻了几番，潜力之大可见一斑。2013 年习近平主席访问印尼时，仅双方签署的贸易合同和意向书总金额就高达 200 亿美元。两国领导人还表示，希望到 2020 年中印尼双边贸易额能达到 1500 亿美元。

　　我于 1974 年秋进入北京外国语学院亚非语系学习印尼语，1978 年 5 月毕业进入外交部，从而开始了同印尼打交道的外交生涯。当年我们班共有 10 名学生，大家虽对学习小语种略有微词，但更多的是对印尼已开始松动对华关系抱有希望，渴望将来毕业后有用武之地。外语学院当时隶属外交部，从为我们配备的 5 位老师，就足见有关方面对恢复中印尼关系的重视。老师中的 4 位是印尼归侨，其中 2 人曾是我驻印尼使馆外交官及当年黄镇大使的翻译，2 人曾参加过毛选四卷的翻译工作，而另一位则是学院自己培养的首届印尼语高才生。师生配备比例之高真可谓首屈一指，前无先例。当时，能为尚摆不上议事日程的中印尼复交问题提前培养专业人才，可谓煞费苦心、未雨绸缪。从政治层面来说，中国政府早已开始着手为中印尼复交谈判做准备了。

进入外交部亚洲司后，我被分配主管印尼工作。当时处里主管印尼事务的已有数位老同志，一下子又加上我们新入部的4位小年轻，可说是阵容庞大，坐满了整整两个办公室。除日常工作外，我们在老同志的带领和辅导下，通过各种方式方法积极学习和提高印尼语的口笔译水平，主管领导还时不时地出些题目考考我们。在这段时间里，亚洲司领导通过干部司联系中国国际广播电台，让我在国际台印尼语组学习进修了近两年。这充分表明，中方对恢复中印尼关系一直持积极态度，给予高度重视和主动应对，并在人力物力等各方面作好了应有和必要准备，充分体现了中国外交不打无准备之仗的一贯作风。

我的首次印尼之行

1985年，是著名的万隆亚非会议30周年。周恩来总理当年在大会上提出求同存异的方针，为会议的成功作出了巨大贡献，因此印尼方早早就向我方发出邀请，希望中国派高级别代表团出席有关纪念活动。当时我作为年龄最小、级别最低的外交官，有幸随吴学谦外长赴印尼出席了有关活动。这是我入外交部近7年首次出国，更是我们同学中第一个有机会去印尼的，在满怀喜悦的同时，更多的则是担心能否圆满完成好这次光荣又神圣的使命。

我们一行出发前认真做了预案，并设想了多种可能，包括是否能单独见一下苏哈托总统。我们此行的主要任务是应邀参加纪念活动，但同时也希望能摸清印尼方对恢复两国直接贸易及复交的具体考虑和时间表。因当时没有从北京直飞雅加达的航班，我们在印尼又没有任何机构和官方代表，只能途经香港转机，并同我方委托代管的罗马尼亚驻印尼使馆事先打了招呼。

抵达雅加达的当天已是晚上6点多，我们从刚建成的苏加诺—哈达国际机场经新修建的机场高速路直奔市区的下榻酒店。第二天，派人礼节性拜访罗马尼亚驻印尼使馆后，即乘印尼方安排的专列径赴万隆。陪同前往的印尼外长穆赫塔尔同吴外长在火车上就此次活动及双边关系几乎谈了一路：从当年周恩来总理为万隆会议成功举行作出的贡献、和平共处五项原则和万隆十项原则（也称"万隆精神"），到我不干涉别国内政及我党对外交流的四项原则，以及我对恢复两国外交关系的具体考虑和设想等。针对对方拐弯抹角的解释和一些含糊其辞的表态，吴外长明确表示，在复交问题上，如印尼方有困难，我方可以等待。如印尼方愿先恢复两国直接贸易，我方也愿意积极推进。总之，我方利用赴万隆途中的几

步行前往会场的中国外长吴学谦及代表团其他成员

个小时，几乎完成了此次出访的大半任务。

但遗憾的是，吴外长作为两国中断关系后中国第一位访问印尼的高级别政府官员，此行却未能单独见一下苏哈托总统。事实上，吴外长希望单独拜会总统的意愿、我代表团抵离印尼的时间和航班都是提前告知了印尼方的。穆赫塔尔外长虽曾表示愿积极安排，并希望吴外长能将我有关想法向苏哈托总统当面陈述，但印尼方最后通知的时间却是在我代表团原计划离境后的数小时，并强调这已是他们为此作出的特殊安排。这种不符合外交惯例的安排和解释似乎过于强人所难，不知是印尼方故意刁难还是想借此考验一下中方的诚意。鉴于吴外长第二天已另有重要活动安排，故代表团只能对印尼方的所谓特殊安排表示歉意和遗憾。事后听说，印尼方对此有所不悦，苏哈托"一气之下"，只同意先与中国恢复直接贸易，两国复交又被整整拖了五年，直到 1990 年。现在看来，主要原因还在于印尼当时在政治上对我仍存有较大疑虑。

我从印尼回国后，外语学院的老师想请我给当时在校的新一届印尼语班学生介绍我首次印尼之行的有关情况和感想。我对此颇感纠结，因为可以说的差不多媒体都已公开报道了，有的内容则受外事纪律的约束，即使要说，也轮不到我这小字辈。但我还是很自豪地向老师和同学们说，我作为"文革"后外院印尼语专业毕业的首个赴印尼的学生，此行最值得向大家汇报的是，我在印尼期间，当地人说的印尼语我基本都能听懂和理解，我说的印尼语大家也都能听懂和接受。以此来报答和宽慰老师们近四年的授课和培养，同时也激励新一届的学生们能更刻苦地努力学习。当然，我也向他们介绍了第一次携带 2 万美元"巨款"出国，当了几天"万元户"的感受。

说起我们这个班同学的印尼文水平，或许是当年受几位归侨老师的影响，或许是由于入外交部后在老同志的辅导和帮助，加上我本人还曾在中国国际广播电台学习进修近两年，因此在使馆工作期间，我们经常受到当地印尼朋友对我们口语流利、语音语调标准所给予的表扬和认可，有的甚至还问及我们是否出生在印尼，为何我们的口语中会带有北苏门答腊的口音。我在此说这些，无非是想说明，回想中印尼关系的历史坎坷，我们老一代的印尼语语言工作者及从事中印尼友好关系的前辈们所作努力没有白费。我也想借此机会，向他们表示诚挚的敬意和衷心的感谢，安慰那些已逝的在天之灵。

我的第二次印尼之行

　　我的第二次印尼之行，是 1985 年 7 月作为印尼语翻译随王耀庭主任率领的中国贸促会代表团回访印尼。此次访问不仅时间相对长了许多，所到城市也多，除雅加达外，还访问了历史名城泗水和风光旖旎、文化独特的巴厘岛，接触的人就更多了。不像第一次访问印尼，除了机场、车站、酒店就

准备参加节日活动的印尼儿童

是会场，要不是那次回国航班是中午，使我能在赴机场途中透过车窗多看了几眼的话，否则连雅加达是一座什么样的城市都毫无概念。贸促会代表团是两国恢复直接贸易后我国访问印尼的首个民间代表团，东道主印尼工商总会事先作了详尽周到的安排。这次访问，不仅让我领略了雅加达现代化的城市建设——处处绿树成荫、鲜花锦簇，礼宾大道两旁的高层建筑设计新颖、各具特色，更使我第一次亲眼看到了真正意义上的现代化机场和立交桥，体会了一把雅加达—茂物高速公路宽阔平坦、几无颠簸的舒适，领略了泗水、巴厘岛等地的人文景观，品尝了当地颇具特色的小吃和菜肴，尤其是不比其他任何品牌差的印尼咖啡。我至今还保留着当年一路所拍摄的若干照片，其中有一张就是在泗水街头拍到的当地男童头戴北芝帽、身着衬衣纱笼，女童盘发、身着格巴亚爪哇族服饰，步行前往参加节日纪念活动的情景。

但此次访问也有一段令我没齿难忘的插曲。我们从新加坡转机到雅加达已是傍晚时分，按印尼工商总会的安排，当晚他们为代表团举行欢迎晚宴。但行李因较多，未能与代表团同车抵达酒店，正当大家翘首盼望行李急着更衣时，突然被告知：印尼海关人员已随行李抵达酒店，要求对我团行李全部开箱检查。因代表团中有持外交护照的，大多则是持公务护照，故我们当即向对方提出交涉，指出持外交护照者应享受免检，持公务护照者作为印尼工商总会邀请的客人理应也享受必要的礼遇。但对方强调，两国尚未恢复外交关系，即使是外交护照也无法享受免检礼遇，他们只是按上级领导旨意前来执行任务。双方为此僵持了近两个小时，贸促会外联局局长和我们几个翻译不得不放弃出席宴会，留在现场处理行李。一些公司老总也只能穿着休闲装出席宴会，好在宴会东道主对此也心知肚明。最终，通过无数轮的"讨价还价"，双方同意抽查 10 个行李箱。当他们打开一些礼品箱，发现带有中文的商品宣传册和广告时，又提出这违反印尼海关法有关中文印刷品不得入境的规定。在我们作出不会在公众场合任意散发的允诺后，他们又拿出几个茶叶罐，问我们里面装的是什么。当我们回答是茶叶后，不知是他们故意找茬还是对前面几项的处理结果不解恨，硬说听不懂我们所答英文 Tea 和印尼文 Teh 为何物，反而怀疑我们罐里的东西有可能是毒品。最后，我们不得不借来酒店的杯子，开罐沏茶喝了几口后，他们才好不情愿地硬带走了几桶礼茶，称要在送检通过后才能返还。

从这一小事也不难看出，尽管印尼高层有早日同中国恢复直接贸易，从而逐步走向两国复交的愿望，但印尼有关部门和一些"戴着有色眼镜"的人仍对改革开放后的中国存有偏见，担心中方借机对印尼进行所谓"干涉"，担心中文书籍刊物的流入会引来"横祸"。两国复交后，中国使馆一直坚持多层次多方位进行交涉并反复做工作，直到瓦希德总统和梅加瓦蒂总统执政后，印尼才开始重新修订海关法，取消有关禁令，恢复华文的使用和流通，同意恢复使用"Tiongkok"（闽南方言）为印尼文中国国名的称谓。从中我们可以看到，中印尼关系能有今天，确实来之不易，值得我们共同好好珍惜和维护。

从我 1985 年最初两次赴印尼的个人感觉看，印尼当年的经济发展水平，包括人均 GDP、市政建设等确实远远领先于我国，虽赶不上亚洲"四小龙"，但也是"四小虎"之一。或许，除政治原因外，印尼在经济上自以为是的态度在某种程度上也拖延了同中国恢复直接贸易和复交的进程。记得当时有一位印尼朋友曾兴致勃勃地向我们表示，他们已有计划将雅加达—茂物高速公路尽快延长至西爪哇省省会万隆市，并要在爪哇其他地方和苏门答腊等岛屿上修建新的高速公路。但历史和事实是不以人的意志为转移的。当我 2002 年第三次常驻印尼时，其城市建设和基础设施不但没有太大改观，反而是空气污染严重、交通拥堵不堪，百姓叫苦连天。而正是在这期间，政治稳定和改革开放给中国经济带来了翻天覆地的变化，使老百姓享受到了真真切切的实惠。这一切，与印尼那些年政治动乱、金融危机、天灾人祸形成了鲜明对照。这也正是印尼后来的几任总统访华后都要求部长们到中国学习取经的原因。如今的中国，无论是资金、技术、设备、管理，都是印尼急需引进的，诸如自贸区、工业园区、高科技、通信、航天航海、高铁、高速公路等方面的发展经验和教训，都是印尼迫切需要学习借鉴的，这就为两国今后如何落实全面战略伙伴关系明确了任务、提供了方向。

历史和事实证明，中国的发展为周边国家发展开辟了更大空间、创造了更多机遇。"坚持与邻为善、以邻为伴，巩固睦邻友好，深化互利合作，努力使自身发展更好惠及周边国家"，是中央在新形势下对我周边外交工作提出的明确要求。展望未来，包括印尼在内的所有周边国家必将从中国发展中分享更多机遇、得到更多实惠。只要我们共同努力，中国同周边各国的睦邻友好合作关系必将呈现更美好的明天。

中印尼复交之初的难忘经历

陆春林

（中国驻印尼使馆前武官）

    从 1991 年 9 月我受命出任中印尼两国复交后中国驻印尼大使馆首任武官，至 1995 年 7 月离任回国，我在印尼工作了将近四年时间。这四年正是两国复交初期双边关系由冷变暖、快速发展的时期。记得我初到印尼时，尽管两国已经打破坚冰恢复了外交关系，但我总感到印尼官方和民间对我国仍心存疑虑，两国关系犹如中国北方早春二月的天气——乍暖还寒，河面上还结有一层薄冰。那时候，印尼官方人士和普通民众大都还不太敢与中国使馆人员接触；我使馆人员的活动有时会受到跟踪监视；印尼的报纸时不时发表一些关于"中国威胁论"的文章；印尼军队的一些军事演习中所设想的假想敌还"来自北方"。总之，在我内心里，当时的两国关系还真不大好用"友好"两字来形容。但当我 1995 年 7 月离任时，两国关系恰已是春暖花开：两国政府和军队之间的交往日益频繁；印尼政府官员和民众对我国的疑虑已渐渐减少，开始乐于与中国外交官交往；当地报纸已很少登载关于"中国威胁论"的文章；军队的军事演习中也不再设想假想敌"来自北方"。在这四年间，我身为大使馆武官，与印尼军方和各界人士有过广泛的接触，亲身感受到了印尼人民对中国的友好情意，其中一些感人的故事，至今回想起来仍令我感到兴奋和激动。

印尼国防部长爆冷出席我馆八一招待会

1965 年发生"9·30"事件后，印尼军队在印尼的政治舞台上一直起着举足轻重的作用。我在到任后不久就注意到，印尼军方对中国仍有较大疑虑，对华态度比较冷淡。印尼军方的两份主要报纸《印尼武装部队报》和《战斗报》还经常发表一些所谓"中国威胁论"的文章。印尼军方的这种态度在很大程度上影响着两国关系的发展。

为了促使印尼军方改变对我国的态度，我在到任后不久就积极开展了对印尼军方的军事外交活动，向印尼军方领导人介绍我军情况，宣传我国的外交和国防政策，以消除他们对我国的疑虑和担心。在不到两年的时间里，我先后拜访了两任印尼武装部队总部参谋长、陆海空三军参谋长、雅加达等三个军区司令、国防学院院长、空军参谋指挥学校校长等印尼军方领导人。我的这些拜访活动，印尼军方报纸大都作了报道，并登载了会见时的照片。由于我拜访印尼军方领导人的照片不时见诸报端，一些外国驻印尼武官跟我开玩笑说："你已成了这里的新闻人物。"我的这些拜访照片在客观上对外界产生了重要影响，给人的印象是：两国军队之间的友好气氛正在逐步上升。

在与印尼军方领导人的交往中，最令我难忘的是与印尼国防部长穆尔达尼（L. B. Moerdani）先生的交往。穆尔达尼先生是爪哇人，中等身材，脸庞宽阔而略黑，平时面部表情冷峻，不苟言笑。在很长时间里他受到苏哈托总统的信任和重用，曾连续两次担任印尼武装部队总司令，后被任命为国防部长。由于两国关系长时间中断，加之受西方思想的影响，他对中国的态度比较冷淡，没有出席过我使馆举行的招待会。但由于他在印尼军队中有着很大的影响，因此，他对中国态度的转变将会在很大程度上改变印尼军方对我国的态度。为了改变他对中国的态度，在到任后不久的1992年初，我即建议钱永年大使对他进行拜访。我参加了那次拜访。钱大使重点向他介绍了我国的外交和国防政策，表示希望两国的友好关系得到进一步发展，两军之间开展广泛交流。穆尔达尼先生神态镇静，听得十分认真。拜会结束时，他起身与我们握手，并送我们到门口。此次拜会后不久，我夫人在一次印尼军方的招待会上听穆尔达尼夫人说要带家人到中国旅游，并打听到了所乘飞机的航班和到达北京的时间。我立即将此消息告诉了国内，建议有关单位给予接待。穆尔达尼夫人从中国旅游回来见到我夫人时告知：出乎她的意料，她在北京机场受到了我军方人员的迎接，旅途中每到一地都得到了热情照顾。此后不久，穆尔达尼先生对中国的态度即发生了重大转变。

雅加达外交界都注意到，穆尔达尼先生一般很少出席各国使馆招待会，尤其是各国的建军节招待会，几乎见不到他的身影。但1992年8月1日，他却出人意料地独自一人出席了我馆的八一建军节招待会。这也是他首次出席我国使馆的招待会。他步入宴会大厅时，用双手紧紧握住我的手，握得很有力量，同时两眼注视着我，显得十分真诚。他首先对我建军节表示祝贺，然后对他夫人在中国一路受到的接待表示感谢。我当时感觉到，这不是一般的礼节性握手，而是一种发自内心、表达真情的握手。尽管他在招待会上逗留的时间不长，但他首次现身我使馆招待会所产生的影响却是巨大的。印尼报纸对此作了报道，立即引起当地社会和雅加达外交界

的极大关注。这一消息犹如一股春日暖流，逐渐化解了印尼军方对中国的疑虑，转变了印尼军方对中国的冷淡态度，使中印尼两国和两军友好关系的发展敞开了大门。此后不久我就注意到，印尼军方人士和政府各级官员渐渐开始乐于与我使馆人员交往，而且在交往中变得热情和活跃起来；印尼报纸上关于"中国威胁论"的文章也渐渐减少，乃至绝迹。

印尼副总统给予的特殊礼遇

我刚到使馆上任时，中印尼两国军队之间尚未开展正式交往。为了推动两军之间的交往和交流，1991年年底，我即向国内建议在1992年邀请当时的印尼武装部队总司令特里·苏特里斯诺（Tri Sutrisno）上将访华。1992年上半年，国内发来了正式邀请信，并很快得到印尼方的确认。

这是中印尼两国复交后印尼军方高层领导人首次访华，双方都非常重视。不久，印尼武装部队总部外联局局长就邀请我到他办公室商谈特里总司令的访华日程安排。商谈完毕后，他即提出要我和我夫人一起在特里司令访华期间回国陪同访问。由于当时中国还没有驻外武官回国陪同外国军方领导人访问的惯例，因此我表示，此事我必须请示国内。不久，国内就给予答复，表示同意。

正是这次回国陪同访问，使我结识了这位后来成为印尼副总统的特里将军，与他有了近距离的密切接触。他身材魁梧，性格柔和，平易近人，思想开放。在1992年9月特里将军访华期间，我几乎每天与他同乘一车，参观游览时也总陪在他身边。他每有提问，我总是尽我所知给予详细回答。待彼此熟稔之后，话题也就多了起来，谈得也很轻松随意。有一次我在车上问他："听说你明年就要当副总统了，你是不是已经知道？"他不作回答，而是微笑着反问："你是从哪里听说的？"我回答说："雅加达外交界现在都这么说。"听了我的回答，他仍微笑不语，但眼里充满了兴奋的神色。他的目光告诉我，关于他要当副总统的传闻看来并非空穴来风。果然，1992年底，他被苏哈托总统选为副总统候选人，在大选后担任了印尼副总统职务。

这次陪同访问结束后，我原以为大概不会再有同他近距离接触的机会了。想不到的是，这种机会却很快就出现了。1994年1月，中央军委副主席刘华清访问印尼时，安排了拜会印尼副总统。在与印尼武装部队总部外联局局长穆达里约诺（Mutaryono）谈日程安排时，我曾表示希望参加这次会见，但穆达里约诺局长告诉我，参加会见的必须是准将以上人员，我不能参加。所以，当刘副主席到特里副总统官邸拜会时，我和其他陪同人员都只能在官邸外的廊道里等候。拜

1992年9月，印尼武装部队司令特里·苏特里斯诺（左1）夫妇与陆春林夫妇在长城上合影。

会结束后，穆达里约诺局长急匆匆朝我走来，告诉我特里副总统要单独见我。我原本对再次见到副总统已不抱希望，因此心里没有丝毫准备，听说他要在此时单独见我，感到很突然。我赶紧整了整军容，快步朝等在客厅门口的特里副总统夫妇走去，向他们致敬。致礼毕，特里副总统微笑着握住我的手与我叙话。他首先问到我在雅加达的工作情况，我告诉他，我与印尼军队外事部门的同事们关系很好，因此工作顺利，心情很好。接着他又问起我夫人的情况，我简要地作了回答。由于刘副主席等人都在官邸前等着，我知道不能让见面时间太长，所以在对副总统夫妇表示感谢并祝他们身体健康后，即同他们握手告别，整个接见时间大概不超过三分钟。这次见面虽十分短暂，却给我留下了终生难忘的印象。特里将军以副总统的身份接见一位外国的武官，这无疑是一种特殊的礼遇，它所表达的不只是对我个人的关怀，更是对中国的友好情意。

我军领导人访问受到高规格接待

1994 年 1 月，作为对特里总司令的回访，印尼军方邀请我军领导人访问印尼。我国防部外事局通过武官处向印尼军方发出正式答复函，告知将由我中央军委刘华清副主席率团对印尼进行友好访问。在收到我方答复函后，印尼武装部队总部外联局穆达里约诺局长就约我去商谈。我刚坐下，他就劈头提出问题：刘副主席是什么人？他为什么要来印尼访问？我顿时感到有可能要遇到麻烦。因为我知道，由于体制的不同，不少国家对我国中央军委的地位缺乏了解。我曾在中国驻加拿大使馆工作过，当时就遇到过同样的问题。1987年 5 月我国中央军委副主席杨尚昆访问加拿大时，加军方硬是以军委副主席不是正式官方职务为由，坚持不同意安排杨副主席会见加拿大国防部长，只安排会见了总参谋长。因此，当穆达里约诺局长提出上述问题时，我并不感到奇怪。于是我立即向他说明：印尼军队的最高统帅是总统，中国军队的最高指挥机构是中央军委，最高领导人是军委主席。现在中国中央军委的主席是江泽民主席，刘副主席是军委第一副主席，是中国军队中仅次于江泽民的二号人物，地位高于国防部长。我一面解释，一面还担心他可能会像加拿大军方接待杨尚昆副主席时那样固执己见，听不进解释。显然，我的担忧是多余的。穆达里约诺局长很快就理解了我的解释，对我说："那好，我们就开始商谈刘副主席的访问日程吧。"日程安排谈得很顺利，不仅安排了拜会印尼总统，而且还因为1992 年特里副总统以印尼武装部队总司令身份访华时刘副主席曾接待过他，同意应我要求拜会特里副总统。刘副主席访问期间，一切活动都按照访问日程进行。但出乎意料的是，刘副主席抵达雅加达当天，印尼军方虽没在机场举行迎宾仪式，但迎宾车队经过的道路实施了交通管制。这种接待规格显然是超乎寻常的，充分表达了对刘副主席身份的尊重和对中国的友好情意。我当时心想，印尼军方官员们的思维完全是亚洲人的思维，比西方人睿智灵活得多，他们既懂得尊重人，更懂得友情。

1995年4月，张万年总参谋长访问印尼时，印尼方给予的高规格礼遇更令我感动。在与印尼武装部队总部外联局局长苏加纳（Soedjatna）上校商谈访问日程时，我按惯例提出，希望安排苏哈托总统接见。苏加纳局长告诉我，在张总长访问期间，正赶上苏哈托总统要在万隆参加万隆会议40周年纪念活动，因此不能安排总统接见。我听后马上就非常诚恳地请求说：如果总统不接见代表团，张万年总长的访问就不够圆满，对我来说，这就意味着没有完成任务，你是否再帮忙想想办法，务必安排总统接见。苏加纳局长满脸为难地说："这太难了，我再试试看吧。"听他这么说，我估计安排总统接见的可能性是微乎其微了。可万万没有想到，当张总长访问印尼时，苏哈托总统竟然接见了代表团。接见的安排非常特殊：为参加万隆会议周年纪念活动，苏哈托总统当时人已在万隆。为了接见张万年总长，他当天上午从万隆乘飞机回到雅加达，10点开始在雅加达总统府接见张总长代表团。接见完毕，他又匆匆飞往万隆，参加下午在那里举行的万隆会议40周年纪念大会。总统接见时我没有参加，与其他陪同人员在总统府外等候。我一边等候，一边在心里想：苏哈托总统已年过七十，为了接见一位外国的总参谋长，竟不辞辛劳，在半天的时间里乘飞机往返于万隆和雅加达之间，实属不易。

在接待我军领导人这两次访问后，我深深感受到了印尼军方对中国军方态度的变化。我很清楚，印尼军方为我军领导人作出如此高规格的接待安排，首先得有印尼武装部队总部外联局局长的建议，其次得有印尼军方上层领导的同意，最后还得有苏哈托总统的亲自批准。在任何环节上产生障碍，就不可能有这样的安排。

走后门进入亚太经合组织领导人会议会场

1994 年 11 月，印尼成功举办了第 2 次亚太经合组织领导人非正式首脑会议，江泽民主席率领中国代表团参加。会议在离首都雅加达 50 多公里的茂物印尼总统行宫举行。该总统行宫位于茂物植物园一侧，其院子占地面积 24 公顷，行宫建筑面积为 5 万平方米，会场就设在行宫的主厅。会议举行的当天上午，各代表团车队按顺序从雅加达出发，于 9 点前全部到达行宫，会议计划于 10 点正式开始。按印尼方规定，各代表团正式成员方能进入行宫，而且人数有限制。我是陪同人员，在随中国代表团车队到达行宫院子北门（正门）后，便到北门西侧临时搭建的大棚里休息等候。我刚坐下不久，就见我代表团负责礼宾事务的外交部礼宾司司长张业匆匆向我走来，神色紧张地告诉我，他原以为可以跟随代表团正式成员进入会场，却被挡在了院门外。他身上带有会上要用的书面材料，被挡在门外那一刻他忘了将其交给钱其琛外长。他请求我赶快想办法帮忙解决。事情十分紧急，我灵机一动，立即去找在场的印尼负责会议礼宾和安全事务的官员协商。我用印尼语向他说明了情况，请他无论如何给予关照。幸好，那位印尼礼宾官稍加思索后便同意张业遂从行宫后门进入会场。可是行宫的院子很大，张业遂未曾去过，不知院内路径。由于我此前曾陪同为代表团打前站的工作人员进过行宫，了解院内情况，于是我就请求印尼礼宾官允许由我带张业遂一同前往，并请他先给门卫和院内警卫打招呼。印尼礼宾官爽快地表示同意，并用手机通知了门卫和院内岗哨。我立即带着张业遂步行一里多地来到院子西南侧门，门卫看到我身着中国军装，胸前挂着由印尼军方发的武官胸牌，即予放行。从该侧门又步行一里多地，院内设有多道警卫，但我们一路畅通地来到了行宫的后门。我在将张业遂引进后门后，即按原路返回。在返回的路上，我一面为自己刚刚完成了一个紧急而重要的任务而高兴，一面暗自思索：首脑会议的安全保卫如此森严，印尼礼宾官为什么同意我们从后门进入会场呢？我立即意识到，这是出于他对中国的信任和尊重。回到休息大棚，我再次向那位印尼礼宾官表示衷心感谢。

无独有偶，此事发生后不久，我又因中国要举办亚太经合组织非正式首脑会议而与印尼官员打交道，并得到了热情的帮助。1995 年上半年，国内指示使馆，要求了解印尼举办亚太经合组织首脑会议的经验。我当时立即想到了印尼外交部研究发展中心的波尔诺莫（Poernomo）司长。我与波尔诺莫先生结识已久。1989 年 11 月至 1991 年 8 月我在中国驻联合国代表团工作过，波尔诺莫先生那时也在印尼驻联合国代表团任职，我与他已有了初步交往。到雅加达任职后不久，我就到他办公室拜访了他，并在此后不断和他有交往，彼此成了好朋友。我不知道他是否了解相关情况，就抱着试试看的态度直接去办公室找他。想不到的是，他恰好参与了 1994 年印尼举办亚太经合组织非正式首脑会议的策划工作。在我向他说明来意后，他没有丝毫犹豫便开始向我详细地介绍首脑会议筹备工作的情况。为使介绍的情况准确无误，他还从办公桌抽屉里拿出笔记本，对照着给我讲解。他的热情和友好令我非常感动，告别时，我一再向他表示感谢。

印尼陆军参谋指挥学校学员与我热情握手

印尼陆军参谋指挥学校设在万隆，是印尼陆军培养高级指挥官的高等学府，学员都为上校级军官。1992年初，学校请钱永年大使去作演讲，我曾陪同大使一同前往。1993年上半年，他们再次请钱大使去作演讲，演讲的主题为"中国军队情况和中国的国防政策"。由于钱大使有其他重要活动不能应邀前往，便让我代他去演讲。我接受任务后，便认真进行准备，不仅写了英文演讲稿，而且针对学员们可能要提出的问题准备了预案，对一些敏感问题，我没有采用简单的官方表态说辞，而是诚恳地讲述我个人的理解和看法。

演讲当天，大约有300名左右学员来学校礼堂听讲，其中有一些外国留学生。我先宣读我准备的演讲稿，然后用印尼文回答提问，以便让印尼的学员们听起来更亲切些。提问很踊跃，我现在已记不起所有提出的问题，但其中有两个较为敏感的问题仍然记得很清楚：一是关于我国从乌克兰购买航母的问题，二是关于中国对印尼华人的政策问题。对第一个问题，我作了如下回答："中国官方对此已经表态，中国目前没有购买或建造航母的计划。但这并不表明，中国今后永远不会购买或建造航母。中国拥有辽阔的海域，与世界各国有着大量的贸易，我们有了航母，就能更好地保卫我们的海域，保护我们的对外贸易航线。现在西方一些国家媒体借航母问题做文章，宣扬'中国威胁论'，似乎中国拥有了航母，就会对其他国家构成威胁，这是毫无道理的。你们可能都知道，现在联合国五个常任理事国中，美国、俄罗斯、英国、法国都拥有航母，而且美国的航母多达十几艘，甚至连印度都拥有航母，中国是联合国安理会五个常任理事国之一，为什么就不能拥有自己的航母？如果说中国有了航母就会对其他国家构成威胁，那么美国有那么多航母，难道就不对其他国家构成威胁吗？请你们不要相信美国等西方国家媒体的宣传。中国执行的是和平外交政策，从不搞对外扩张，从不干涉别国内政，即使中国拥有了航母，也不会对其他国家构成什么威胁。对印尼来说，完全用不着担心中国购买或自己建造航母。"对第二个问题，我回答说："我国政府对华人的政策是非常明确的。我们不承认双重国籍，加入了其他国家国籍的华人，都成了当地国家的公民，中国政府对他们没有管辖权，对印尼华人也一样。但我个人认为，各国华人的祖籍在中国，很多人在中国还有亲戚，他们与祖籍国的亲情是割不断的，应该得到尊重。印尼华人现在已经是一个较大的族群，人口约占印尼总人口的3%，比你们一些少数民族的人口还多。他们都已成为印尼公民，你们的政府就应像对待其他族群一样，尊重他们应有的权利。比如，他们有自己的文化，使用的是中国的文字，说的是中国的语言，印尼政府就不应该禁止他们学习中国的语言和文化。现在华人对你们的政府仍然用'orang cina'（支那人）称呼他们非常反感，因为这是对他们的侮辱。用侮辱人的词语来称呼自己的公民，这是很不明智的。还有，不少印尼人认为华人都很富裕，他们掠夺了印尼的财富。其实这种看法是不正确的。我在这里与华人有广泛接触，据我了解，大多数华人像其他印尼人一样，只是普通的工人、店员、职员，还有不少华人在从事农业生产，当大老板的华人只占少数。其实，当老板的华人们对印尼国家的经济发展也都作出了很大的贡献，在你们国家的经济生活中起着非常重要的作用。"我在回答问题中，实际上批评了印尼政府对华人的政策，担心会引起学员们的反感。但演讲结束后，学员们却报以长时间的热烈鼓掌，有一些学员还走上讲台与我热情握手。那一场景令人难以忘怀。在他们与我握手的那一刻，我真切地感受到了发生在印尼军人身上的变化：对中国的疑虑减少了，对中国的信任增加了，对中国人的态度更友好了。

我与印尼武装部队总部外联局局长在工作中建立的友谊

印尼武装部队总部外联局和三军外事处是印尼军队对外联系的窗口，在印尼军队对外交往中起着重要作用。我到印尼上任之初就认识到，要推动中印尼两军之间的友好交往，就必须与它们建立良好的工作关系。为此，我非常注意积极开展与这些机构人员的交往，以便彼此熟悉和了解。每当这些机构的领导上任，我都会前往拜访。我馆举行重要的招待会，我都邀请他们出席。过中国春节时，我还邀请他们和夫人到我馆进行联欢，吃中国菜和饺子，共唱中国和印尼歌曲，看中国电影。在与他们商谈事务时，我十分注意自己的言行，务必做到平等友好地协商，言辞真诚直率。我还关心他们的生活和工作，如在两任武装部队外联局局长生病住院时，我都前去看望，并借拜会他们顶头上司（武装部队总参谋长）的机会替他们说话，说他们手下工作人员太少，他们太忙、太辛苦。我的热情和真诚也得到了回报，印尼武装部队总部两任外联局局长都与我建立了密切而友好的关系，在商谈两军交往事务时，他们总能认真听取我的意见，尽可能作出令人满意的安排。尤其是苏加纳局长，给了我很多关照。如有一次我去他办公室商谈事务，由于商谈内容较多，直到午饭时间才结束，他便留我到他们军官食堂吃午饭。另有一次我去他办公室谈事，我的司机不小心将车撞坏了，待我谈完事出来找不到车和司机，苏加纳局长得知后马上派车送我。我感觉到，苏加纳局长待我诚如兄弟。最难忘的，是他在我离任告别午餐会上给予我的真情拥抱。

在各国首都的武官团中，都有每月举行一次午餐会的惯例，其作用是增加相互接触和了解，有武官到任或离任时，兼作欢迎或告别宴会。在1995年7月我离任回国前的武官团午餐会上，我在向全体武官致告别词后，特地用印尼语对在场的印尼武装部队外联局局长苏加纳上校和三军外联处处长及他们的夫人们致辞。我有点激动地说："我在年轻时学习了印尼语，因此我对印尼这个美丽的国家有着特殊的感情。我热爱这个国家，热爱这个国家的人民。我记得，在第一次到任拜会时我就说明，我来印尼的主要任务是将自己作为中国和印尼两国军队之间沟通的桥梁，促进两军的交往，增进双方的了解、合作和友谊。现在，我非常高兴地看到，我们两国军队之间的交往和交流在日益增加，彼此的了解和友谊在不断加深。在过去的近四年中，我的工作得到了你们热情和真诚的帮助，我在这里向你们表示衷心的感谢。我现在就要离开印尼回国了，但我将永远记住在这里度过的时光，永远记住你们，永远记住我们之间的友谊。"我致辞完毕，苏加纳上校立即走上前来，伸出双臂同我热烈拥抱。他与我贴得很紧，眼中含着泪水。我也激动得眼睛湿润了。我们拥抱完，他夫人也上前与我紧紧握手（注：印尼信仰伊斯兰教的妇女不能与男人拥抱），在场的三军外联处处长和他们夫人们的脸上也都显得有些激动。我当时深深地感受到，苏加纳局长的拥抱是真诚的，所表达的友情是浓烈的。

在我离任回国一年之后的 1996 年 6 月，我忽然接到我军国防部外事局通知，说印尼使馆要给我举行授勋仪式，授给我印尼总统颁发的勋章。授勋仪式很隆重，印尼驻华使馆全体人员列队出席，由印尼大使授给我勋章和证书。事后印尼报纸还登载了这次授勋仪式的照片和相关报道。所授勋章为"战斗贡献勋章"，授权证书上有印尼总统苏哈托的签名。在给我的通知信中说明，该勋章授予为发展外国军队与印尼军队的友好关系作出过贡献的外国武官，与我一起被授予勋章的共 5 人，是从 1990 年至 1995 年期间各国历任驻印尼武官中选出的。在被授予勋章的那一刻，我的心情比较复杂：一方面感到荣幸，因为我为发展中印尼两国和两军之间的了解、合作和友谊所作出的努力得到了印尼军方的肯定；另一方面则感到很平静，因为我觉得自己个人所作出的努力是有限的。同时，我想起了印尼武装部队总部外联局局长苏加纳上校等印尼军方的朋友们，是他们给了我许多支持和帮助，使我较顺利地完成了我的使命，我将永远珍惜他们的帮助和友情。

《罗盘报》记者对中国态度的转变

我在印尼工作期间，结识了一些印尼新闻界的朋友，其中与我交往最多的是《罗盘报》记者勒奈（Rene Pattiradjawane）先生。他对中国态度的转变经历了一个较长的过程，从某种意义上来说，他的这一转变过程也就是印尼政府对中国态度转变的过程。

勒奈先生是印尼马鲁古人，当时年龄 30 多岁，曾在台湾接受中文教育。由于受西方思想影响，他对中国存有不少偏见。我在与他结识后不久就注意到，《罗盘报》上经常登载一些他根据西方通讯社消息编写的关于中国的负面报道和文章。有一次我们见面时，我就针对此事态度诚恳地对他说："你在《罗盘报》上发表的许多文章使用的都是西方通讯社的消息。西方通讯社的记者中有不少人对中国存有偏见，他们编发的关于中国的消息往往都是负面的，有些甚至是无中生有编造的，你们怎么能相信并采用呢？现在中国和印尼两国之间的关系正在日益加强，你写这样的报道和文章将会误导印尼的广大读者，不利于两国友好关系的发展。"他回答说："我们没有机会去中国采访，所以只好采用西方通讯社的消息。"我说："那怎么行呢？我介绍你去中国旅行和采访一次，看看中国的实际情况怎么样？"他立即高兴地说："那太好了，谢谢你！"此次谈话后，我即建议我国防部外事局接待他访华，安排他访问了北京、西安、上海、广州等地，并参观了我军的部队和军事设施。他访问回来后，对中国的态度有了较大的转变。他很快就写了一篇长篇报道，比较客观地介绍了中国改革开放后的经济形势和我军建设情况，此后再也没有写过有关中国的负面报道和文章。

然而，在印尼政府对中国的称谓问题上，我始终未能使勒奈转变立场。为使印尼政府改变对中国的称谓，我使馆在建馆之初就提请印尼政府部门，在发给我馆的信函上可使用苏加诺总统时期使用的对我国的称谓"Tiongkok"，或使用英文的"China"，但不能使用对中国有侮辱性含义的"Cina"一词；并提出，如信封上或信中出现"Cina"一词，将退回信件。印尼政府一些部门在发给我使馆的信函中仍经常有使用"Cina"一词的，一律都被我使馆退回。我曾试图在这一问题上说服勒奈，与他有过一次如下的谈话：

"现在中国和印尼的关系已大大改善，印尼政府应该考虑改变对中国的称谓。现在你们政府使用的'Cina'一词，是过去日本人使用的对中国有侮辱性含义的词语，现在继续使用这个词语，那是对中国的不尊重。在这一点上，印尼应该向中国学习。中国过去曾将莫桑比克的国名译为'莫三鼻给'，后来莫桑比克政府认为这个名称不雅，向中国提出要求改变名称，中方尊重他们的意见，很快将他们国家的名称改为'莫桑比克'。"

"我不知道'Cina'一词的来历，但我们现在使用这个词时，不带有蔑视性的含义。"

"可是中国人民感到它是一个带侮辱性的词语，印尼的华人也不能接受，他们对你们用'orang cina'（支那人）来称呼他们感到非常反感。印尼华人现在已是你们国家的公民，你们政府用带侮辱性含义的词语来称呼自己的公民，你认为有道理吗？再说，中国不是建议可以使用英文词'China'嘛，你们为什么不用它呢？"

"印尼语里只有'ci'的拼法，没有'chi'的拼法。"

"那你们为什么不改用过去苏加诺总统时代使用的'Tiongkok'呢？"

"使用'Cina'这个称呼是1966年的总统条例规定的，总统条例是不能随便更改的。"

这次谈话给了我一个启示：两国在解决中国称谓问题上的障碍一时是难以消除的，因为1966年关于中国称谓问题的总统条例是由苏哈托总统制定的，要取消这一条例，等于是要他承认过去制定这一条例是错误的，同时也意味着屈服于中国的压力。因此，在苏哈托继续执政的情况下，撤销这个条例几乎是不可能的，我们需要耐心等待。后来，情况果然发生了变化。1998年5月，苏哈托离开印尼政坛后，印尼一些报纸便发生改变，开始使用"Tiongkok"来称呼中国。

自这次谈话后，我仍然继续与勒奈先生交往，彼此求同存异，珍惜对方的情谊。时隔多年之后，彼此心中仍牢记着对方。2013年3月，他利用到中国采访的闲暇时间在北京约见我，我和夫人请他共进晚餐，彼此畅叙往事，交谈甚欢。他曾对我们说："现在好了，印尼和中国之间再无大的障碍，双方关系越来越好，我希望两国能永远友好下去。"

以上所述故事，只是中印尼两国复交后初期双边关系发展进程中的一些片断，我有机会参与其中，与故事中的人物有直接或间接的接触。他们为促进中印尼两国和两国人民之间的友好交流与合作作出了各自的贡献，值得我铭记，值得我珍惜。我真诚希望我的印尼朋友及印尼人民同中国人民一样，共同继续努力，为发展中印尼友好合作关系作出更大贡献，使中印尼两国之间的友好合作关系像常青树，永远根深叶茂、郁郁葱葱。

我与印度尼西亚半个世纪的情缘

武文侠

（北京外国语大学教授）

我学习印尼语、从事印尼语教学将近半个世纪（1960—2007），期间曾在中国驻印尼使馆工作近两年。直至今日，可以说，在这半个多世纪中，我与印尼语，并通过印尼语与印度尼西亚结下了不解之缘。

学习印尼语，与印尼初结情缘

我与印度尼西亚结缘始于学习印尼语。1960年我高中毕业，经推荐并通过考试被中国外交学院录取。8月下旬我到外交学院报到后，先被分配学习俄语——当时学校还没有印尼语专业。9月初，为适应形势需要，外交部指令外交学院增开一个印尼语班。学校接到外交部指示后，马上从俄、日、西班牙语班抽调出10名学生组成印尼语班，我就是这10名印尼语学生中的一员。

被抽调到印尼语班后，我们根本没有学习印尼语的思想准备，对印尼语及印尼这个国家的认识几乎为零。但大家很快就认识到，这是国家的需要，国家的需要就是我们的需要，在国家利益面前不应计较任何个人利益。我们之中没有一个人产生过丝毫的思想波动，更不要说有怨言、闹情绪了。我们满怀报效祖国、促进中印尼友好关系的志向，跟着老师发奋学习印尼语。节假日，我们几乎没人睡懒觉、逛大街，总是把宝贵的时间用来读书和练口语。当时北京电力供应不足，每当晚上学校停电时，为了不浪费时间，无论冬夏，我们经常到校外的路灯下看书、会话。

1962 年 9 月，北京外国语学院（即现在的北京外国语大学，简称"北外"）划归外交部领导，外交学院除了英、法语班，其余的班级全都调入北外。当时，中印尼关系发展顺利，虽然印尼也发生过排华事件，但两国正常外交关系并未受到太大影响。印尼总统苏加诺旗帜鲜明地反对新老殖民主义，提出发展亚非新兴力量，加强亚非团结。为此，印尼政府采取了一系列具体行动，如 1963 年在雅加达成功地举办了第一届新兴力量运动会。苏加诺总统的主张和行动得到了我国政府和人民的有力支持，两国关系不断升温，两国政府及民间往来日益增多，各个领域互访的代表团络绎不绝。在这种形势下，国内印尼语翻译力量明显不足，我们班同学陆续被借调到有关外事部门陪团，我从大三下学期起就多次被借去当生活翻译。工作的需要进一步激起了同学们学习印尼语的热情，我们对印度尼西亚的了解逐步加深。

一辈子教授印尼语，一辈子情寄中印尼两国关系发展

1965 年 7 月从印尼语专业毕业后，我即被指定留校任教，开始了教授印尼语的生涯，长达 40 多年。在这 40 多年中，中印尼两国关系跌宕起伏，历经波折，它的每一步发展变化都牵动着我的心。

1965 年 9 月 30 日之前，中印尼两国关系非常密切，双方的交往和互访活动非常频繁。是年 9 月下旬，我被全国人

大常委会借去陪印尼临时人民协商会议副主席哈鲁尔·萨勒率领的代表团。9月30日晚，我陪代表团成员在人民大会堂参加了由周总理主持的国庆招待会。其间，我遇见了许多印尼语界的同仁，招待会的情景令我们又惊又喜：印尼的北芝帽（peci）成了宴会厅的一大亮点，几乎每桌都有戴北芝帽的人。据后来的报道说，当晚共有100多个大大小小的印尼代表团的成员参加了招待会，真是盛况空前。然而，就在那些印尼人与我们中国人一起欢庆我国国庆16周年时，印尼国内发生了重大的政治事件，即后来众所周知的"9·30"事件以苏哈托为首的军人集团推翻了苏加诺政府，形势急转直下，中印尼关系随之发生了急剧的转折：我国驻印尼使馆被冲击，我外交人员被打受伤，1967年10月，两国正式断绝了外交关系。在此大背景下，我们的印尼语教学、学生的学习情绪及学生毕业后的工作分配都直接受到了影响。从两国断交至1985年恢复直接贸易的18年中，我校共培养了三届印尼语学生，他们毕业后有1/3的人没有找到对口的工作，不得不从事与印尼语无关的工作；而那些分配到有关外事部门工作的人，几乎也都是坐冷板凳，用印尼语的机会少得可怜。我和我的学生们无不为两国关系的中断而感到惋惜。

1985年，两国关系出现了转机。在两国有识之士的倡议和推动下，两国于当年8月开始了直接贸易谈判，接着印尼派了一个由印尼工商总会组织的民间贸易代表团来北京参展。这如同冬天里的一把火，给我们印尼语专业师生的心里带来了些许温暖之感。我们立即与国内的主办单位联系，为学生争取到了去展会实习的机会。这是两国断交后我和我的学生们首次有机会同印尼人接触。由于彼此长期隔绝，在与参展的印尼人的交往中，开始双方都不免有些拘谨。但学生们不愿失掉这个良机，始终以饱满的精神、高度的热情大胆地工作，顺利地完成了接待印尼展团的任务。随着两国直接贸易大门的打开，我们师生渐渐看到了两国关系未来发展的曙光。

中印尼双方经过多次接触与磋商后，终于在1990年8月结束了冻结长达23年之久的非正常关系，恢复了大使级外交关系。在新形势下，双方官方和民间的多方面、多渠道的交流与合作变得日益频繁，在贸易、旅游领域尤为突出。印尼资源丰富，但基础设施相对滞后，国内一些国有或民营企业不失时机地前往印尼实地考察，寻找商机，为此他们需要印尼语翻译人才，尤其需要精通印尼语且熟悉印尼国情的人才，于是印尼语翻译便成了抢手货。我本人就有过"被挖"的经历。我当时虽已年近半百，但有的单位急需翻译，对此并不介意，执意要以高薪把我从大学挖走。我们有些毕业生已多年不用印尼语，舌头硬了，单词忘了，但由于工作需要，有的单位还是要派他们去印尼工作。两国关系发展的势头令他们兴奋，他们赶忙看课本、听录音，复习起印尼语。他们的印尼语终于有了用武之地，我当时真为他们感到高兴。

复交后，两国间顿时掀起了探亲、旅游热。众所周知，断交期间印尼政府对华人采取了种种限制，设置了种种障碍，致使他们与我们国内的亲属无法直接往来，亲情受到阻隔。复交的大门一打开，印尼华人探亲、旅游的洪流便滚滚而来。加之很多本土印尼人也想看看与他们隔绝了20多年的中国是什么样子，便也加入到来华旅游的洪流中，一时间，国内印尼语翻译、导游人员奇缺，大大小小的旅行社感到压力巨大。我们的学生从大学二年级起便被一些旅行社拉去当导游或翻译，致使学生缺课的现象非常严重，正常的教学活动受到极大冲击。面对此种社会需要与教学工作之间的矛盾，有关各方看法不同，但我们印尼语专业的师生们却从中看到了两国关系发展的春天已经来临。我们为之振奋，学生学习印尼语的积极性大大提高。

从 1960 年到 2013 年，我们北京外国语大学印尼语专业共培养了 11 届、160 多名毕业生，他们先后活跃在国内及印尼的各个领域和部门，成为沟通中印尼两国关系的使者和桥梁。我为我的同学和学生们感到骄傲。

倡议成立北外印尼中心，使之成为两国关系发展的纽带

上个世纪末，印尼国内形势发生了巨大变化。1998 年，即在两国复交后的第八个年头，印尼国内矛盾加剧，民众经常因燃油价格、日用品价格上涨等原因举行示威或罢工，表达对苏哈托家族及政府官员腐败的不满，而一小撮别有用心的人则操纵、煽动民众将矛头指向华人，导致雅加达等多个大城市发生焚烧华人商店、抢劫华人财物、奸污华人妇女、屠杀华人的恶性反华事件。我国人民及印尼绝大多数具有正义感的民众对此义愤填膺，迫于国内外强大的压力，苏哈托引咎辞职。苏哈托政权倒台后，在瓦希德及梅加瓦蒂担任印尼总统期间，印尼国家政治生活逐步迈出了民主化的步伐，特别是在苏西洛连任两届总统期间，印尼民主化进程迈出了更大步伐。过去苏哈托时期的许多反华、排华、歧视华人的政策、规定被取消，中印尼两国政治、经济、军事、文化、教育等领域的交流不断加强。印尼各地掀起了一浪高过一浪的学习汉语热，不少大学增设了汉语课，各种汉语培训班如

雨后春笋般应运而生；一批批年轻人到中国来留学。在我们国内，不论国企还是私企，与印尼的经贸往来日益频繁，到印尼公费或自费留学的人数也不断增加，开设印尼语专业的院校增加了三四所。

在这种两国关系发展的可喜的新形势下，为了更好地促进双方的了解、交流和合作，我作为北外印尼语专业教研室主任，在上世纪末就曾给当时的印尼驻华大使提议，在北京外国语大学成立印尼中心。印尼大使当时回答说印尼方有困难，因此成立印尼中心的事便被拖了下来。直至 2011 年下半年，印尼驻华使馆教育参赞海伦·安瓦尔才重提此事，经与我校多次协商，双方终于在 2012 年初达成一致意见，确定在北外成立印尼中心。学校领导请我出任该中心主任一职。我那时已经从教师的岗位上退下来多年，但为了进一步推动两国友好关系的发展，我还是接受邀请，担任了该中心主任的职务。我校领导、印尼语教研室与印尼使馆都为该中心的成立做了大量准备工作，花费了不少心血。

值得一提的是，印尼驻华使馆对该中心的成立非常重视，他们请求苏西洛总统在 2012 年 3 月下旬访华期间来我校为印尼中心揭牌。由于访问日程安排太满，实在无法前来我校为中心成立揭牌，苏西洛总统便决定派其夫人代他出席成立仪式并揭牌，以示他对中心成立的重视和支持。但不巧的是，在苏西洛总统访华前夕，其夫人患急病做了手术。考虑到还在恢复期，医生要求她只陪同总统来华，但不能参加任何活动。面对这突如其来的变化，为了不影响中心的成立，且尽量不降低仪式的规格，在印尼驻华大使易姆龙及教育参赞安瓦尔等的请求下，总统在来华的前夕临时通知印尼文化教育部长努赫先生（原本不是代表团成员）随团访华，并指示他不参加代表团的其他活动，专门为印尼中心成立揭牌。3月23日下午，努赫部长如期为印尼中心揭牌。我校领导及我本人在成立仪式的讲话中由衷地表达了我们对印尼总统、易姆龙大使及安瓦尔参赞的高度赞赏和谢意。努赫部长在致辞中对两国关系的发展给予了高度评价，并祝愿北外印尼中心成为进一步加强两国关系的纽带。

在使馆工作，与印尼各界人士结下友谊

我是在两国复交后的第二年，即1991年秋随同丈夫陆春林被派到我国驻印尼使馆工作的。陆春林为复交后的中国首任驻印尼国防武官，我协助他工作。我在使馆工作了仅两年，时间虽短，但却给我提供了一个使用我所学专业——印尼语的大好机会。我充分利用印尼语比较娴熟和对印尼国情比较了解的优势，积极参加相关的外事活动，结识了印尼各界人士，促进了两国人民之间的交流，并同他们结下了友谊。

在使馆工作初期，我真切地感受到，印尼普通人对与我们中国外交人员接触心怀疑虑，与我们有一种距离感。比如，我给早年相识的老朋友们打电话时，他们总是以赞扬印尼建设成就、总统功绩等为铺垫，让我感到他们的话有些言不由衷，是讲给别人听的，分明是怕与我们的通话给他们带来政治上的麻烦；我们去书店买书，立即引起书店保安的注意，总是满脸严肃地紧随在我们身后，目不转睛地盯着我们。我们摸不透他们是在保护还是监视我们，但总感觉是后者的成分更多一些。

一次，应一位文学界朋友的推荐，我出席了在苏门答腊巨

港举办的为期两天的全国印尼语研讨会。两天中，我深感研讨会举办方对我这个中国武官夫人的"重视"，他们派了省里一位厅长夫人陪同，与我形影不离。期间，一位对我国不很友好、在知识界被戏称为"研讨会专业户"的著名作家约我喝茶。刚开始时，他显得十分拘谨，寒暄过后我们谈起两国交往的历史，谈到两国文化的交流。见我态度诚恳，他渐渐变得轻松起来，脸上也露出了笑容。喝完茶，他主动与我握手告别，对中国的疑虑和戒心似乎有所减少。

又如，在一次招待会上，我认识了印尼老作家阿里沙巴纳夫妇。老作家从年轻时起就主张民主及个性解放，是印尼著名作家中最有争议的一位。他对我们很热情，我们谈到了他的代表性作品《扬帆》及其影响，还谈到了他早年创办的国民大学。我知道那所大学里多年来一直有汉学专业，出于多年从事教学的习惯，我建议该专业的师生到中国大使馆做客并交流教学情况。他支持我的建议，并邀请我到国民大学参观。回使馆后，我向大使请示能否将我使馆的旧中文报纸赠送给国民大学作为教学资料，大使欣然同意。一周后，国民大学汉学专业的三位教师到使馆见我，我们谈了一些关于教学方面的问题，气氛融洽。他们临走前，我主动表示愿意将《人民日报》送给他们作为教学资料。他们很高兴，但当我将事先捆扎好的报纸递给他们时，他们显得有些迟疑，其中一个人说"以后再拿吧"。我解释说，《人民日报》语言信息量大，对学生很有帮助，这些报纸是我们用过的，可以废物利用，节省学校的开支。经我这么一说，他们每人带走了一捆。没想到过了几天，我发现那三捆《人民日报》静静地躺在使馆会客厅的桌子底下。原来他们怕字当头，怕惹出事端，没敢带走。印尼民众对我们的这种距离感令我感到痛心，促使我更积极耐心地做宣传释疑工作，并通过友好交往结识更多印尼朋友。

在与印尼各界人士的交往中，因为工作关系，我与印尼军方主管外事的官员及其夫人们的交往最多。我利用各种外交场合，与他们接触和交谈。通过接触和交往，我感到他们之中有不少有识之士。他们有驻外使馆的工作经验，视野开阔，对中国有较多了解，对中国的发展及国际影响给予充分肯定，希望发展中印尼两国友好关系，对我们都比较友好。在我离开印尼回国之前的两个多月，一外联处长易人，新上任的处长夫人非常愿意与我交谈，对中国表现出强烈的兴趣。我们使馆的活动，只要受邀她都前来参加。在我回国前与我告别时，她眼含着泪花，深情地对我说："咱们真是相见恨晚啊。"有的夫人还常与我聊家常，聊在市场买东西时的注意事项等。1992年9月，印尼军方组织武官团到印尼东部地区旅游参观，军方几位外联局局长和处长夫人及另外两位将军夫人也参加了，我和她们在一起活动的机会较多。我们常常手挽手同行，有时一起唱歌，有时一起拍照留念。武装部队战略情报机构外事局局长夫人还向我传授手掌按摩方法，并在我感到疲劳时为我拍打肩背。后来，她丈夫库斯迪亚先生出任印尼驻华大使（2001—2005），他刚到任就与我们联系，并邀请我们到他官邸参加活动。没想到，那是他到任后与印尼使馆全体馆员及家属的首次见面会。令我们吃惊的是，会场里除了我们夫妇外，没有其他外国人。见面会开始后，库斯迪亚大使郑重地向印尼使馆人员介绍说："今天在我们中间有一对中国夫妇，他们是我和我夫人的老朋友。这位陆先生是复交后中国第一任驻印尼的国防武官。他夫人武女士是印尼语教授，是我夫人的朋友。"当时我感到，我们在雅加达结下的友谊现在又延续到了北京。

我随丈夫在使馆武官处工作的期限只有两年。期满前，我单位几次催我回国，说是教学工作需要。两年间，我协同丈夫克服了武官处建立初期遇到的种种困难，打开了武官处工作的局面，我的工作可以说是得心应手。在这种时刻要我离开印尼回国，我真感到有些不舍，使馆也希望我能继续留下来。但我还是决定听从学校的召唤。临行前，我到印尼武装部队总司令特里家与其夫人告别。前一年，我和丈夫曾陪同他们夫妇访华，我们相处得很好。见面时她对我说："你在印尼工作如鱼得水，为什么急着回去？"我说明情况后，她叹了一口气说："既然这样，你就安心回去吧，咱们都是自己国家的工作人员，无论干什么都是为了国家的利益和需要，都是为国家服务……"她的话如此语重心长，就像一位知心大姐。我当时感到，我们的心是彼此相通的。

与印尼普通百姓接触和交往中难以忘怀的故事

在印尼的两年时间里，除了与印尼官方人士交往外，我也曾与众多印尼普通百姓进行了接触和交往，经历了许多动人的故事，这些故事永远地留在了我的心间。

印尼老友与我叙旧

我到雅加达后不久，便试着联系以前认识的几位印尼朋友。最先联系上的是我大学三年级当翻译时接待的第二个代表团——一个体育代表团的成员。代表团的团员来自印尼爪哇、巽达、马来、巴达、布吉斯、华族等不同的民族，他们彼此间团结一致，因此给我留下了深刻印象。虽然时光已经逝去近30年，但根据他们当年给我的名片上的名字和地址，我还是顺利地联系上了两位：一位是当年的游泳运动员，另一位是当年的跳水教练。如今，她们都没有继续当年的行当，前者是一位从事儿童读物推荐与创作的作家，后者经营着一家饮食店。我与她们分别见了面。多年之后，特别是中印尼两国断交20多年后，大家又能重聚，自然无比喜悦。我们兴致勃勃地谈了各自及原代表团团员的情况，回忆起代表团访问中国时的情景：他们每到一处都受到运动员及体育爱好者的热烈欢迎，贺龙元帅还亲切地接见了他们，他们遇到的每一个具体问题都及时得到解决，等等。

她们的话勾起了我为该团当翻译时的记忆。比赛本来很紧张，但比赛之外又有许多事情需要处理和解决。比如伊斯兰教徒要吃清真饭菜，一些佛教徒要吃斋；不同的教徒要到不同的地方做礼拜；部分华裔运动员要求设法与祖籍地亲朋联系，给他们寄钱、寄物；比赛受伤的运动员需要及时治疗和护理；等等。凡此种种，我方的工作都做得非常到位，他们非常满意。她们说，有的情景至今仍记忆犹新。她们对中国仍怀着如此美好的回忆，怎不令人感动。

招待会上迟到的印尼朋友

印尼大学国际政治系教授巴·阿利博士是我1985年结识的朋友，当时他抱着希望了解与印尼断交近20年的中国的目的和愿望随印尼工商总会代表团访华，访问期间曾跟我探讨过两国关系中的一些问题。他在印尼国内还是非官方的一同化华人的组织的负责人，因而对印尼政府的华人政策及华人状况非常熟悉。在跟他的交往中，他跟我谈了一些他做的工作。坦白地讲，我认为苏哈托政府对华人的种种限制政策及同化做法是不可取的，但当时此事太敏感，大家都未敢去深入探讨、交流。1991 年我到使馆工作后，便与他取得了联系，他很快就到使馆拜访我们。谈话中，我发现他对华人的看法与以前有所不同。他还说，印尼政府对华人的政策也在慢慢改变。后来他常与我们夫妇来往，常常对印尼政府的对华政策发表看法和评论，我们总是耐心地倾听。他对我们的态度和人格表示赞赏和信任。我们经常邀请他出席使馆的各种招待会，尤其是"八一"建军节招待会，每次他都准时出席（他曾在德国留学 12 年，做事严谨、守规矩）。但我回国前的那次"八一"招待会有点出乎寻常，招待会开始好久还不见他的身影，我和丈夫觉得那不是他的习惯和风格。正在纳闷时，他气喘吁吁地赶到了。原来他的女儿生病住院，他完成工作任务后赶到医院探望孩子，之后才又急匆匆地赶到我们的招待会。从他被汗水浸湿的"巴迪克"上衣上我们可以看出，他是多么急迫地赶来参加宴会的。他把朋友之间的情分看得如此之重，着实令我们感动。

大学教师的一张纸条

我在巨港参加印尼语研讨会时，曾遇到过这样一件事：一次在大礼堂召开的大会上，坐在我右手旁的一位中年与会者主动与我搭讪，相互自我介绍之后，我得知他是某大学的教师。他说他了解中国，简单说了几句后便用手遮着在本子上写了起来。过了一会儿，他小心翼翼地将写好的东西撕下来递给我，并低声说："您看吧，这是我要说的话。"我学着他的样子，也用手把那张纸条遮起来。纸上密密麻麻地写着："我们很多印尼人早就认识到当今的印尼政府对中国、对印尼华裔的政策不对头，一部分印尼百姓受媒体的宣传煽动，对华裔有偏见，只看到个别华裔的不法行为，看不到他们对印尼独立斗争以及当代经济建设的贡献。"我看过后将纸条还给他，他迅速地将它撕碎并长长地叹了一口气。我看到了他一吐心中块垒后的表情。我后来再也没见到过他，但他纸条上的话却一直记在我心间。

出租大巴司机的肺腑之言

一次，武官夫人团乘一辆出租大巴去一处旅游景点参观游览，我因身体临时不适没进去，留在大巴车内休息。司机将车停好后便坐到我身边问寒问暖，当他知道我来自北京后，便开始断断续续地与我交谈起来。他说话的声音很低，还时不时地探头向车窗外张望，生怕车外有旁人听见。他谈到了他的身世，我静静地听他讲述。他又说到印尼一些传媒对中国的不实报道，如把苏加诺政府时期中国政府跟印尼政府之间的正当贸易包括军火贸易说成是对印尼左派的支援，让中国一直蒙受不白之冤。他还说印尼社会中有些人对华裔印尼人有成见，实际上他们绝大多数是普通劳动者，行坑蒙拐骗之术、发不义之财的只是一小撮人，不能以偏概全……总之，他对我完全敞开了心扉。他说：希望中国人能听到正直、友好的印尼人的心声。

班达群岛乡长的热情好客

1992 年武官团东部之行时，我们在印尼东部班达海的班达群岛逗留了两个晚上。该群岛是由 10 个小岛组成的迷你群岛，我们住在其中的哈达岛上。下榻酒店的老板是一位阿拉伯人后裔，又是该小群岛的乡长，他家与印尼共和国首任副

总统哈达博士是世交。哈达博士上世纪 20 年代末被荷兰殖民当局流放到该岛，得到了身为酋长的他父亲的大力帮助，得以平安地度过多年的流放生活。他父亲便成了哈达先生的挚友，而他本人也做了哈达先生的义子，是哈达先生的崇拜者和追随者。为了纪念哈达先生，在哈达先生家人及包括酒店老板在内的朋友们的积极努力下，政府在该岛建立了哈达纪念馆，而这位乡长、酒店老板、哈达的义子就是纪念馆的负责人。

　　该乡长热情好客，我们多次与他交谈，相处中彼此从陌生到融洽。他说，以前他对中国不十分了解，也没到过中国，并说我丈夫是来哈达岛的第一位中国官方人士。第二天中午休息时，他还亲自驾驶小船带我们夫妇游海、捞鱼。我们边欣赏海景边跟他聊天，向他介绍中国的发展现状。他说将来争取去北京看看，看看它的古迹和新貌……在酒店为武官团举办的欢送会上，他约我同他一起唱印尼独立时期的革命歌曲，随后热情洋溢地即席讲道："以前这 20 多年，我们印尼只与台湾有关系，与中华人民共和国中断了外交关系，中断了各种来往，现在看来令人遗憾。现在复交了，我们印尼应该更多地了解中国，与这个古老而富有生命力的大国保持并发展各方面的交流与合作。"最后他甚至呼吁说：没到过中国的人，有机会去那里走走看看。我们为这位乡长老板的热情所感动。

一位小岛老人朴实善良的心

在美丽的哈达岛上，我还经历了这样一件事：到达该岛的当天中午，趁团队还没开始活动，我急不可待地独自走出酒店去看街景，并想了解一下当地的民情、民风。刚出酒店门口，迎面就走来一位手提竹篮的老伯，我们打过招呼后他问道："您是台湾人吗？您要中国古钱币吗？"我回答说："我不是台湾人，我是北京人，我们和台湾人都是中国人。"他一听我是中国人，便抢着说他从收音机里听到过中国。然后把他竹篮子里的纸包打开，让我看他的一小堆中国古币，并解释说，这是从前他给荷兰人当园丁时主子送给他的。我问他一美元能买几个，他伸出三个手指。我给了他一美元，挑了三个古币后便离开了。

没想到，次日清晨我到大门外溜达时，一眼就看见那位老伯坐在旅馆门口的地上。我上前与他打招呼，他立即站起身说："我正等您呢。昨天我真是对不起您。"正在我不解之时，他解释说："昨天我要的价钱太贵了，你是中国人，这是中国的东西，今天我把这些都给您。您收下吧。"说完，他就把篮子里的纸包往我手里塞，还边塞边说："要是早晨我等不到您，我就中午来。中午再等不到，我就晚上来。反正我得把

这东西给您。"他执意要给我,我执意不肯收,你推我揉了好
一阵子。他的言语和举动令我心里一阵发酸,多么朴实、善
良的老人啊!我把东西放回他的篮子,然后深深地向他鞠了
一个躬,返回了酒店。

　　半个世纪以来,我为教授印尼语投入了毕生精力,亦为
两国之间的沟通、了解、交流和合作做过一些工作,得到了
国内和印尼有关方面的肯定。上个世纪末,我获得了"北京
市优秀教师"称号。2006 年 8 月 17 日,在印尼驻华使馆举
行的印度尼西亚共和国独立 61 周年庆祝会上,印尼大使苏德
拉查特(Sudrajat)先生向我和另外两位中国人士颁发了"加
强印尼—中国合作与交流贡献奖",表彰我们长期以来为加强
中印尼两国的交流与合作所作出的贡献。2008 年 6 月,印尼
《罗盘报》女记者乔伊丝对我进行了专访,后来她的专访文章
以"武教授的印尼语情结"为题刊登在当年 7 月 26 日的《罗
盘报》人物专栏上。这篇专访介绍了我一生献身于印尼语教

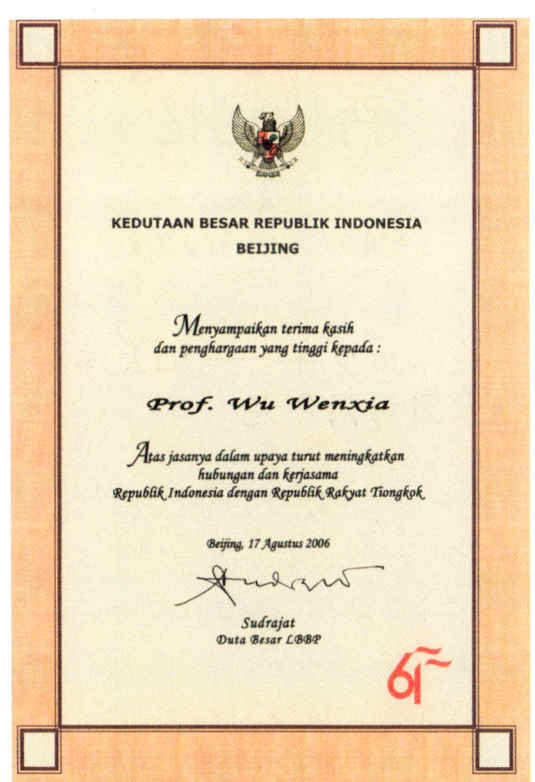

KEDUTAAN BESAR REPUBLIK INDONESIA
BEIJING

Menyampaikan terima kasih
dan penghargaan yang tinggi kepada :

Prof. Wu Wenxia

Atas jasanya dalam upaya turut meningkatkan
hubungan dan kerjasama
Republik Indonesia dengan Republik Rakyat Tiongkok.

Beijing, 17 Agustus 2006

Sudrajat
Duta Besar LBBP

印尼驻华大使苏德拉查特颁发给武文侠的"加强印尼—中国合作与交流贡献奖"奖状。

学事业的历程，文章发表后引起了一定的反响，一些读者曾给报社打电话，还有一些网友在网上询问如何与我联系。是的，半个多世纪以来，我钟情于印尼语，钟情于印尼这个美丽国家的人民，钟情于中印尼两国关系的发展。我衷心希望在未来的岁月，两国和两国人民能求同存异、和睦相处、携手并进，共同发展。

中印尼经济文化交流中的两段记忆

邓俊秉

（中国驻印尼大使馆前参赞）

自古英雄出少年——记天津华夏少儿艺术团访问印尼

1995 年 8 月 24 日，我随丈夫周刚大使抵达雅加达履新的第三天，就迎来了一支不同寻常的友好使者队伍——天津华夏少儿艺术团。这个由 39 名儿童组成的演出团，年龄最小的只有 5 岁，最大的 12 岁，全团平均年龄不足 10 岁。然而，这群天真烂漫的孩子在印尼为期 10 天的访问演出轰动了雅加达和泗水两大城市。看过他们演出的印尼朋友无不交口称赞中国儿童了不起，中国未来大有希望。周刚当时作为候任大使无法参与该团的公开活动，只能在幕后关照，我则代表他全程陪同。

这些来自天津的少年使者，没有辜负中国印尼经济社会文化合作协会主席王光英副委员长、天津市领导以及他们的爸爸妈妈、爷爷奶奶的殷切期望。孩子们不顾印尼旱季的炎热，克服了长途旅行、不断演出的疲劳，即使是吃不下和睡不好，只要一登台，个个精神抖擞，全神贯注，发挥出最佳水平。泗水的一场演出尤其感人。在没有空调降温设备的体育馆内，印尼朋友奋战了一个夜晚，突击搭起了一个舞台。前来观看演出的观众竟多达 3500 多人。歌喉甜美的小歌手陈淼用印尼文演唱的《梭罗河》，赢得了全场观众比这体育馆内的高温更加热烈的掌声。京剧小演员高航，全副行头粉墨登场，字正腔圆地演

唱了两段包青天的戏文，活脱脱再现了一个刚正不阿小包公的风采。在女孩子占压倒多数的舞蹈演员中，6 岁的侯博是唯一的"男子汉"。他在"英雄自古出少年"和"小斗牛士"两个舞蹈中突出而认真的舞姿，使所有观众为之倾倒。这个人见人爱的小不点儿，睁着一对圆圆的大眼睛，紧抿着一张稚气的小嘴，与众多女扮男装的女孩相比，更加显示出一股锐不可当的阳刚之气。木琴独奏演员小齐奇，站在踏脚凳上还得踮起脚，两条小胳膊才能勉强够到木琴键盘。然而，当小家伙聚精会神演奏时，俨然是个气度不凡的小演奏家。年龄最小的要数 5 岁的女娃娃左春芳。小姑娘是个多面手，既是舞蹈演员，还精于打击乐器。别小看她两条纤细的手臂，打出的鼓点和锣声铿锵有力，极有感染力，着实令人兴奋。演出结束，孩子们来到台前谢幕时，个个汗水淋漓，气喘吁吁。印尼观众们被深深感动了。他们争先恐后簇拥着小演员拍照留念，拉着孩子们的手问长问短，久久不愿离去，盛赞这群可爱的少儿小小年纪志气高昂，演技精湛，态度认真，纪律严明，精神可嘉。

印尼官方、民间和媒体给予天津华夏少儿艺术团热情而

高规格的接待和报道。苏哈托总统夫人婷女士在繁忙的日程中挤出时间接见了艺术团的主要领导和两名小演员代表。她表示，这个艺术团若再次访问印尼，将亲自去观看孩子们的演出。事后，总统夫人委托印尼中国经济社会文化合作协会总主席苏坎姆达尼博士代表她向艺术团所有团员赠送了礼品。前总统苏加诺夫人哈蒂尼女士专程来到艺术团下榻的饭店，拜访了该团的名誉团长、王光英副委员长夫人应伊利大姐。她饶有兴趣地听了两个司仪小演员的朗诵后，称赞他们口齿伶俐，印尼文说得地道。印尼文教部长特地在艺术团结束访问前夕会见了该团主要代表，热情赞扬我国注重从小培养具有艺术天赋的少儿并成绩斐然。印尼电视台不止一次地播放了孩子们的精彩演出；印尼报刊发表专文称赞来自中国的友好小使者，并刊登了他们动人的演出的照片。作为东道主的印尼中国经济社会文化合作协会全力以赴做好接待工作，总主席苏坎姆达尼博士和夫人设宴两次，欢迎和欢送来自中国天津的友好使者；第一主席纳瓦维硕士亲自前往机场迎送；

秘书长塔哈、副秘书长邦邦还有蓝天龙先生不辞辛劳，全程陪同。艺术团在印尼访问期间，几乎顿顿饭有人请，个个小演员都得到不少饱含印尼朋友真情厚意的礼物。

朱镕基副总理访问印尼出席经济高级论坛

1996 年 5 月 12 日至 16 日，朱镕基副总理率团（包括其夫人劳安女士）前来雅加达出席印尼举办的多国经济高级论坛并顺访这个万岛之国。

鉴于朱总理是中国资深的常务副总理，又是中共中央政治局常委，国内有关部门希望主办国印尼委派该论坛主席、印尼工商统筹部长哈尔塔托届时前往机场迎接。为此，周刚和我分别努力做哈尔塔托统筹部长夫妇等人的工作，完成了国内交办的这一任务——按照印尼的外交礼仪，举办这样由多国高官出席的高级论坛，论坛主席不必前去机场迎送。幸运的是，我俩与统筹部长夫妇早已成为了朋友，相互来往甚密。该部长曾于 1991 年年底访华时拜会过朱镕基副总理。其夫人具有华裔血统，与我很亲密友好。

为了促成此事，我和周刚首先邀请了部长夫妇，之后还请了部长全家前来我馆聚会和品尝地道的中国佳肴（他们对我馆厨师李师傅做的糯米八宝饭情有独钟，所以逢年过节，我常常亲自登门将这一美味食品赠送给夫人）。4 月中旬，周刚又专门约见统筹部长，介绍朱副总理将出席论坛和访问印尼的有关事宜，并请求部长能亲自前去机场迎接朱副总理以示友好情谊。哈尔塔托很友好和坦率地表示，他个人的确对华友好，但他不能违背有关规定，只去迎接朱副总理而得罪其他国家前来与会的高官。之后，周刚又做了印尼外交部礼宾司司长的工作，仍是没有结果。怎么办呢？我与周刚商量后决定，由我出面去做统筹部长和其他有关部长夫人的工作，另辟蹊径。五一劳动节，我专程登门拜访哈尔塔托统筹部长夫人。我先向夫人介绍了劳安女士的情况和在印尼的活动日程，然后向她谈到中方期盼统筹部长夫妇能亲自前往机场迎接朱副总理夫妇的愿望。听完我的叙述后，这位深明大义、对华友好的夫人先是感谢我将她视为知己，接着诚恳地表示，虽然她无法承诺能起什么作用，但是为了增进印中两国友好关系，她将一定尽力做她丈夫和有关人士的工作，并让我耐心等候她的消息。此外，我还拜访了总检察长辛基赫的夫人。事后，我将统筹部长夫人的友好积极态度告知周刚，我俩决定不再另外找人帮忙，一心静候她的佳音。

随着时间的推移，我馆为接待朱副总理而成立的接待小组有序而紧张地工作着。然而，统筹部长夫人迟迟未有音讯。我又不能食言再去打扰她，只有强忍心中的焦虑等待她的消息。时间一天天过去，直到 5 月 11 日，即朱副总理飞抵雅加达的前一天，接待小组正在开会最后检查各项准备工作时，值班的同志匆匆跑进会议室要我去接统筹部长夫人的电话。我气喘吁吁地跑进了值班室，心怦怦跳着，拿起听筒就听见："Prof. Deng, there is a piece of good news I'm going to tell you…（邓教授，我要告诉你一个好消息……）"顿时，压在我心中的一块石头扑通落了地。听完她的振奋人心的消息并感谢她和统筹部长为中方所做的工作后，我立刻回到会议室，忙不迭地向接待小组的同志们宣布了印尼统筹部长哈尔塔托夫妇将于次日（5 月 12 日）亲自前往机场迎接朱副总理夫妇的消息，小小的会议室中顿时响起了热烈的掌声。功夫不负有心人，我们总算完成了国内交办的这项任务。

5 月 12 日下午 4 时，当朱副总理乘坐的专机降落在雅加达国际机场后，哈尔塔托统筹部长夫妇率领印尼外交部高官夫妇，周刚和我引领我馆主要外交官夫妇一同上前迎接缓缓走来的朱镕基副总理和劳安夫人。代表团下榻在次日将举行高级论坛的香格里拉饭店。当晚，朱副总理率中国代表团出席了由哈尔塔托统筹部长和 IHT 总裁麦克莱恩（Richard Mclean）共同主持的盛大招待会。作为中国大使夫人，令我尤其感到自豪的是劳安夫人，这位朱副总理早年的大学同窗、红颜知己，多年相濡以沫的终身伴侣，气质高雅，当她身穿一袭富有民族特色的华丽旗袍，彬彬有礼、落落大方地出现在大厅里时，厅内的女宾不禁为之一怔，交口称赞中国副总理夫人极有品位的穿着和深厚的文化底蕴。

　　5 月 13 日，高级论坛在香格里拉饭店如期开幕。印方专门为劳安夫人安排了另外的活动日程。当天早上，我陪同她来到了享誉海外的巴迪布工艺商店（Keris Gallery），哈尔塔托统筹部长夫人笑容满面地欢迎中国客人进入一个色彩缤纷的乐园。然后，她请商店女主人引导我们参观了这工艺品琳琅满目、极富印尼民族特色的展览窗口，让我们亲眼领略了巴迪布的有趣制作过程。最后，宾主来到了一个摆放着 T 型舞台、充满热带风光的大厅。统筹部长夫人兴致勃勃地告诉劳安女士，她将为中国客人举行一场富有印尼特色的时装表演，再饱餐一顿民族菜肴。在美妙而悠扬的乐曲伴奏下，印尼的年轻模特款款走在 T 型台上；这些训练有素的俊男靓女，身着颜色鲜艳、款式各异的巴迪布时装，一招一式，一颦一笑，均风姿绰约，台下观众无不为之倾倒。当宾主仍陶醉在模特儿创造的美妙气氛中时，身穿巴迪服的服务员已站在他们身后，轻声请他们前去就餐。正如统筹部长夫人所说的一样，这是一顿极富印尼风味的午餐，令我们大饱口福。

次日早上，劳安夫人仍在我的陪同下驱车前往野生动物园参观。该园主人蔡先生与夫人均系印尼华人，多年经营下来，该园已成为印尼之最，名震海外。蔡夫人首先为劳安女士举行了一场别开生面的欢迎仪式：让经过训练的几只小象排成整齐的一列横队做着迎客的动作，其中一个鼻子上挂着蓝花花环的小象走到劳安夫人面前，用它的长鼻将花环献给了中国贵宾。然后，女主人热情陪着我们，一路讲解，让我们尽情欣赏了珍禽奇兽，还让我们体会了搂抱小虎仔的亲切感觉。参观完毕，蔡夫人请我们来到她家宽敞明亮的餐厅，请中国客人享受了一顿她亲自烹饪的中国印尼合璧的美味午餐。

15日早上，朱副总理（13日下午开始正式访问印尼）携夫人率全团参观了苏哈托总统夫人创建的 Daman Mini（微缩景观公园），还挤出时间到使馆看望使馆全体同志和中资公司代表。当天下午，在印尼外交部长助理巴赫鲁姆等官员的陪同下，代表团飞抵闻名全球的巴厘岛访问。当晚，巴厘省省长夫妇设宴招待中国客人，席间有印尼民族音乐和舞蹈助兴。由于朱副总理在雅加达日程紧凑，没时间会见印尼华商代表，一些知名的华商如林德祥和唐裕等人也专程从雅加达来到巴厘，在朱副总理下榻的宾馆见到了中国领导人，完成了他们的心愿。次日早上，代表团一行马不停蹄地参观了巴厘画廊、木雕中心和当地的工艺品商店。遗憾的是，由于日程太紧，中国客人无暇到海滨休闲，观赏海上美景。16日下午，朱副总理率团告别巴厘，飞赴泰国访问。

这是周刚和我在印尼的两年半（1995年8月至1998年2月）任期内接待的唯一的高级政府代表团。虽然时间已经过去了十几年，当时的情景和我俩事先做的工作回想起来仍恍如昨天，历历在目。

后 记 ————————————

习近平主席提出的"一带一路"战略构想，得到沿途各国的积极呼应。它必将成为相关国家传送友谊的纽带、经济合作的桥梁、战略互信的架构，其积极意义已日渐显现。

为推进"一带一路"的积极思维，外交笔会和五洲传播出版社合作，编辑出版"我们和你们"系列丛书，将中国与这些国家的友好故事编撰成册，作温故知新的介绍。我受托主编《中国和印度尼西亚的故事》，情理所系，义不容辞，在各方协助下，终于付梓。

中国与印尼的关系源远流长。公元 1 世纪前后，华人陆续移居印尼，15 世纪初已形成华人社会，两国经贸文化交流兴起。郑和下西洋在印尼的遗迹和纪念场所，迄今仍为当地人们凭吊的胜地。在印尼被殖民统治时期，两国往来受阻。两国各自获得独立和解放后，中印尼关系得到突飞猛进的发展，在当时反对帝国主义和新老殖民主义的国际舞台上，双双旗帜鲜明，互相支持，堪为"同志"。在印尼举办的亚非会议和新兴力量运动会等具有划时代的重大国际意义的事件中，印尼作出了独特的贡献，中国付出了巨大的努力。印尼针对美国的霸道采取的一系列反制行动，也都得到中国的全力支持。两国在合作中创造了多项典范。双方往来之广泛、合作之密切，一度被西方新闻媒体称为"北京—雅加达轴心"。这是因为两国人民有着同样的历史遭遇和维护独立、发展民族经济的共同目标。

毋庸讳言，中印尼两国有过长达 20 余年中断外交关系的历史。这是两国当时各自所处的极端不正常的社会氛围造成的，令人扼腕为憾。此间，中国冀望、等待印尼的复交积极信息，印尼则始终尊重、保留中国与印尼的建交国地位。这不仅表现出双方的大国战略思维，也验证了中印尼人民的友谊是牢不可破的。中印尼恢复正常外交关系后，很快步入战略伙伴关系，不仅两国关系得到大踏步的全面发展，也大大促进了中国和东盟的关系，使中国成为东南亚各国集体的朋友。

此书得到各方的支持。印尼驻华大使和中国驻印尼大使亲自作序，中国外交部原主管领导和几位前任驻印尼大使积极赐稿。一些长期主管、研究印尼，为发展中印尼关系作出过贡献的官员和学者踊跃来搞，从不同侧面回顾、介绍了大量事例。特别是印尼朋友们的文章，更令人赞赏。上述文章郑重地、全景式地反映了中印尼两国人民之间的友谊，开阔了读者了解、观察的眼界。在此，向他们致以衷心的感谢。周刚大使、刘新生大使以及五洲传播出版社的领导和编辑为此书的出版竭尽全力，特表谢意。

刘一斌

2015 年 12 月